JN217473

知れば知るほど
おもしろい

東京の地理と地名がわかる事典

浅井 建爾
KENJI ASAI

日本実業出版社

はじめに

日本の首都東京には、あらゆるものが揃っている。ないのは「義理と人情」だけだと言った人がいるが、これは東京がいかに魅力的な大都会であるかを皮肉った言葉だともいえるだろう。

アメリカで最も権威がある旅行雑誌の一つ「コンデナスト・トラベラー」が、2017年に発表した読者投票ランキングで、東京が2年連続で「世界で最も魅力的な都市」に選ばれた。東京は世界屈指の巨大都市であるとともに、世界中から注目を集める国際観光都市でもあるのだ。東京を知ることは、すなわち日本を知ることでもある。

東京には世界中の情報が集まり、いながらにして外国の文化に触れることができる。外国へ出かけなくても、世界中のおいしい料理を食べることもできるし、時代の最先端をいくファッションの専門店やおしゃれなカフェ、レストラン、美術館や博物館などの観光施設も充実している。東京は高層ビルが建ち並ぶ近代的な街並みと、下町の庶民的な街並みが混在した不思議な都市でもある。日々進化を続けているダイナミックな巨大都市、訪れるたびに新しい発見がある都市、それが東京である。

人の多いのが東京の魅力だと言った人もいる。北海道内には約600の鉄道駅があるが、その全駅の1日の乗降客数と、新宿駅一駅だけの乗降客数がほぼ同じだという。いかに東京には多くの人が住んでいるか、いかに人々の移動が激しい躍動感に溢れた都市であるかがわかるだろう。

だが、東京は一朝一夕にして現在のような大都会になったわけではない。江戸幕府が開かれて以来、東京は日本の政治経済文化の中心地として日本を牽引してきた。これまで、幾度となく大災害や戦争などで焦土と化したが、その都度見事に復興を成し遂げ、日々成長してきたたくましい都市である。なぜ東京がこのような巨大で魅力的な都市になりえたのか、その成り立ちや歴史をたどってみることも、東京を知る上で決して無駄なことではないだろう。

２０２０年にはオリンピックが東京で開催される。そうすると、世界中から多くの人々が東京に集まってくる。そして、素晴らしい東京に魅了されることだろう。テレビや雑誌、新聞などのマスメディアは、圧倒的に東京の情報を取り上げている比率が高い。それだけ国民の多くが、東京の動向に注目しているからである。そのくせ、東京のことをあまり知らないという人が多いのも事実だ。オリンピックが開催される前にもう一度、東京を見つめ直してみようとの思いから本書を執筆した。本書を刊行するにあたって、日本実業出版社の編集部には並々ならぬ御協力をいただいた。厚くお礼申し上げます。

２０１８年４月

浅井建爾

東京の地理と地名がわかる事典　もくじ

第1章 東京の成り立ちを知る

第2章 東京の変遷を知る

第3章 地名と地形から東京を知る

第4章 地図に隠された東京の歴史と文化を知る

第5章 激変する東京の今を知る

カバー・本文デザイン◎デジカル（市川さつき）
DTP◎ダーツ

第1章

東京の成り立ちを知る

「武蔵」をなぜ「むさし」と読むのか？

●東京は武蔵国に属す

明治になるまで、古代律令制によって成立した五畿七道が日本の行政区分だった。五畿とは山城（京都府中南部）、大和（奈良県）、河内（大阪府南東部）、和泉（大阪府南西部）、摂津（大阪府北部および兵庫県南東部）の5ヵ国のことで、五畿を「畿内」ともいった。今でいえば、東京を核とする首都圏にあたる。

そして畿内を中心に、全国が七道に区分されていた。東山道、東海道、北陸道、山陽道、山陰道、南海道、西海道の七道で、七道をさらに63ヵ国に区分していた（図－1）。その一つに武蔵国がある。東京が武蔵国に属していたことは今さらいうまでもないことだが、現在の行政区分でいうと、東京都（伊豆諸島および小笠原諸島を除く）と埼玉県の全域、それに神奈川県の北東部を占める地域が武蔵国だった。

律令制で成立した「武蔵」という旧国名は、現在でも武蔵野市や武蔵村山市、武蔵丘陵森林公園、武蔵野台地、ＪＲ武蔵野線、武蔵境駅、武蔵小金井駅、それに店の屋号や大学名など、あらゆるものに好んで使われている。いかに「武蔵」という地名に愛着を持っている人が多いかの証拠でもある。

したがって、「武蔵」という文字を読めない人はまずいない。それほど日本人に定着している地名である。ほとんどの人は、何の抵抗もなく「むさし」と読んでいるが、なぜ武蔵を「むさし」と読むのか、考えてみれば不思議である。

武は「む」と読めるものの、「蔵」はどう考えても「さし」とは読めない。「くら」か「ぞう」が一般的な読み方だろう。東北にある景勝地の蔵王（ざおう）のように、蔵を「ざ」と読むこともある。だが、武蔵と書いて「むくら」でもなければ「むざ」でもない。「ぶぞう」とも読まない。なぜ武蔵が「むさし」なのか、

図-1　五畿七道

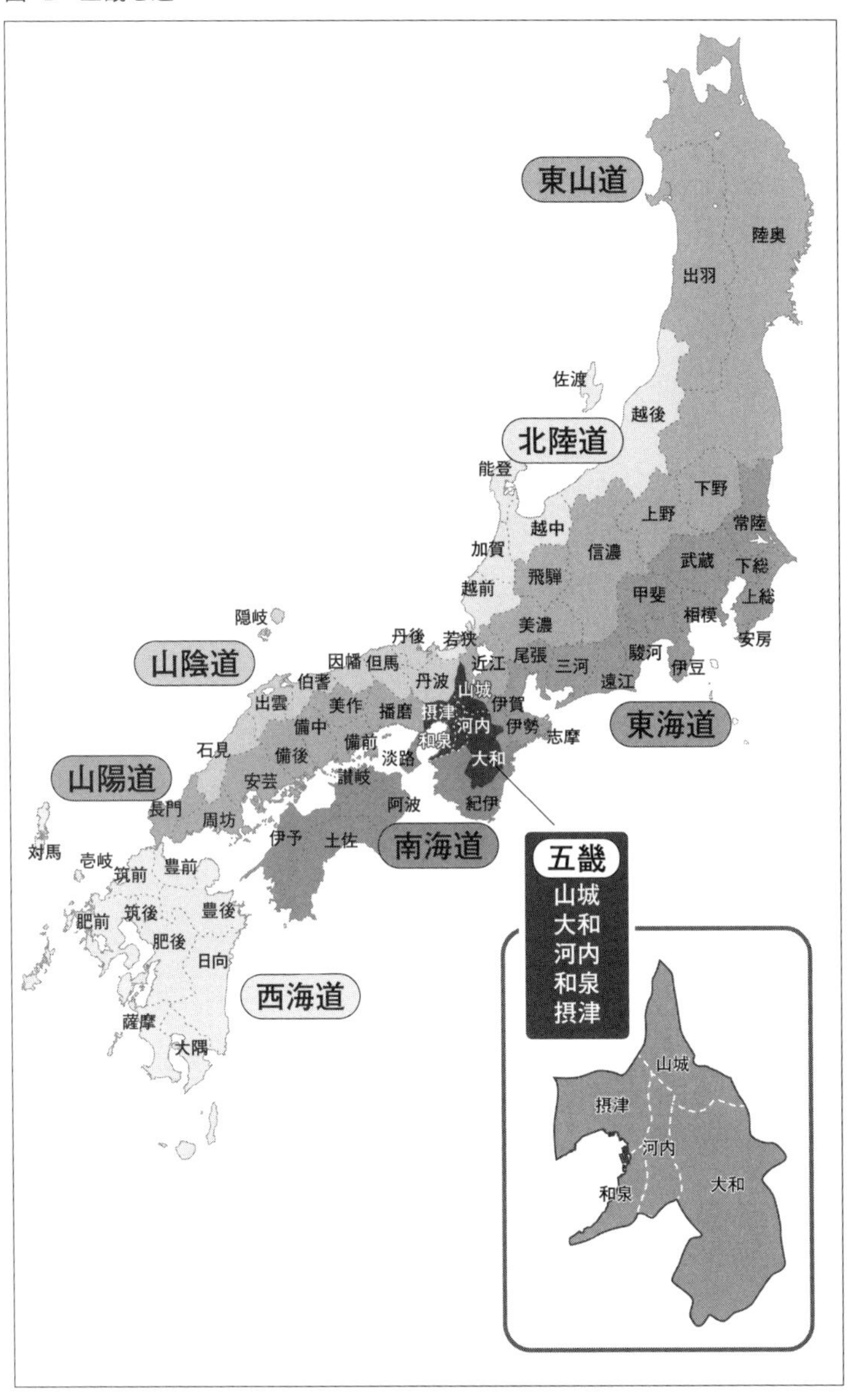
東山道
陸奥
出羽
佐渡
越後
北陸道
能登
下野
上野
常陸
越中
加賀
信濃
武蔵
下総
飛騨
越前
甲斐
上総
隠岐
美濃
相模
丹後
若狭
安房
山陰道
因幡
但馬
近江
尾張
三河
駿河
伊豆
伯耆
丹波
山城
遠江
出雲
美作
播磨
摂津
伊賀
備中
河内
伊勢
東海道
石見
備前
和泉
志摩
備後
淡路
大和
山陽道
安芸
讃岐
長門
阿波
紀伊
周防
伊予
土佐
南海道
対馬
壱岐
筑前
豊前
五畿
山城
大和
河内
和泉
摂津
肥前
筑後
豊後
肥後
日向
西海道
薩摩
大隅
山城
摂津
河内
大和
和泉

疑問を抱いたことはないだろうか。

●二字好字令で「牟射志」が「武蔵」に

武蔵は漢字2文字だが、万葉集では「牟射志」と3文字で表記していた。「むさし」、あるいは「むざし」と濁って読む。それが律令時代の713（和銅6）年に発布された**「二字好字令」（諸国郡郷名著好字令）**によって、地名はすべて2字に統一された。そのとき、牟射志も2字化させられることになった。そこで「むさし」に「武蔵」の2文字が当てられたものみられている。つまり、武蔵は当て字だったのである。

「武」は猛々しい、あるいは勇敢で強いことを意味する語である。「蔵」は穀物などを貯蔵するための建物をいう。「武」も「蔵」も農耕民族には欠かせないもので、まさしく「武蔵」は好字そのものであった。

だが、武蔵の由来には諸説ある。その一つが、古代には武蔵国と相模国（神奈川県）にまたがる一帯は牟佐という一つの国を形成していたという説である。

牟佐国が上下に分かれて「牟佐上（むさかみ）」と「牟佐下（むさしも）」になったという。牟佐上は頭文字の「む」が略されて「さかみ」になり、「相模」という文字が当てられた。牟佐下は語尾の「も」が略されて「むさし」となり、「武蔵」という文字が当てられたというのである。

古代、この地域は佐斯国といい、それが上下に分かれて佐斯上（さしがみ）と下佐斯（しもざし）になり、それが相模と武蔵になったという説もある。苦しまぎれのこじつけといった感がしないでもないが、武蔵という地名には謎に包まれた部分が多い。それだけに地名に魅力を感じ、今も好んで使われているのかもしれない。

東京は東海道ではなかった!?

●東山道だった武蔵国

五畿七道は古代律令制で定められた日本で最初の行政区分であるとともに、畿内から放射状に延びる計画的に建設された幹線道路（七道駅路）の名称でもある（図－2）。

七道駅路は大化改新の前からその原型は形成されていたらしいが、本格的に整備されたのは天武天皇の頃（673～686）だといわれている。七道駅路は畿内と諸国を結ぶ情報伝達のための道で、30里（約16km）ごとに駅家（うまや）が置かれ、主に公用で往来する官人たちに利用された。

武蔵国が東海道に属していることは誰でも知っていることだが、初めから東海道に属していたわけではなかった。東海道を「東の海の道」と書くように、畿内から東へ向かって太平洋の沿岸部を通っている道が東海道で、当初は畿内から伊賀－伊勢－志摩－尾張－三河－遠江－駿河－伊豆－相模という経路をとり、そこから武蔵へは向かわず、三浦半島から房総半島に渡って上総（かずさ）、下総（しもうさ）を経て常陸（ひたち）の国府へと通じていた。武蔵国は東海道ではなく、東山道に属していたのである。東山道は「東の山の道」と書くように、畿内から内陸部を東へ向かって延びる官道だった。

なぜ東海道は相模から東京方面へ向かわず、三浦半島から東京湾対岸の房総半島へ渡るルートをとっていたのか。

東京湾に注いでいた利根川の河口一帯が、当時は未開の原野で、湿地帯が広がっていたため、陸路で行くことが困難だったからである。相模から武蔵までは何とか陸路でもたどり着くことができたようだが、武蔵から先の下総までの陸路が整備されていなかった。畿内から官人たちが武蔵国へ行くには、東

図-2　七道駅路概要図

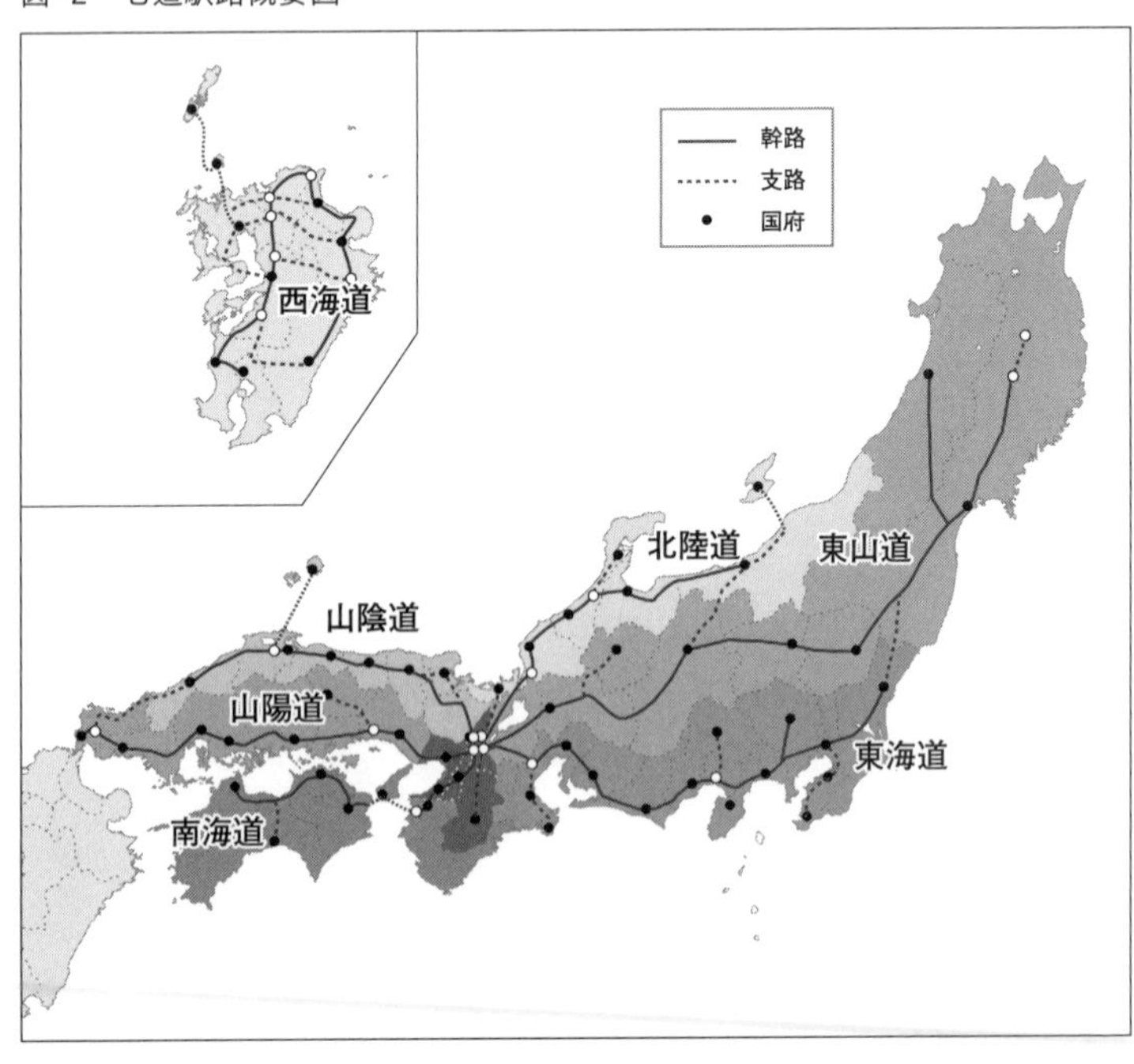

海道より東山道を利用したほうが、より早く到達できる道だったのだ。

したがって、武蔵国は太平洋（東京湾）に面している国でありながら、東山道に属していたのである。やがて武蔵国は、東山道から東海道へ移管されることになった。

●国分寺市で発掘された「東山道武蔵路」の道路遺跡

このように、官人たちが武蔵国へ行くには、もっぱら内陸部の山地を通る東山道が利用されていた。近江から美濃、信濃を経て上野国へ抜けるルートだ。飛騨国の国府は東山道の幹線道路から大きく外れているため、美濃の国府あたりから飛騨国まで支道が通じていた。これと同じように、武蔵の国府も東山道の幹線道路から大きく外れている。そのため、支道が整備されていた。

図-3 東山道武蔵路

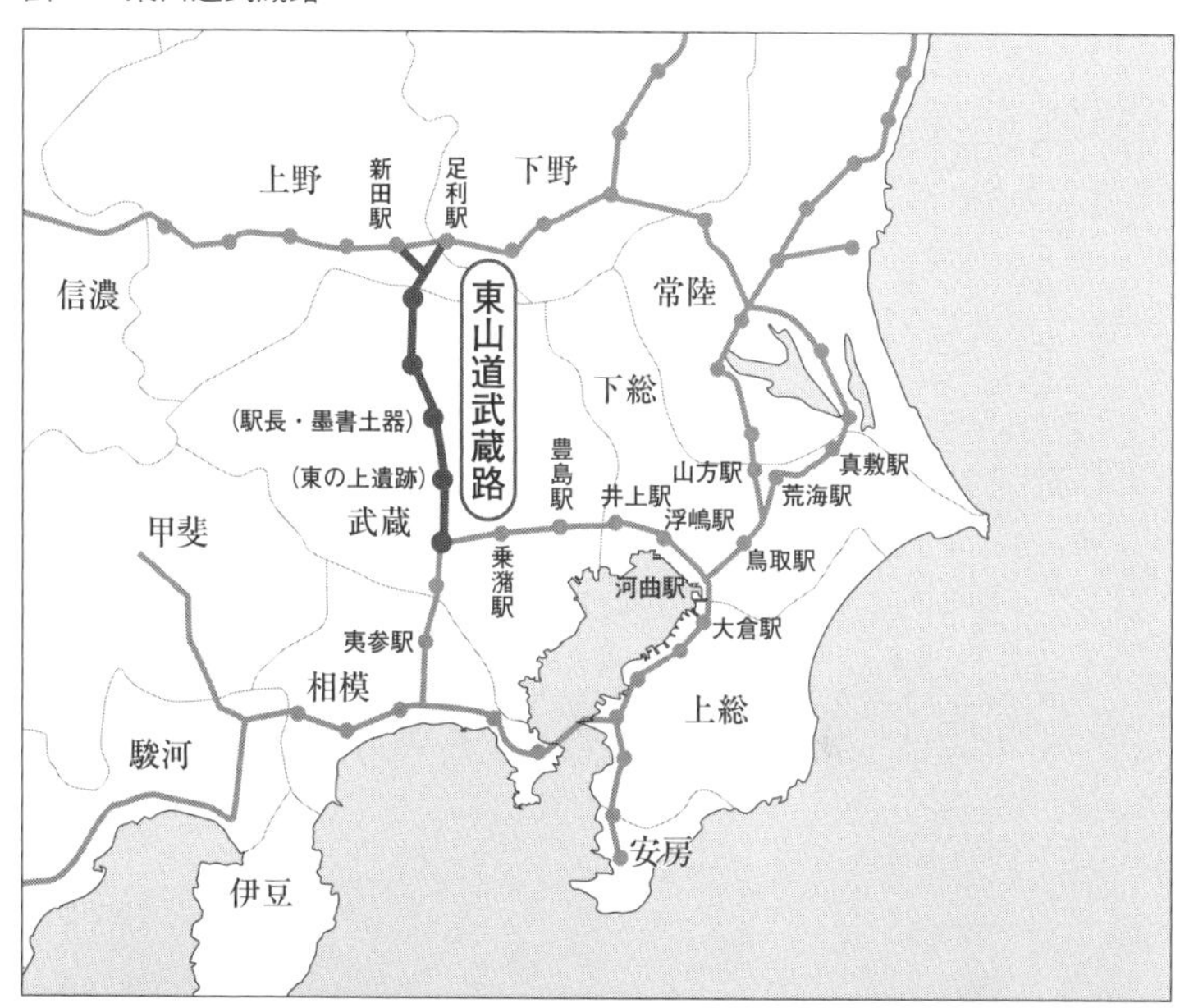

東山道武蔵路遺跡（写真提供　所沢市教育委員会）

それが「東山道武蔵路（とうさんどうむさしみち）」（図－3）だったのである。

上野国からまっすぐ東へ向かえば下野国は近いが、官人は武蔵国へも立ち寄らなければならなかった。そのため上野国の新田（にった）駅から南下し、武蔵の国府（東京都府中市）を目指すことになる。新田駅から武蔵の国府へ通じる道が東山道武蔵路である。

途中には5駅が設けられた。武蔵の国府に立ち寄った官人は、再び同じ道を北上して下野国の足利駅にたどり着き、そこから下野国の国府（栃木市）へと向かう。武蔵国が東山道に属していたため、ずいぶん遠回りしなければならなかった。不合理きわまりないルートだったのである。

そこで官人たちの非効率な旅程を解消するため、771（宝亀2）年、武蔵国は東山道から東海道に移管されることになった。その頃には東海道の沿岸も開拓が進み、陸路で往来することも可能になっていた。もし武蔵国が東山道に属したままだったら、たぶん東海道の起点は、江戸の日本橋ではなかったはずだ。

1995（平成7）年、国分寺市泉町にある旧国鉄中央鉄道学園跡の敷地内から、幅12mの側溝も備えた長さ490mにもおよぶ道路遺跡が発掘され、世間の注目を集めた。これが、上野国と武蔵国の国府を結んでいた東山道武蔵路の道路遺跡だったのである。

現在は地下遺構として保存され、その上はアスファルトの歩道になっている。これだけの長さで発見された道路遺跡は全国的にも珍しく、学術上価値が高いものとして「武蔵国分寺跡・附東山道武蔵路跡」の名称で国の史跡に指定されている。

東京の都心は入江と半島と湿地帯だった!?

●各地に残る太田道灌の足跡

10万年以上前の東京湾は、現在の関東平野に匹敵するほどの広さがあり、多摩丘陵や狭山丘陵、それに筑波山の山麓付近にまで海が広がっていたといわれている。東京23区は海面下にあったということだ。そんな大昔のことをいってもピンとこないだろうし、太古の地形に関してはさほど興味のないことかもしれない。

それはさておき、「江戸」という地名は「大きな川（江）が海に注ぐ戸口」が語源だとされており、すでに平安後期から存在していた。その後、江戸氏がこの地域を支配し、幾多の変遷を経ながら現在にいたっているが、東京の成り立ちを語るとき、たいていは室町中期の武将である**太田道灌**が江戸城を築城したことに始まる。

太田道灌は江戸城を護るため、平河天満宮や築土（つくど）神社など、多くの神社を周辺に勧請した。また、道灌は城内に兵士を集めて武術の鍛錬を行ない、戦に備えたという。和歌や連歌にも通じ、城内で歌合（うたあわせ）を開いたこともある。東京の周辺には、太田道灌の足跡が各地に残されている。

太田道灌は1457（長禄元）年、江戸城を築いてそこを居城としたが、道灌が築いた江戸城は石垣もない粗末なもので、徳川氏の江戸城とは比較にならないほど小規模なものだったらしい。

道灌の江戸城は、徳川氏が築いた江戸城の本丸付近にあったと推定されており、皇居には太田道灌がつくったとされる**「道灌堀」**が今も残っている。山手線の西日暮里駅西側には道灌山という高台があり、その南端の本行寺に道灌丘碑がある。

JR総武本線の錦糸町駅の北側には、太田道灌が江戸城の平河口に建立し、そこから当地に移したとされる法恩寺があり、境内に太田道灌の墓地とともに「五輪の供養塔」が建っている。また、神奈川県伊勢原市の大慈寺に道灌の首塚が、同市の洞昌院には胴塚がある。

道灌が生涯を閉じた伊勢原市では、毎年秋の例祭として「道灌まつり」を盛大に催している。埼玉県越生(おごせ)町にある龍穏寺には、太田道灌公墓とともに道灌の銅像が建っているし、山手線の日暮里駅前や埼玉県の川越市役所、さいたま市の岩槻区役所などにも道灌の銅像がある。

いずれも道灌と深い関わりのある地で、道灌がいかにこの地域に大きな影響を及ぼしてきたかがわかる。

●東京湾にあった3つの湊
江戸前島と日比谷入江

徳川家康が江戸に居城を構える前までの東京湾は、現在とは程遠い形をしていた。まず東京湾の湾奥から、南に向かって小さな半島状の砂州が突き出していた。「江戸前島」である(図1-4)。幅1～2km、長さ4kmほどの砂州だったとみられている。

江戸前島の先端部は、現在の銀座4丁目付近にあたる。江戸前島の西側は入江になっていた。幅は1km弱、長さ4kmほどの大きさの入江である。それが「日比谷入江」で、入江の湾奥は現在の大手町あたりにまで達していた。

つまり、東京の都心部を形成している大手町や丸の内のビジネス街は、当時は海面下にあったわけである。日本橋から銀座にかけての一帯は、東京湾に突き出した小半島の江戸前島だった。

日比谷入江には「古神田川」とも呼ばれていた平川が流れ込んでおり、江戸前島の東側には旧石神井(しゃくじい)川が注いでいた。現在の隅田川は「入間川」と呼ばれていた。また、入間川と旧石神井川の間には、不忍池の数倍もある千束池が横たわっていたようだ。あたり一面は湿地帯で、高層ビルが林立する現在の東京の姿からは想像もつかないような、殺伐とした風景が広がっていたと思われる。

当時、東京湾の湾奥には3つの湊が開けていた。**「浅草湊」**と**「江戸湊」**、**「品川湊」**の3湊である。

図-4　日比谷入江と江戸湊と現在の地図

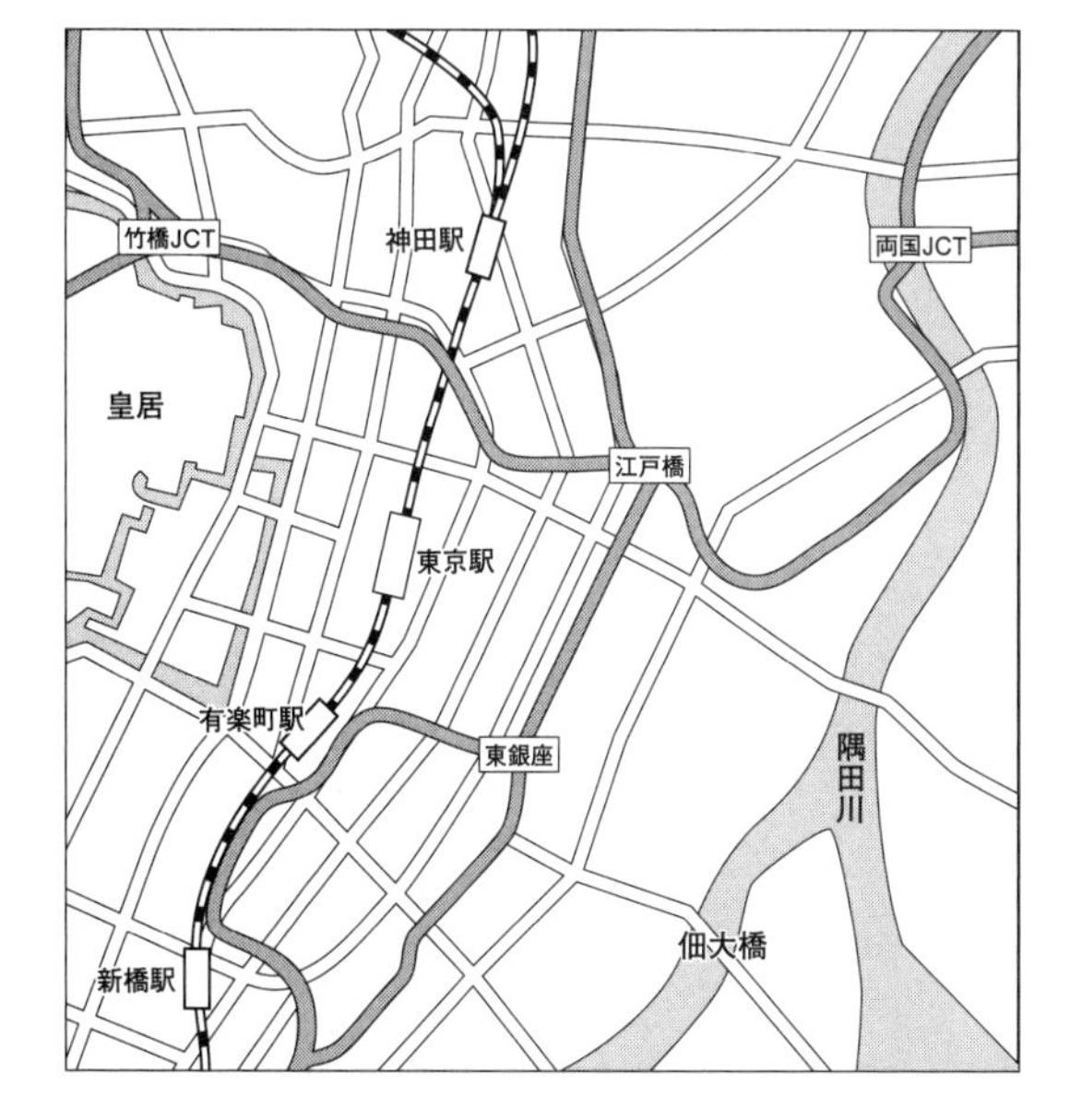

そのなかでも、最も古くから開けていたのは浅草湊で、太田道灌が江戸城に入城するずっと前から物資の集積地として賑わっていた。浅草のシンボルとして多くの参拝客で賑わう浅草寺の創建が628（推

古天皇36）年というから、浅草がいかに歴史の古い地であったかがわかる。当然のことながら、浅草寺は東京都内で最古の寺である。

品川というと、東海道新幹線や在来線、私鉄、地下鉄などが乗り入れる一大ターミナルを思い浮かべるが、江戸時代は東海道で最初の宿場町、それより前は品川湊として栄えていた。

品川湊は目黒川の河口あたりにあり、太田道灌が江戸城を築城する前は、品川湊の御殿山に居館を構えていたといわれる。品川湊は武蔵国の国府（府中市）の外港だったとする説もあるが、鎌倉時代には鎌倉との結びつきが強く、海上輸送の重要な湊として繁栄していたことが当時の古文書などから知ることができる。

●江戸のルーツは江戸湊

浅草湊、品川湊とともに武蔵国を代表する湊に江戸湊があった。平安時代の末期から湊としての機能が整えられていたといわれており、鎌倉幕府の経済を支える重要な湊として繁栄していた。江戸湊は江戸前島東側の小さな入江付近にあったとみられる。

日比谷入江そのものが江戸湊だったとする説もある。そもそも江戸という地名が「日比谷入江の戸口」からきているという見方もできる。江戸湊は東京湾に注いでいる河川を利用した水運で、関東の内陸部との交易が盛んに行なわれ、物資の集散地として栄えた。

これらのことからもわかるように、江戸は日比谷入江と江戸前島周辺の狭い範囲を指す地名だったとみられている。つまり、江戸のルーツは江戸湊にあったといっても差支えないだろう。

江戸は、やがて徳川幕府の本拠地となり、巨大都市東京の基盤ができあがっていくことになる。

江戸の町づくりは日比谷入江の埋立てから始まった

●埋立ては江戸城の防備が目的だった

寒村に過ぎなかった江戸が大きく変貌し始めたのは1590（天正18）年、豊臣秀吉に関八州（常陸、下野、上野、武蔵、相模、下総、上総、安房）を与えられた徳川家康が、江戸に居城を構えてからのことである。家康がまず手掛けたのは運河の開削だった。江戸城へ物資を輸送するためにも、運河は必要不可欠のものだったからである。

1600（慶長5）年、関ヶ原の戦いで石田三成を破って覇権を握り、家康が征夷大将軍に任命されると、江戸幕府を開いて城下町の建設に着手した。江戸城の拡張工事を始め、運河の開削、江戸湊の整備、土地の造成など、壮大なスケールの建設計画である。

だが、それを実現させるには大量の労働力と資金を必要とする。そこで、家康は天下普請によって諸大名を動員し、土木工事を禄高に応じて分担させた。築城のための巨石や建築資材などを積んだ船は続々と日比谷入江に入港し、それと同時に多くの人も集まってきた。しかし、当時の江戸は道灌が築いた江戸城の周囲と、日比谷入江周辺の芦が茂る湿地帯のごく狭い地域に過ぎなかった。土地が決定的に不足していたのである。それを解消するため、日比谷入江が埋め立てられることになった。

前にも述べたように、大手町から丸の内、新橋にかけての一帯は、家康が江戸城に入城する前までは日比谷入江だった。つまり海面下にあったのである。日比谷入江が真っ先に埋め立てられることになったのは、宅地不足の解消が最大の理由だったが、江戸城の防備をより強固にするという目的もあった。

それというのも、当時は江戸城のすぐ間際まで日比谷入江が入り込み、石垣の近くまで波が打ち寄せていたからだ。しかも、当時の東京湾には南蛮船など外国の船舶が頻繁に出没しており、いつそれらの船が日比谷入江に入港し、江戸城を攻撃してこないとも限らない。日比谷入江の埋立ては、江戸城を海から遠ざけ、外敵からの防備を固めるという狙いがあったからだともいわれている。

●江戸発展の原動力になった運河の開削

いずれにしても、海を埋め立てるには大量の土砂が必要である。そこで、江戸城本丸の工事は運河の開削などで発生した残土や、江戸城のすぐ北側にあった神田山という標高20mほどの台地を切り崩して、それらの土で日比谷入江は埋め立てられていった。これによって日比谷入江は広大な宅地となり、そこに大名や家臣たちの屋敷が建てられ、町人の居住地にもなった。

小高い台地だった神田山は削られて平坦地になり、宅地に生まれ変わった。そこに、家康が駿府（静岡）から引き連れてきた家臣や家来らを住まわせたことから、神田山は「駿河台」と呼ばれるようになった。現在もJR中央線の御茶ノ水駅の南側に、「神田駿河台」という地名がある。

埋め立てられたのは、日比谷入江だけにとどまらなかった。日比谷入江が埋め立てられた後も、沿岸部の埋立ては続けられ、江戸は次第に拡大していった。このように、江戸城を核とした城下町は着々と整備されていったが、徳川氏が最も重視したのは運河の開削である。

日比谷入江の最奥部と旧石神井川の河口を結ぶ道三堀や、江戸と製塩地の行徳（ぎょうとく）を結ぶ小名木川、江戸前島の中央を南北に通した外堀運河をはじめ、大横川、横十間川、仙台堀、八丁堀、三十間堀などが縦横に張り巡らされ、物資輸送の交通路として多くの舟が行き交うようになった。これら縦横に張り巡らされた運河は、消費都市の江戸が大きく発展する原動力になった。

5 江戸の大火が武蔵と下総の国境を動かした

● 江戸三大大火とは？

「火事と喧嘩は江戸の華」という言葉があるように、江戸では火災が日常茶飯事のごとく発生していた。しかも大火災が多く、焼死者が何千人にも達するような大火も珍しいことではなかった。

なぜ江戸では大火が多かったのかといえば、当時は防火対策が万全でなかったばかりか、ほとんどの建築物が木造だった。それに、道路はどこも狭くて人家が密集していたため、ひとたび火災が発生すると延焼を食い止めることができず、町中を焼き尽くすような大火災に見舞われたからである。

江戸で頻繁に発生した火災のうち、「明暦の大火」、「明和の大火」、「文化の大火」の三大火災を**「江戸三大大火」**と呼んでいる（図－5）。

1772（明和9）年2月に発生した**「明和の大火」**は、目黒行人坂付近から出火したことから「目黒行人坂大火」ともいわれている。

出火元は目黒の大円寺、無宿人の放火が火災の原因だったといい、死者数は1万数千人に達したといわれている。大円寺は今もJR山手線の目黒駅の西、目黒川東岸の行人坂（目黒区下目黒1町目）に鎮座している。境内には、火災による犠牲者を弔うために置かれた釈迦三尊像や、五百羅漢像など、500体以上の大円寺石仏群がある。

「文化の大火」は1806（文化3）年3月、芝車町の泉岳寺前（港区高輪2丁目）から出火して530町余り（約5・3㎢）を焼き尽くした。死者は7000人以上にも上った。文化の大火を通称「車町火事」、出火したのが丙寅（へいいん）の年だったことから「丙寅火事」ともいわれる。

江戸三大大火のなかで最も規模が大きかったのが、1657（明暦3）年1月に発生した**「明暦の大火」**

である。ロンドン大火、ローマ大火とともに「世界三大大火」の一つに数えられている日本史上最大の大火災であった。

●「明暦の大火」が隅田川に橋を架けさせた

「明暦の大火」は1657（明暦3）年1月、本郷丸山の本妙寺（現在の文京区本郷5丁目、その後豊島区巣鴨5丁目に移転）など3ヵ所から出火し、炎は強風にあおられて燃え広がり、江戸城をはじめ大名屋敷や寺社、町家など江戸市中の大半を焼き尽くした。死者数は10万人以上にも上ったといわれている。

出火原因には諸説あるが、定説になっているのが振袖に火がついてそこから燃え広がったというものだ。別名「振袖火事」ともいわれるゆえんである。

恋の病で死んだ娘の振袖を、古着屋で買い求めた娘たちが次々と病死していったため、本妙寺の境内でその振袖を焼いて供養しようとしたところ、突然の強風で火のついた振袖が空に舞い上がり、それが本堂に燃え移った。炎は北西の風にあおられて湯島、駿河台から日本橋方面へと燃え広がっていき、あたり一面が火の海になった。目前まで迫る火勢に追われた江戸市民は、隅田川畔まで来たところで行く手を阻まれ逃げ場を失った。

当時、隅田川には日光街道が通る千住大橋しか架橋されていなかった。外敵の侵入を防ぐため、隅田川に架橋することは認められていなかったのだ。隅田川は江戸城の外堀の役目を果たしていたのである。

それを知ってか知らでか、勢いを増す炎から逃れようとした人々が次から次へと押し寄せてくる。そのため、人波に押しつぶされて圧死する人、隅田川に転落して水死する人、炎に包まれて焼け死ぬ人など、まるで戦場のごとき様相を呈した。もし隅田川に橋が架かっていれば、多くの人命が救われただろうといわれている。

幕府はこの事態を深刻に受け止め、隅田川に架橋することを決断。1661（寛文元）年、千住大橋

図-5　江戸三大大火

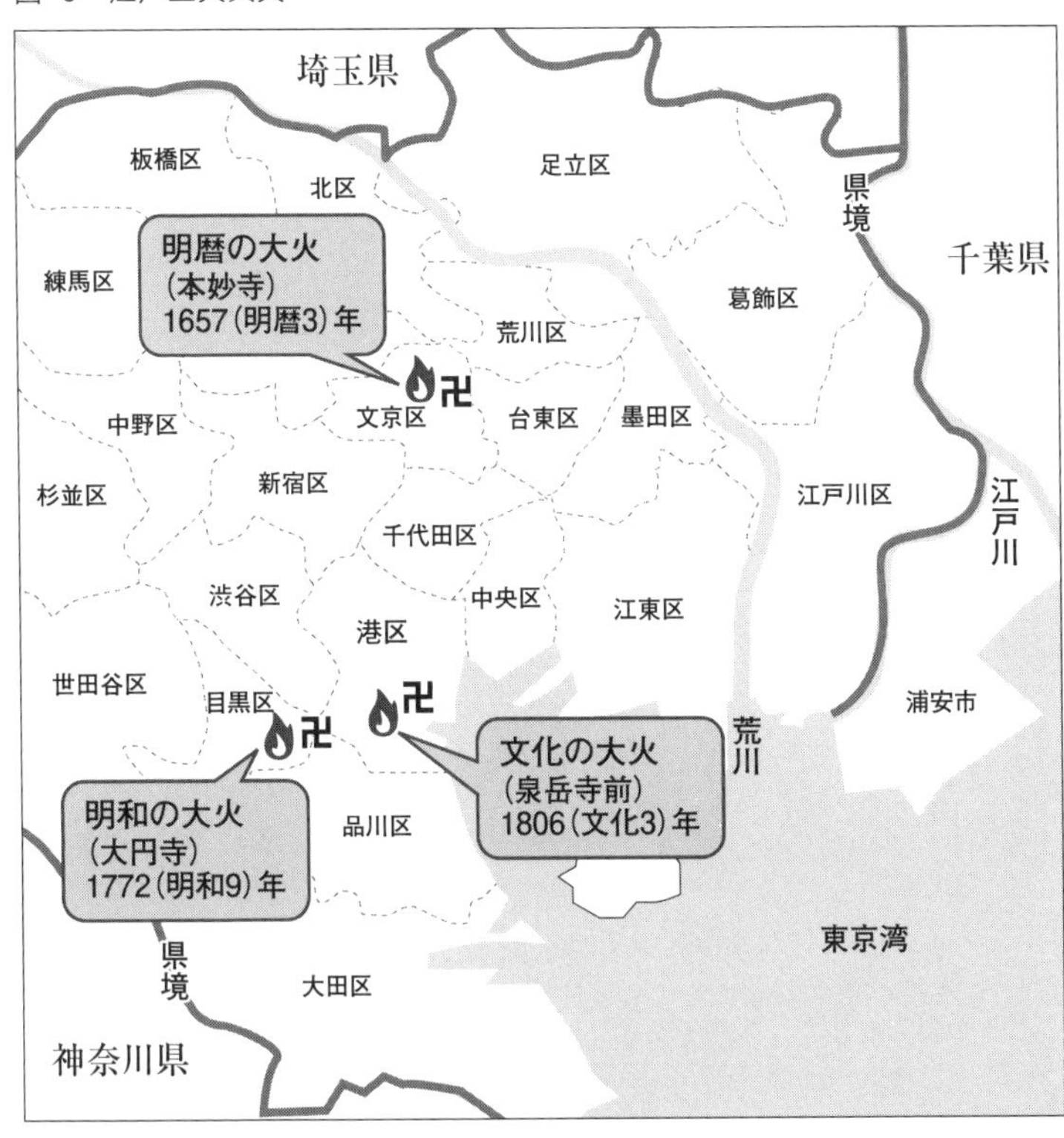

に次いで2番目となる橋が隅田川に架けられた。当初は「大橋」と呼ばれていたが、その後「両国橋」に改称された。

●武蔵国と下総国の国境が隅田川から江戸川へ

両国橋が架けられた当時、武蔵国と下総国の国境は隅田川だった。橋名は武蔵国と下総国の両国にまたがる橋であることに由来している。だが、現在は東京都と千葉県の境界を流れている江戸川（京葉道路から下流は旧江戸川）が武蔵国と下総国の境界になっている。1686（貞享3）年に国境が変更されたのである。なぜ武蔵と下総の国境が隅田川から江戸川に変更されたのか。

「明暦の大火」で焼け野原になった江戸は、幕府によって大胆な都市改造が行なわれた。「明暦の大火」が、無秩序に拡大しつつあった江戸の都市改造を可能にしたのだ。

それを根拠に、この大火は都市改造を実現させるための幕府による放火だったのではないかとする説もある。

城内にあった大名屋敷は城外に移し、旗本屋敷や寺社なども移転させた。「明暦の大火」の教訓を生かして、防火体制を強化するとともに道路を拡張し、延焼を防ぐための火除け地も設けられた。

隅田川に両国橋が架かったことにより、江戸の市街地は隅田川の対岸にまで急速に広がっていった。両国橋の架橋が、江戸が巨大化していく要因になったのである。

市街地が隅田川の対岸にまで拡大したことにより、江戸が武蔵国と下総国の2国にまたがることになった。江戸が2国に分かれていては不都合である。それを解消する必要があった。そこで江戸の将来の発展を見越し、国境を隅田川から10km以上東を流れている江戸川に移したのである。

●両国国技館と「明暦の大火」の関係

「両国」で真っ先に思い浮かぶのが、大相撲が催される両国国技館だろうか。大相撲は、江戸市中を焼き尽くした「明暦の大火」と無縁ではなかった。

JR総武本線の両国駅南側の両国橋近くに、回向院という寺がある。1657（明暦3）年創建の浄土宗の寺院で、「明暦の大火」で焼死した10万人以上の犠牲者を埋葬するため、将軍の家綱がつくった「万人塚」に始まる。

その後、回向院は天災などで犠牲になったすべての無縁仏も埋葬するようになったことから、江戸市中から多くの参拝者が訪れるようになった。

その人出を当て込んで、両国橋の西側に設けられ

図-6　江戸三大大火―「明和の大火」の被害状況を示した絵図

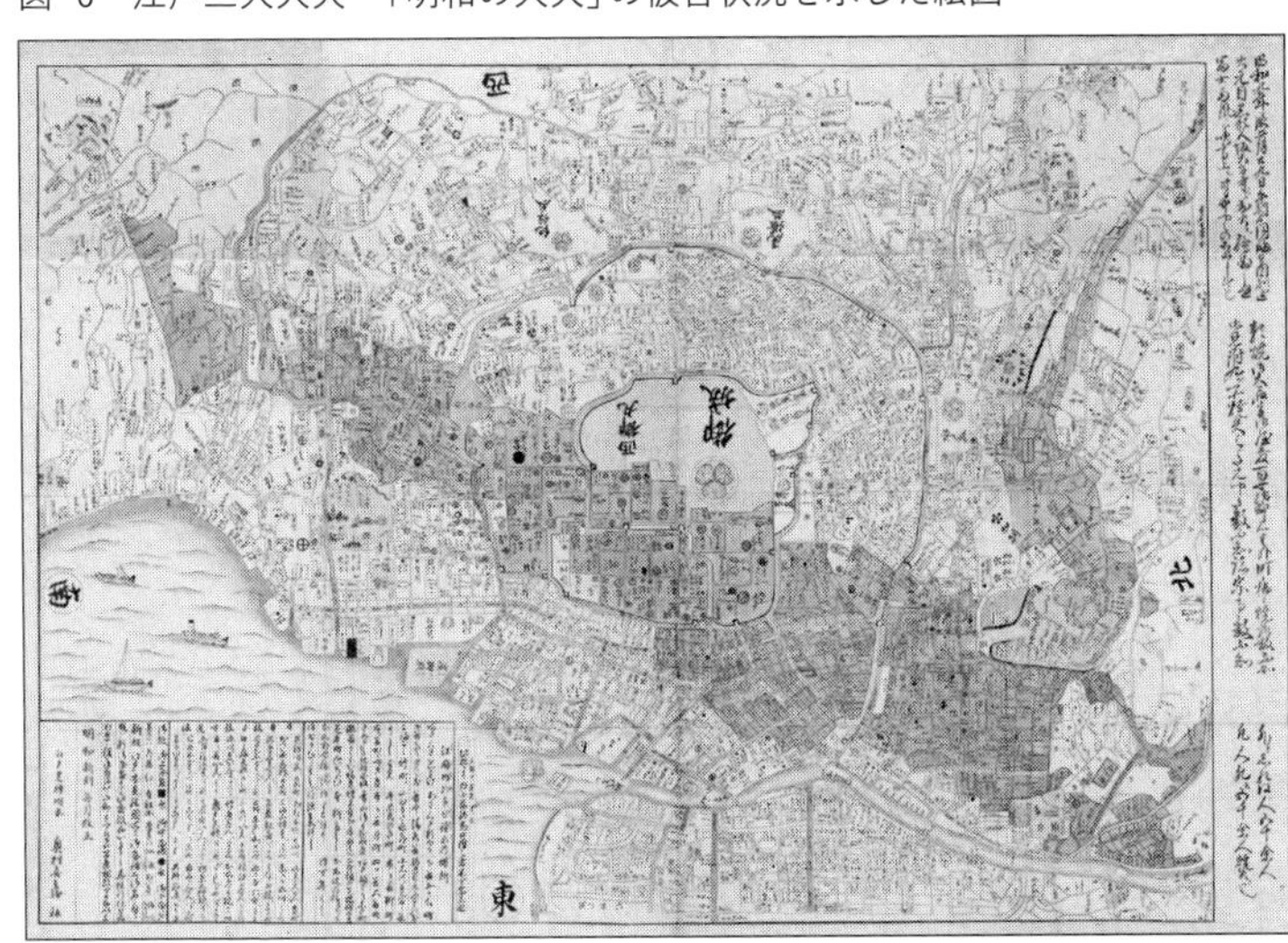

「明和九年江戸目黒行人坂大火之図」より

た火除け地には、芝居小屋や小間物店などさまざまな店が軒を連ねた。こうして、両国は江戸一番の盛り場になった。

そして1768（明和5）年、回向院の境内で勧進相撲が催され、やがて春と秋の2回、勧進相撲は定期的に催されるようになった。

1833（天保4）年からは、回向院で大相撲を独占的に開催するようになり、「回向院相撲」と呼ばれた。1909（明治42）年に両国国技館が完成するまで、江戸の大相撲はもっぱら回向院で開催されていたのである。

両国駅のすぐ北側にある両国国技館は、1984（昭和59）年に完成した2代目で、相撲博物館を併設している。もし「明暦の大火」が発生していなければ、両国が相撲の町になることはなかったのかもしれない。

江戸は本当に「大江戸八百八町」だったのか？

●江戸には1600以上の町があった

徳川家康が入城した頃の江戸は、あたり一面に湿地帯が広がる寒村に過ぎなかった。1603（慶長8）年に家康が征夷大将軍になると、幕府の本拠地にふさわしい都市にすべく城下町の建設に乗り出した。台地を切り崩して入江や沿岸部を埋め立てて宅地を造成し、そこに町人地などを設けた。それによって江戸は次第に拡大していき、やがて**「大江戸八百八町」**といわれる大都市になった。

では、本当に江戸には808の町があったのかというと、実は808町どころか、それをはるかに上回る町がひしめいていたのである。

家康が居城を構えてから数十年後の寛永年間（1624～1645年）、江戸の町数はまだ300余りに過ぎなかった。江戸の市街地が一気に拡大したのは、1657（明暦3）年に発生した明暦の大火で、江戸が焦土と化してからのことである。

焼け野原になった江戸は、幕府によって大胆な都市改造が行なわれた。大名屋敷や寺社を城外へ移転させ、そこに町人地を設けたことにより江戸の人口は急増し、寛文年間（1661～1673年）の町数は670町余りにもなった。

さらに1713（正徳3）年には、それまで代官の支配地だった本所や深川、それに小石川、赤坂、麻布なども江戸町奉行の支配下になった。これにより町数は900以上にまで膨れ上がった。この時点で、すでに808町を超えていたのである。

延享年間（1744～1748年）には、寺社奉行の支配地だった門前町も江戸町奉行の支配下になり、これによって町数は1678に、人口も100万人を超える世界有数の大都市に成長した。

「大江戸八百八町」とは、決して808の町があったことを意味しているわけではない。日本三景の一つとして有名な東北の松島を「八百八島」、「水の都」と称される大阪を「八百八橋」というのと同じように、江戸には数えきれないほど多くの町があったことを表現した言葉で、実際には808町の2倍以上の町があったのである。

●東京23区には3000以上の町がある

江戸と東京を単純に比較することはできないが、現在の東京にはいくつの町があるのかというと、23

図-7　江戸の範囲

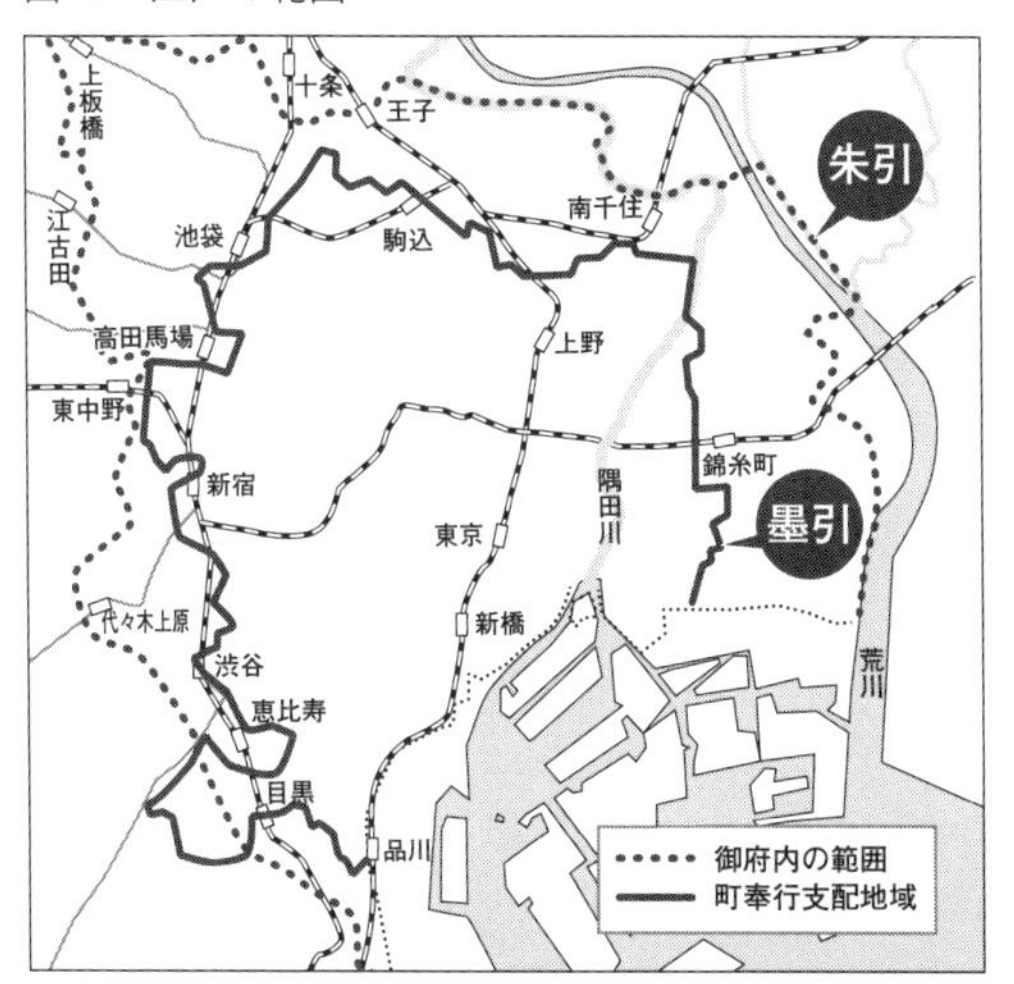

表-1　東京23区の町数

区名	町数	「丁目」も一つの町に数えた場合の町数
千代田	59	115
中央	37	98
港	30	115
新宿	95	153
文京	19	68
台東	34	108
墨田	27	88
江東	45	155
品川	27	130
目黒	27	88
大田	61	216
世田谷	61	278
渋谷	32	80
中野	19	85
杉並	36	139
豊島	20	83
北	30	113
荒川	7	52
板橋	57	109
練馬	46	204
足立	88	269
葛飾	30	155
江戸川	48	198
23区	934	3115

（2016年12月末現在）

区内には934の町がある。

最も多いのは新宿区の95町、次いで足立区の88町、大田区と世田谷区の61町、千代田区の59町の順で、最も少ないのは荒川区のわずか7町。1962（昭和37）年から実施された住居表示により、町名が統廃合され、「〇〇町〇丁目」という住居表示になったため、これだけ少ない町数になってしまったのだが、住居表示が実施される前までは現在の何倍もの町があった。

そこで、「〇丁目」もそれぞれ一つの町とみなすと、23区にはいくつの町があるのかを数えてみた。

たとえば、銀座には1丁目から8丁目まであるので、銀座を8つの町とみなす。そうすると東京23区には3115の町がある。

最も多いのは世田谷区の278、以下、足立区（269）、大田区（216）、練馬区（204）、江戸川区（198）の順で、最も少ないのは荒川区の52だ。

こうして見ると、東京23区には江戸の約2倍の町があることになるが、江戸は現在の東京とは比較にならぬほど狭い地域だった。

地図上に朱色の線で囲った「朱引」といわれる線の内側が江戸の範囲だった（図－7）。現在の行政区分でいうと、千代田、中央、港、新宿、文京、台東、墨田、江東などの都心部を形成している地域で、東京23区の20%にも満たない。

しかも、江戸の約70%を武家地が占めており、15%が寺社地、町人地は残りのわずか15%に過ぎなかった。つまり、現在の東京23区のおよそ3%という狭い地域に、1678の町がひしめき合っていたということである。江戸の一つの「町」は、「丁目」よりさらに狭かったのだ。

町人地の人口密度は6万人以上だったといわれており、東京23区の人口密度（約1万4800人/㎢、2015年12月末時点）の4倍以上という超過密地帯だった。

荒川が流れていないのになぜ荒川区？

●利根川と渡良瀬川は東京湾に注いでいた

関東平野には多くの河川が流れているが、それらの河川は江戸時代からの改修工事によって流路が目まぐるしく移り変わってきた。そのなかでも特に有名なのが、東京湾に注いでいた利根川を、太平洋に注ぐようにした**「利根川の瀬替え」**だろう（図－8）。

江戸初期まで、利根川と足尾鉱毒事件で有名な渡良瀬川は、別々の河川として東京湾に注いでいた。その2本の大河川が、1621（元和7）年に始まる河川改修工事によって同じ水系の河川になった。両河川の中流で、利根川の流路が渡良瀬川の流路に付け替えられたのである。

これによって、渡良瀬川は利根川の支流になった。利根川と渡良瀬川が接続された地点から下流の利根川は「古利根川」と呼ばれ、埼玉県越谷市の東側で中川に合流して東京湾に注いでいる。この中川が、かつては利根川の本流だったのである。

これで利根川の付け替えが終わったわけではなかった。利根川最大の支流である鬼怒川も、江戸初期までは独立した河川として太平洋に注いでいた。その鬼怒川の河道へ、利根川を付け替えたのである。これが利根川の東遷事業、いわゆる「瀬替え」といわれるもので、この大規模な土木工事は1654（承応3）年に完成し、それまで東京湾に注いでいた利根川は鬼怒川の流路を奪って、太平洋に注ぐようになった。

これによって、それまでまったく別の水系だった利根川と鬼怒川が同一の水系になり、鬼怒川は渡良瀬川とともに利根川の支流になり下がってしまったのである。

なぜ利根川の瀬替えが行なわれたのか。これにはさまざまな説があるが、江戸はこれまで大雨が降るたびに水害に見舞われてきた。その江戸を、洪水の被害から守ることが最大の目的だったといわれている。それを裏づけているように、利根川の東遷事業が完了してからというもの、江戸の水害は激減している。それにともなって流域の新田開発が進み、関東平野が現在のような穀倉地帯になったのだ。

また、付け替えで大河となった利根川は、水運による交易路としても重要な役割を担うようになった。利根川の瀬替えは、仙台藩伊達氏の侵攻を防ぐという軍事上の狙いがあったという説もあるが、定かではない。

●荒川は利根川の支流だった

利根川が関東を代表する河川なら、東京を代表する川は荒川だといえるだろう。山梨、埼玉、長野の3県境にそびえる甲武信岳を水源とする荒川は、秩父山地を通り抜け、埼玉県を縦断して東京湾に注いでいる。東京にはなくてはならない河川である。その荒川が、江戸初期までは利根川の支流だった。独立した河川として海に注いでいた渡良瀬川や鬼怒川が利根川の支流になってしまったのとは逆に、利根川の支流だった荒川は、利根川から切り離されて独立した河川になったのだ。

かつて荒川は、埼玉県の熊谷市付近で利根川に合流していたが、利根川の東遷事業と前後して、新しい河道が開削されて入間川の流路への付け替えが行なわれた。この付け替えによって、荒川は入間川の河道を奪って東京湾へ注ぐようになったのである。

東京23区の一つに荒川区があるが、区名はいうまでもなく東京湾に注ぐ一級河川の荒川に由来している。しかし、地図をよく見ると荒川は荒川区をまったく流れていない。それなのになぜ荒川区なのか、疑問に感じたことはないだろうか。

荒川は足立区を流れているので、足立区こそ荒川区を名乗ってもよさそうな気がする。だが、荒川区と足立区の境界を流れているのは隅田川だ。かつて

図-8　利根川の東遷

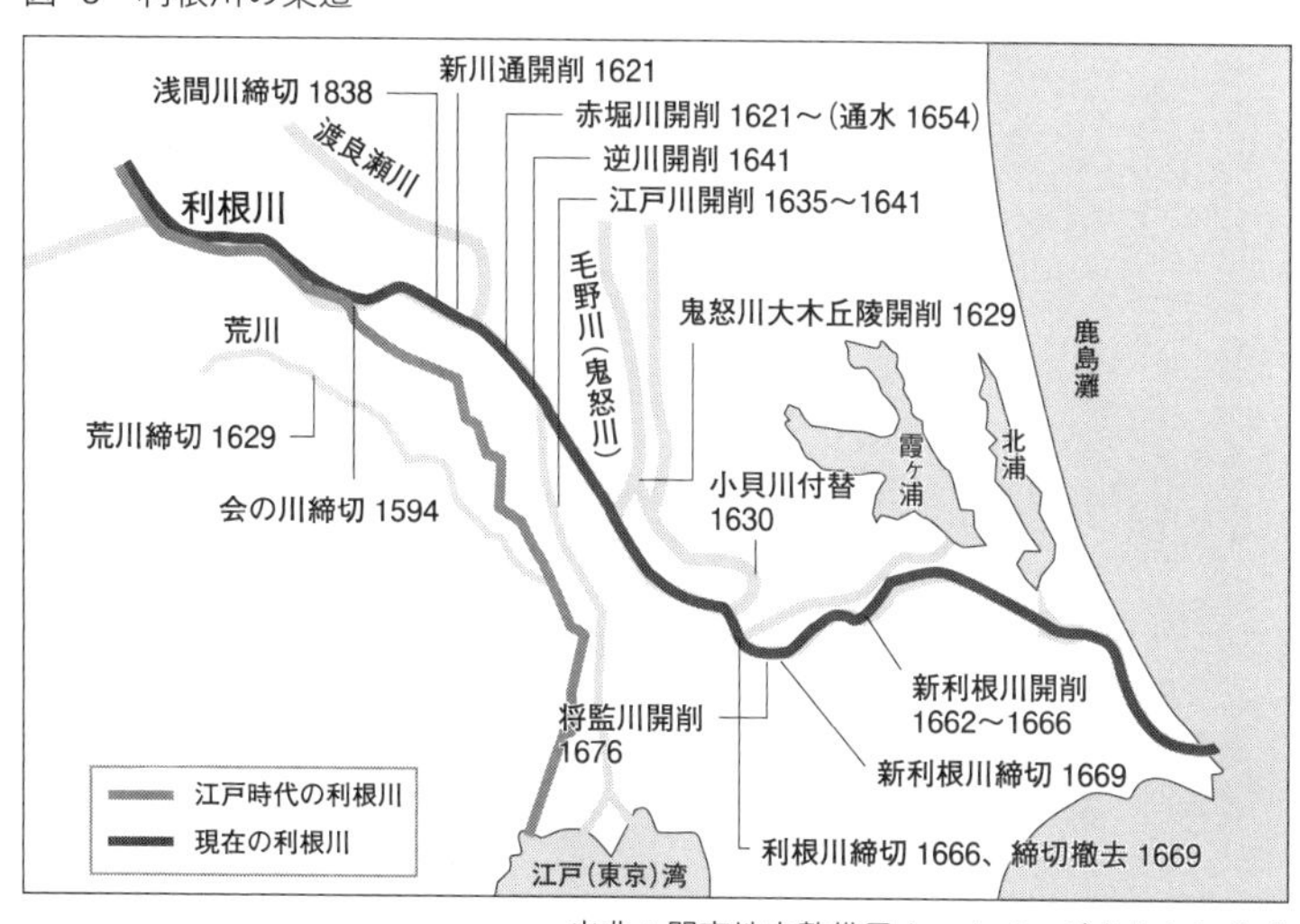

出典：関東地方整備局ホームページをもとに作成
(http://www.ktr.mlit.go.jp/tonejo/tonejo00185.html)

は隅田川こそが荒川の本流だったのである。

●荒川放水路の完成で荒川は隅田川に

荒川の下流域では、これまで洪水被害にしばしば悩まされてきた。特に、1910（明治43）年に関東地方を直撃した台風では河川が大氾濫し、多摩川や利根川などとともに荒川の下流域も大きな被害に見舞われた。この大水害を契機に、荒川放水路を建設する計画が具体化し、翌年に着手された。

土地の買収などで建設工事は難航したが、20年の歳月を費やして1930（昭和5）年に荒川放水路は完成した。北区の岩渕水門から東京湾の河口まで、幅500m、全長24㎞の大放水路である。この放水路の完成によって水害は激減し、荒川流域の人口増加をもたらした。

荒川も千住大橋から下流の都心部では、古くから「隅田川」と呼ばれていたが、あくまでも正式な河川名は荒川だった。だが1965（昭和40）年、河川法が改正されて荒川放水路が正式な荒川の本流となり、岩渕水門から下流は、荒川支流の隅田川が正式な河川名になったのである。

東京を流れているこのほかの河川も、改修工事や水路の開削などでめまぐるしく流路を変えている。それらの流路の移り変わりから、東京の成り立ちを知ることができる。

●「隅田川」と「墨田区」はなぜ違う文字？

隅田川は東京のシンボル的な存在の河川で、東京に住んでいない人でも知っている。隅田川の花火は全国的に有名である。全長わずか24㎞足らずの小河川でありながら、これほど知名度の高い川もほかにないだろう。

その隅田川と荒川に挟まれたデルタ地帯の北部に、23区の一つの墨田区がある。東京の観光名所として知られる東京スカイツリーや、日本の国技の大相撲が行なわれる両国国技館も墨田区にある。墨田区は東京の代表的な下町で、区名は隅田川に由来している。それなら隅田川の「隅田」と、墨田区の「墨田」の文字が違うのはなぜなのか。

墨田区は1947（昭和22）年3月、本所区と向島区が合併して成立した。新区名は公募によって決められたが、最も多くの票数を集めたのは「隅田区」だった。それなのに「隅田区」は採用されず、「墨田区」になった。

なぜなのかというと、実は前年の1946年に定められた当用漢字1850字のなかに、「隅」の文字が含まれていなかったというのが理由である。そこで、隅田川堤の別称である「墨堤」の「墨」と、隅田川の「田」をとって「墨田区」にしたのだという。

それにしても、墨田区内には隅田公園、東墨田公園、隅田川神社、墨田川高校、墨田中学校、隅田小学校などというように、「隅」と「墨」の字が入り混じって非常に紛らわしいのである。

「水の都」だった東京から川はなぜ消えた？

●東京の各地にあった渡し船

「水の都」というと、たいていの人は大阪を思い浮かべるだろう。「大阪八百八橋」といわれるように、確かに大阪には淀川や安治川、木津川、大和川、堂島川、道頓堀川など、大小多くの川が流れている。「大江戸八百八町」とはいっても、決して江戸（東京）を「八百八橋」とはいわない。だが、東京もかつては「水の都」だったのである。

家康が最初に手掛けたのが運河の開削だったことからもわかるように、江戸には縦横に運河や水路が張り巡らされていた。古地図を見れば、江戸がいかに水の豊かな都市であったかがわかる。

河川に欠かせないのが渡し船だ。東京ほど渡し船が活躍していた都市もない。物資輸送の交通路として水路や運河は欠かせないものだが、渡し船も主要な交通路として機能していた。隅田川の渡しだけでも、佃の渡し、月島の渡し、大川口の渡しなど20ヵ所以上の渡しがあった。江戸は水運によって発展してきた都市だったのである。

だが、江戸では防衛上の理由から、市街地を南北に流れている隅田川に架橋することが制限されていた。「明暦の大火」（1657年）が発生するまで、隅田川に架かっていたのは日光街道（現・国道4号）の千住大橋の一橋のみ。そのため、渡し船に頼らざるを得なかったという理由もある。しかし、道路交通の発達にともなって架橋の必要性が高まり、各地で橋が建設されていった。

それでも江戸末期までに、隅田川に架橋されたのは千住大橋、両国橋、新大橋、永代橋、吾妻橋の5橋に過ぎない。現在では、鉄道や高速道路などの橋梁も含めると、隅田川には40ほどの橋が架かっている。橋の増加にともなって渡しは衰退していき、

1966（昭和41）年に廃止された「汐入の渡し」を最後に、隅田川からすべての渡しが姿を消した。

だが東京で唯一、「矢切りの渡し」だけが現在も営業を続けている。矢切りの渡しは葛飾区の柴又と、江戸川対岸の千葉県松戸市を結んでおり、伊藤左千夫の小説『野菊の墓』や、寅さんでおなじみの映画『男はつらいよ』などで広く知られるようになった。現在は主に観光用として運行されているに過ぎないが、江戸初期から主要な交通路として活躍してきた歴史の古い渡しである。

●東京大空襲とモータリゼーションが川を消滅させた

「水の都」といわれた東京の景観を激変させたのは東京大空襲である。東京大空襲とは、第二次世界大戦の末期、首都東京を標的にしたアメリカ軍による無差別爆撃で、この爆撃によって東京は廃墟と化した。空襲は100回以上にもおよび、そのなかでも、1945（昭和20）年3月10日未明の大空襲は、一夜にして10万人以上の都民が殺戮された。東京大空襲は人類史上まれにみる大量虐殺として、歴史に深く刻まれている。

この大空襲で東京の都心は、もぬけの殻になった。ちなみに、都心部を占める旧東京15区の人口が223・4万人（1940年国勢調査）から44・9万人と、何と5分の1にまで激減したのである。

敗戦の痛手から日本が早急に立ち直るには、まず首都東京を復旧させなければならなかった。だが、いたるところに積み上げられた瓦礫が道路を塞ぎ、それが復旧の足かせになっていた。

まず瓦礫を取り除かなければ、復興作業も思うに任せない。しかし、それには莫大な費用を必要とする。国の財政はひっ迫していたので、復興は容易なことではなかった。

そこで政府がとった措置は、水路や運河に瓦礫を捨てるということであった。こうすれば、瓦礫を遠くまで運搬する必要がなくなる。多額の費用を使わずとも復旧を進めることができるのだ。これが最善の策だと考えられた。あまり利用されていない水路や運河は次々に埋め立てられていき、水路が道路に生まれ変わっていった。

昭和30年代に入ると日本は高度成長期に入り、水路や運河が再び苦難の時代を迎えることになった。モータリゼーションの到来である。

道路上には自動車が溢れるようになり、東京の狭い道路はいたるところで渋滞が発生するようになった。都市交通の担い手として活躍した路面電車は、やがて邪魔者扱いされるようになり、次第に姿を消していった。

最盛期には200km以上の路線網を誇っていた東京都電も、1972（昭和47）年までには、現在も運行している早稲田－三ノ輪橋間（12・2km）を除くすべての路線が撤廃された。

水路や運河も犠牲になった。道路を拡張するためには水路や運河も障害になったのである。その解決策としてとられたのが、河川の暗渠化であった。

暗渠とは、地下に埋設された上から見えない導水路のことをいうが、利用価値の少ない水路や運河に蓋をして、その上を道路などに活用したのである。

水路や運河が暗渠化されたことにより、東京は次第に殺伐としたたたずまいになっていき、もはや「水の都」とは程遠い景観になってしまった。

それに拍車をかけたのが、1964（昭和39）年に開催された東京オリンピックだった。埋立てや暗渠化から免れた河川の上には高速道路が建設された。東京のシンボルの日本橋も、真上を走る高速道路に隠れてすっかり目立たなくなっている。河川の暗渠化は、ヒートアイランド現象を早める原因にもなった。

東京を流れる河川名の謎

●多摩川と玉川はどう違う？

地方の人が東京に来たとき、河川名に多摩川と玉川の二通りの表記があることに戸惑う人が少なくない。多摩川と玉川は、まったく別々のところを流れている河川だと思っている人もいる。それにしては、多摩川の流域には**「多摩川」**と**「玉川」**の二通りの地名が存在している。

東京都には多摩市、神奈川県には川崎市多摩区という行政地名があるし、調布市には「多摩川」、日野市には「多摩平」、府中市には「多磨町」という地名がある。そうかと思うと、昭島市には「玉川町」、羽村市に「玉川」、世田谷区の多摩川の北岸には「玉川」「玉川台」「玉堤」などという地名がある。多摩川と玉川の二通りの表記があるが、これらの地名はすべて多摩川に由来している。

国土地理院は「多摩川」を正式な河川名としている。多摩川は山梨と埼玉の県境にそびえる秩父山地の笠取山を水源とし、下流では東京と神奈川の県境を流れて東京湾に注いでいる全長１３８kmの一級河川である。奥多摩湖の流出口から下流が多摩川という河川名で、奥多摩湖から上流の一之瀬川と柳沢川の合流点までは丹波（たば）川という。丹波川が転訛して多摩川になったとする説もある。

鉄道駅にも「多摩川」と「玉川」が入り乱れている。狛江市に小田急の和泉多摩川駅、調布市に京王線の京王多摩川駅、大田区には東急多摩川線という路線名とともに多摩川駅もある。世田谷区には、東急田園都市線と大井町線の二子玉川駅がある。多摩川の河川敷を整備した公園にも、多摩川緑地公園や二子玉川緑地などのように、多摩川と玉川の二通りの文字を使った公園があるし、世田谷区には「多摩川玉川公園」という理解に苦しむ名前の公園まであ

図－9　多摩川と玉川

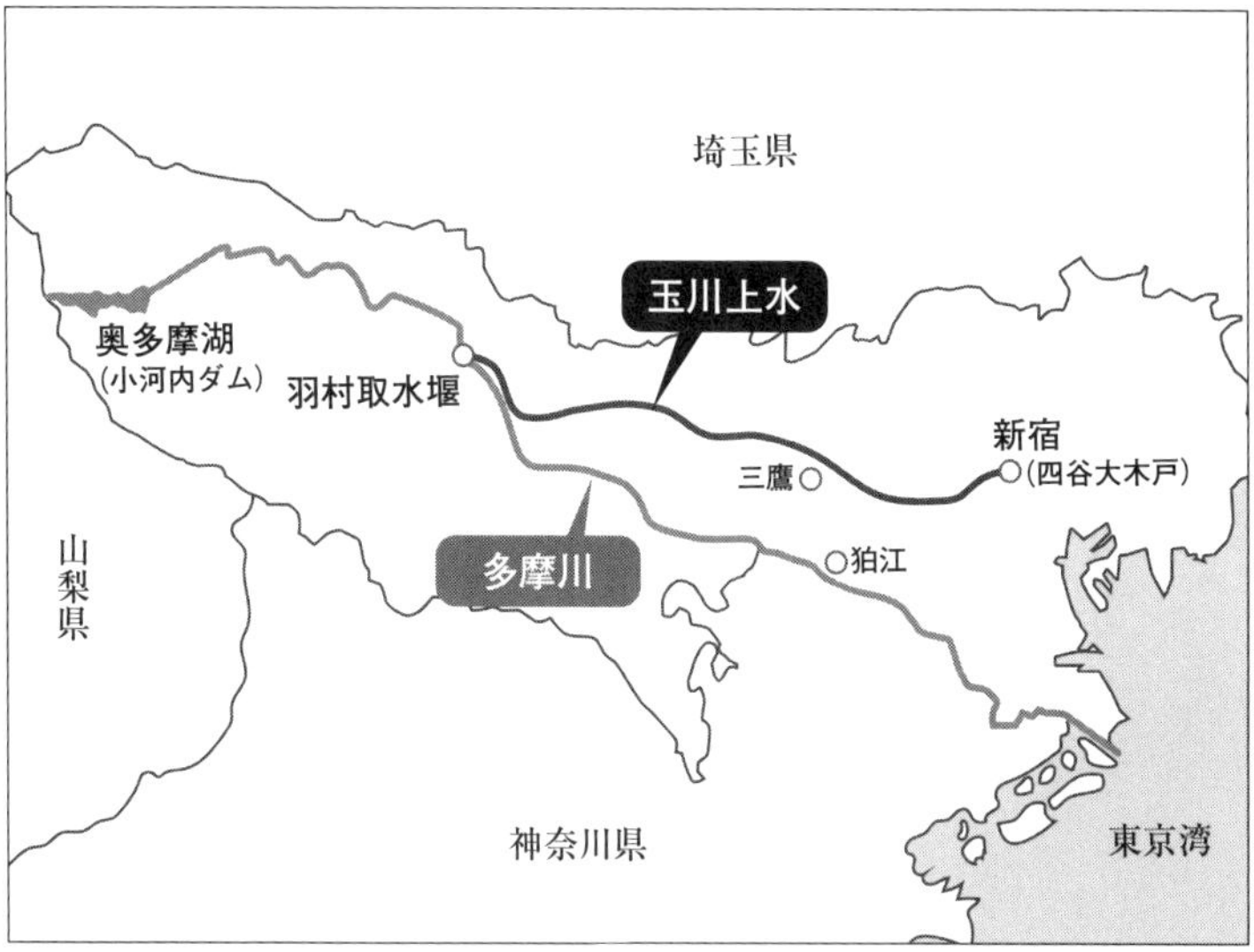

る。

なぜ多摩川と玉川が入り乱れているのかというと、古くは「多摩」「玉」「多磨」「多麻」などというように、表記が統一されていなかった。

江戸時代は「玉川」が好んで使われていたようだ。1652（承応元）年、幕府が江戸市中への飲料水を供給するため、羽村から多摩川の水を取水して四谷大木戸まで43㎞にわたる水路を築いたときも、本来なら多摩川上水と名づけても不思議ではない。ところが、幕府は美称として好まれていた「玉」の文字を使い、玉川上水と命名したのである（図－9）。

それ以来、玉川と多摩川が乱立することになった。1889（明治22）年の町村制の施行で、等々力村、用賀村など10余りの村が合併して発足した村名は「玉川村」だった。多摩川の北岸に位置していたことから、河川名をとって命名されたものだが、多摩川村とはしないで、玉川上水に倣（なら）って玉川村としたのである。

玉川村は現在の世田谷区の南部地域で、現在でも玉川郵便局、玉川警察署、玉川消防署、玉川小・中学校、玉川病院などというように、「玉川」を冠した公共施設が多い。ところが、二子玉川駅の近くには多摩美術大学がある。実に紛らわしいのである。玉川上水は江戸時代の土木遺産として、国の史跡に指定されている。

●神田川に架かる橋をなぜ江戸川橋という？

江戸川といえば利根川水系の分流で、東京と千葉の都県境を流れる一級河川であることは、関東在住の人なら誰でも知っている。東京23区の一つに江戸川区がある。江戸川に因んでつけられた区名であることはいうまでもない。常磐自動車道には、江戸川をまたいで江戸川橋という大きな橋梁も架かっている。

ところが、文京区にも江戸川橋という小さな橋があるのだ。同名の橋があるのは決して珍しいことではないので驚くことではないかもしれないが、江戸川が文京区を流れているはずはない。それなのに、江戸川から遠く離れた文京区に江戸川橋がある。これはどういうことなのだろうか。知らない人には不可解に感じる。江戸川橋の下を流れている川は、神田川だからである。神田川に架かっている橋がどうして江戸川橋なのか。

橋名ばかりではない。江戸川橋の近くには、東京メトロ有楽町線の江戸川橋駅がある（図−10）。そして駅の西側、神田川の北側には江戸川公園というこじんまりした都市公園があり、そのさらに西側には新江戸川公園（現・肥後細川庭園）まである。新宿区側には江戸川小学校がある。1966（昭和41）年に住居表示が実施される前まで、目白通り東側の「後楽2丁目」の一部は江戸川町といい、「水道1・2丁目」の一部も西江戸川町という地名だった。

実は、かつて神田川の中流域を「江戸川」と呼ん

図-10 文京区を流れる江戸川（神田川）

でいたのだ。都電荒川線の早稲田停留所付近から、飯田橋駅あたりまでの区間が「江戸川」と呼ばれていたが、1970（昭和45）年頃から「神田川」に統一された。江戸川橋駅や江戸川公園などは当時の名残なのである。神田川は井の頭公園にある井の頭池を水源とし、両国橋の近くで隅田川に注ぐ全長24・6㎞の荒川水系の一級河川である。

●江東区に「深川」という川は流れていない

東京23区には「川」の文字を使った区名が荒川区、江戸川区、品川区の3区ある（図－11）。いずれも河川名に由来した区名である。荒川区は山梨（甲斐）、埼玉（武蔵）、長野（信濃）の3県境にそびえる甲武信ヶ岳を発して、東京湾に注ぐ一級河川の荒川に由来している。江戸川区も利根川水系の江戸川に由来した区名で、江戸川の対岸は千葉県である。

品川区は東海道53次の一つ、品川宿が置かれていたことに因んで命名された区名だが、品川宿の品川は、近くを流れている目黒川に由来している。品川は目黒川の古名である。墨田区は「川」という文字を使ってはいないが、河川名に由来している区名であることは前にも述べた。

1947（昭和22）年、35区から23区に統合される際に新区名を一般から募集した。本所区と向島区が合併して発足する新区名には、最も票数が多かった「隅田区」が採用されるはずだったが、すでに当用漢字には「隅」という文字がなかったため、「墨田区」になったという経緯がある（第1章7項参照）。

では、東京35区の旧区名はどうか。「川」の文字を使った区名が滝野川区、小石川区、深川区の3区あった。3区とも河川名に由来した区名なのかというと、実はそうではなかった。

滝野川区は北区の南部を占める旧区名で、現在の滝野川1～7丁目にあたる。区名は河川名に由来していた。だが、どこを探しても滝野川という川は流れていない。滝野川は隅田川支流の石神井川の別称だったのである。

小石川区は文京区の西部を占める旧区名で、現在も字名（小石川1～5丁目）として残っている。小石川も河川名に由来している。その河川とは、小石川植物園の西側を流れている「千川」のことである。とはいっても現在は暗渠化されているため、流れを確認することはできないが、千川は小石の多い川だったことから「小石川」とも呼ばれていた。その川に因んで、小石川区が生まれたのである。

「川」の文字を使った区名で、唯一深川区だけは河川名に由来した区名ではなかった。深川区は江東区の西半分を占める旧区名で、現在も字名（深川1～2丁目）として存在している。

しかし、旧深川区には小名木川とか仙台堀川、大横川などという運河や水路はあるが、深川という川は見当たらない。かといって、これらの河川の別称でも古称でもない。もともと深川という河川は存在しなかったのだ。

図-11　河川に由来した地名

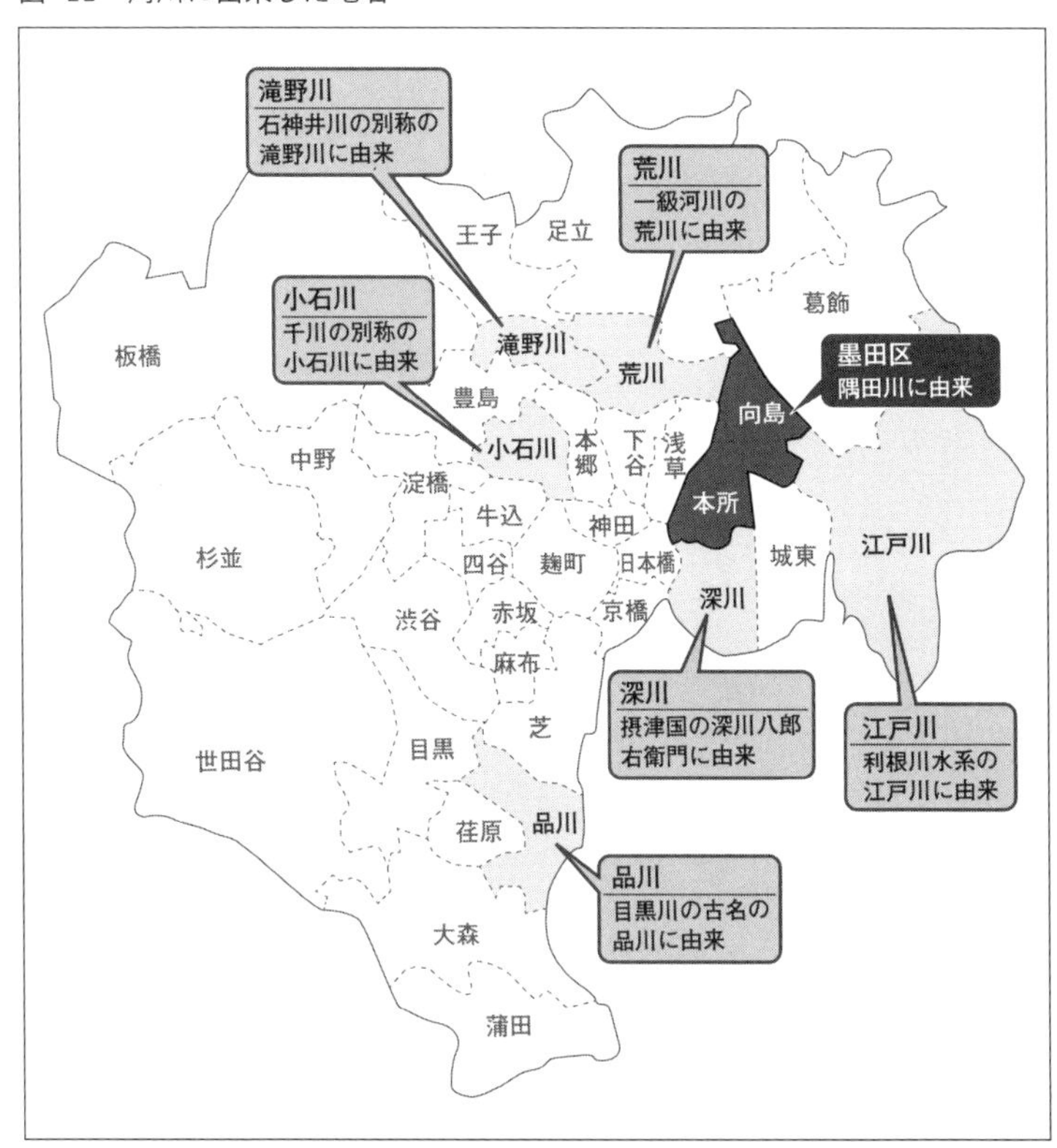

家康は江戸に入城してから、沿岸部の埋立てと運河の開削を積極的に進めたが、江東区の北部を東西に通じている小名木川もその一つ。家康は運河の開削とともに、新田開拓にも力を注いだ。小名木川の北側一帯は、摂津国の深川八郎右衛門が開拓した。そのことに因んでこの地を「深川村」と呼ぶようになった。

「深川1・2丁目」は小名木川の南側にあるが、深川村の発祥地は小名木川の北側、都営地下鉄新宿線森下駅の南側にある深川神明宮のあたりである。このように、深川は河川名ではなく人名に由来した地名だったのだ。

東京には、見た目より多くの川が流れている

●東京を流れている川を1本につなぐと何kmになる？

日本は山国で、しかも雨がよく降る。そのため、いたるところに川が流れている。東京にも多くの川が流れているが、どれだけの河川が流れているのだろうか。かいもく見当もつかないだろうが、ただいえることは、流れている河川の密度が、どの都市よりも高いということである。

日本の河川法では、河川を一級河川、二級河川、準用河川、普通河川の4種類に分類している。「国土保全上国民経済上特に重要な水系」で国土交通大臣が管理するものを一級水系といい、一級水系を流れている川が一級河川である。二級水系は「公共の利害に重要な関係がある水系」で、都道府県知事が管理する河川をいう。準用河川は一級および二級以外の、河川法が準用される河川で、市町村が管理するものをいう。

河川法の適用を受けない小河川が普通河川である。河川は1本の水の流れではなく、樹木が多くの枝を伸ばしているように、幹となる本流（本川）に幾筋もの支流（支川）が合流している。上流部は一級および二級河川に指定されていない準用河川であったり、普通河川であったりする。この一連の水のつながりを水系といっている。関東平野を流れている日本一の大河の利根川は、利根川水系の本流であって、渡良瀬川や鬼怒川などは利根川水系の支流（支川）で、本流の利根川に合流している。

ところで、東京には一級河川および二級河川がどれだけ流れているのだろうか。東京の河川は暗渠化されていたり、高速道路の高架の下に隠れていたりするのであまり目立たないかもしれないが、実際に目にするよりはるかに多くの川が流れている。東京

表-2　東京都管内の一級河川

水系名	河川名	長さ(km)	河川名	長さ(km)	河川名	長さ(km)
利根川水系	江戸川	10.8	綾瀬川	11.0	垳川	2.3
	旧江戸川	9.4	新中川	7.8	毛長川	7.0
	新川	3.7	大場川	2.4		
	中川	22.2	伝右川	0.6		
荒川水系	荒川	32.8	古石場川	0.6	落合川	3.6
	旧中川	6.7	小名木川	4.6	柳瀬川	7.3
	隅田川	23.5	竪川	5.2	空堀川	15.0
	月島川	0.5	神田川	25.5	奈良橋川	2.9
	大横川	6.5	日本橋川	4.8	霞川	5.5
	大島川西支川	0.8	亀島川	1.1	成木川	12.7
	大島川東支川	0.8	妙正寺川	9.1	黒沢川	7.1
	大横川南支川	0.4	江古田川	1.6	北小曽木川	4.8
	北十間川	3.2	善福寺川	8.8	旧綾瀬川	0.4
	横十間川	3.7	石神井川	25.2	芝川	0.3
	大横川支川	0.1	新河岸川	8.0	新芝川	1.6
	仙台堀川	1.9	白子川	10.1	直竹川	0.5
	平久川	1.1	黒目川	4.6		
多摩川水系	多摩川	98.7	兵衛川	2.8	北秋川	10.4
	海老取川	1.0	山田川	4.8	平井川	16.5
	矢沢川	3.7	川口川	14.1	氷沢川	1.1
	野川	20.2	南浅川	8.1	鯉川	3.0
	仙川	20.9	案内川	8.0	玉の内川	1.5
	丸子川	7.3	城山川	7.1	北大久野川	5.5
	入間川	1.8	御霊谷川	0.8	大荷田川	3.1
	三沢川	5.7	山入川	5.0	鳶巣川	2.5
	大栗川	15.3	小津川	4.0	日原川	9.0
	乞田川	4.4	醍醐川	3.8	小菅川	2.1
	大田川	1.7	残堀川	14.5	大沢川	3.5
	程久保川	3.8	谷地川	12.9	三沢川分水路	2.7
	浅川	30.2	秋川	33.6		
	湯殿川	8.9	養沢川	7.3		
鶴見川水系	鶴見川	12.8	真光寺川	1.9		
	恩田川	5.5	麻生川	0.6		

には一級水系が４水系ある。ところが、東京に住んでいる人でも４水系を間違いなく答えられる人が意外に少ないのだ。

荒川と多摩川はすぐわかるだろうが、あとの二つの水系がどこなのかを理解していない人が多いようだ。その二つの一級水系とは、**利根川と鶴見川**である。えっ！　と驚く人がいるかもしれない。利根川は東京から遠く離れたところを流れているからだ。

確かに、利根川は埼玉県と群馬県、および茨城県と千葉県の県境を東に向かって流れていき、銚子から太平洋に注いでいる。だが、それは利根川水系の本流であって、多くの支流が本流に合流、あるいは本流から分流している。区名にもなっている江戸川も利根川水系の一級河川だし、中川や綾瀬川なども同様である。

もう一つの鶴見川は、横浜市の鶴見区から東京湾に注いでいる一級河川だが、水源は東京都の町田市にある。町田市を流れている恩田川や真光寺川なども、鶴見川水系の一級河川なのだ。

このように、一級水系はわずか４水系に過ぎないが、一級河川は92本も流れている。隅田川や神田川は荒川水系の一級河川、世田谷区を流れる野川や仙川は多摩川水系の一級河川である。一級河川を１本につなぐと、実に約７６０㎞もの長さにもなる。東京駅から東北本線の新青森駅までの距離が６７５㎞だから、それより１００㎞以上も長いのである。東京にはもちろん二級河川も流れている。だが、二級水系の数は一級水系より多いものの、河川の数は少ない。二級水系は10水系、15の二級河川、総延長は約95㎞に過ぎない。目黒川や渋谷川は二級河川である。だが、このほか準用河川や普通河川も流れているので、これらを加えると東京を流れている河川は軽く１０００㎞を突破する。

●「36答申」によって河川の暗渠化が一気に進む

東京の街を流れる多くの河川が地上から姿を消し

てしまったが、その最大の原因が第二次世界大戦の東京大空襲、それにモータリゼーションの到来、1964（昭和39）年の東京オリンピックの開催、この3点にあることは前にも述べた（第1章8項参照）。なかでも東京オリンピックが、河川の暗渠化を促進させる大きな契機になったことは間違いない。

高層ビルが林立し、住宅が密集する現在の東京の姿からは想像もできないことだが、戦前の東京には田畑がいたるところに点在し、のどかな風景が広がっていた。それが高度成長期以降の都市化によって、田畑は急速に宅地に転用されていった。

田畑がなくなれば農業用水は必要なくなる。したがって、玉川上水などから水は引かれなくなり、雨が降ったときだけしか水のない川になってしまった。そのため、小川に生息する小魚や水生植物は死滅し、水辺の空間は次第に失われていった。

東京近郊の宅地化のスピードがあまりにも急激であったため、下水道の整備が追いついていかなかった。1960年頃の東京区部における下水道の普及率は20％そこそこというありさまである。そのため、生活排水や工場排水の多くが、これまで田畑を潤していた用水路跡にそのまま排出され、かつては清らかな水が流れていた小川は、たちまちドブ川と化した。ドブ川からは悪臭が漂い、蚊が発生するなど、衛生面で都民は劣悪な環境下に置かれることになった。たまりかねた地域の住民たちは、「臭いものには蓋をしろ」といわんばかりに、行政に河川の暗渠化を働きかけたのである。

そういった状況のなか、1959（昭和34）年のIOC総会で、1964（昭和39）年のオリンピックが東京で開催されることに決まった。この知らせに日本国中は喜びに沸いたが、開催地となる東京は浮かれてばかりはいられなかった。切実な問題を抱えていたからである。ドブ川と化していた東京の河川対策もその一つだった。悪臭が漂うドブ川は、衛生的に好ましくないばかりか美観を損ねる。日本の首都東京の恥でもある。それを外国から訪れる人たちに見せるわけにはいかないのだ。

1961（昭和36）年、「東京都市計画河川下水道調査特別委員会」から、調査報告書が東京都知事に提出され了承された。通称**「36答申」**と呼ばれる河川の実態を調査した報告書である。この36答申によって、ドブ川と化した東京の河川を暗渠化することが決定した。

東京オリンピックの開催に間に合わせるべく、河川の暗渠化は急ピッチで進められ、水路跡の多くは下水道に転用された。この時期に暗渠化された河川が、東京には無数に存在しているのだ。

東京の街を歩いていると、しばしば緩いカーブを描いた道路に出会うことがある。そこが遊歩道や緑道、生活道路、自動車が通る一般の道路であったりもする。意味もなくカーブしているとしか思えないが、そういう道路下には案外、暗渠化されたドブ川が流れているかもしれないのだ。川が流れていないのに欄干だけが残っているところは、まさしく河川が暗渠化された何よりの証拠だろう。東京の都心だけでも、京橋川や三十間堀川、鉄砲洲川、桜川、入船川、箱崎川、楓川、浜町川、東堀留川、西堀留川など、数多くの河川が暗渠化されてしまった。

失われた東京の河川、再生の動き

東京ほど曲がりくねった道路が多い都市もない。それは起伏の多い地形が大きく影響しているが、暗渠化された河川が多かったことにも起因している。直線的に流れている河川もあるが、多くは緩やかにカーブしながら流れているものだ。かつて東京には、体内に張り巡らされた血管のごとく、大小の河川が複雑に流れていた。それらの河川の多くが高度成長期以降、暗渠化されて地上から姿を消した。街から水辺空間が失われたことにより、東京は味気のない殺伐とした街になってしまった。

都会に住んでいる人が郊外に住みたいという願望

を抱くのは、緑や水辺など自然環境に恵まれているからなのだろう。もし東京に水辺空間が身近なところにあり、心に安らぎを感じる都市生活を楽しむことができれば、郊外へ移り住みたいと考える人は少なくなるのではないだろうか。

今、全国各地で、河川の再生事業が盛んに行なわれている。開発によって失われた河川の自然を再生して、河川本来の姿に蘇らせようという取り組みである。東京の河川も例外ではない。暗渠の蓋を取り除いて、水辺空間を創出しようとする動きもある。

その一つに渋谷川がある。渋谷川は、渋谷駅の地下に眠っている宮益橋から広尾、南麻布、三田を通り、浜松町の東にある浜崎橋あたりから東京湾に注ぐ全長7kmの二級河川である。正式には宮益橋から広尾の天現寺橋までの2・6kmが渋谷川で、そこから河口までの4・4kmを古川という。

渋谷川支流の河骨川（こおほねがわ）は、唱歌「春の小川」のモデルになった川だといわれており、小田急線の代々木八幡駅の近くに「春の小川」の歌碑がある。その河骨川も現在は暗渠化されて当時の面影はないが、かつては春の小川に謳われているような、めだかや小鮒が泳ぐ清らかな流れの川で、川のほとりには草花が咲き乱れるのどかな風景が広がっていたのだろう。

渋谷川は渋谷駅付近から北は暗渠化されてほとんど水がない状態だが、都市化される前までは流量が豊かな川だった。それというのも、渋谷川は新宿御苑の湧水を水源としており、玉川上水から水が引き入れられていたからである。

その渋谷川に清流を取り戻し、川沿いに水辺空間を創り出そうという構想がある。２０１４（平成26）年の春、渋谷駅周辺の再開発により、東口駅前広場の地下を流れている渋谷川の暗渠の蓋が取り払われ、水面が地上に姿を現した。わずか２５０ｍほどの区間だったが、人々が水辺に集まる良好な環境が整えば、渋谷の大きな観光資源になり、ますます魅力的な街になると期待されている。

河川の改修で「河川飛び地」が生まれる

●荒川の改修工事で埼玉県が東京都になる

日本の河川は豪雨に見舞われるたびに氾濫を繰り返し、流域に大きな被害をもたらしてきた。特に、蛇行している河川では氾濫の危険性が高い。急流河川の多い日本では、洪水による被害を防ぐため河川の直線化工事が各地で行なわれてきた。だが、流路が変わることによって、それまで一つにまとまっていた村や町が、分断されてしまうこともある。村の一部が川の対岸に飛び離れてしまうのである。それを**「河川飛び地」**というが、日本一の大河川の利根川には、河川飛び地がいたるところにある。東京都と埼玉県の境界を流れる荒川にも、河川改修工事により河川飛び地が生まれた。

北区の北西端に「浮間（うきま）」という地区がある。荒川と新河岸川に挟まれた面積およそ2㎢の一角で、東北・上越新幹線と埼京線が中央を通り抜けている。「浮間舟渡駅」「北赤羽駅」という埼京線の駅もある。古くから桜草の名所として知られ、田山花袋の『東京近郊一日の行楽』や、永井荷風の『葛飾土産』などでも紹介されている。その浮間地区が大正末期まで埼玉県だった。「埼玉県北足立郡横曽根村大字浮間」である。

かつての荒川は川幅が狭く、激しく蛇行していた。現在の新河岸川が荒川の流路で、浮間地区の南側を大きく回り込んで岩淵水門のあたりから隅田川に合流していたのだ。このように、荒川は蛇行していたため大雨のたびに氾濫を繰り返し、流域に甚大な被害をもたらした。特に、1910（明治43）年8月の荒川の大洪水では堤防が決壊。東京は荒川の流域を中心に浸水家屋27万戸、約150万人が被災するという大災害に見舞われた。政府はこの災害を深刻に受け止め、荒川の大規模な改修工事に乗り出し

図-12 荒川の直線化で生まれた飛び地

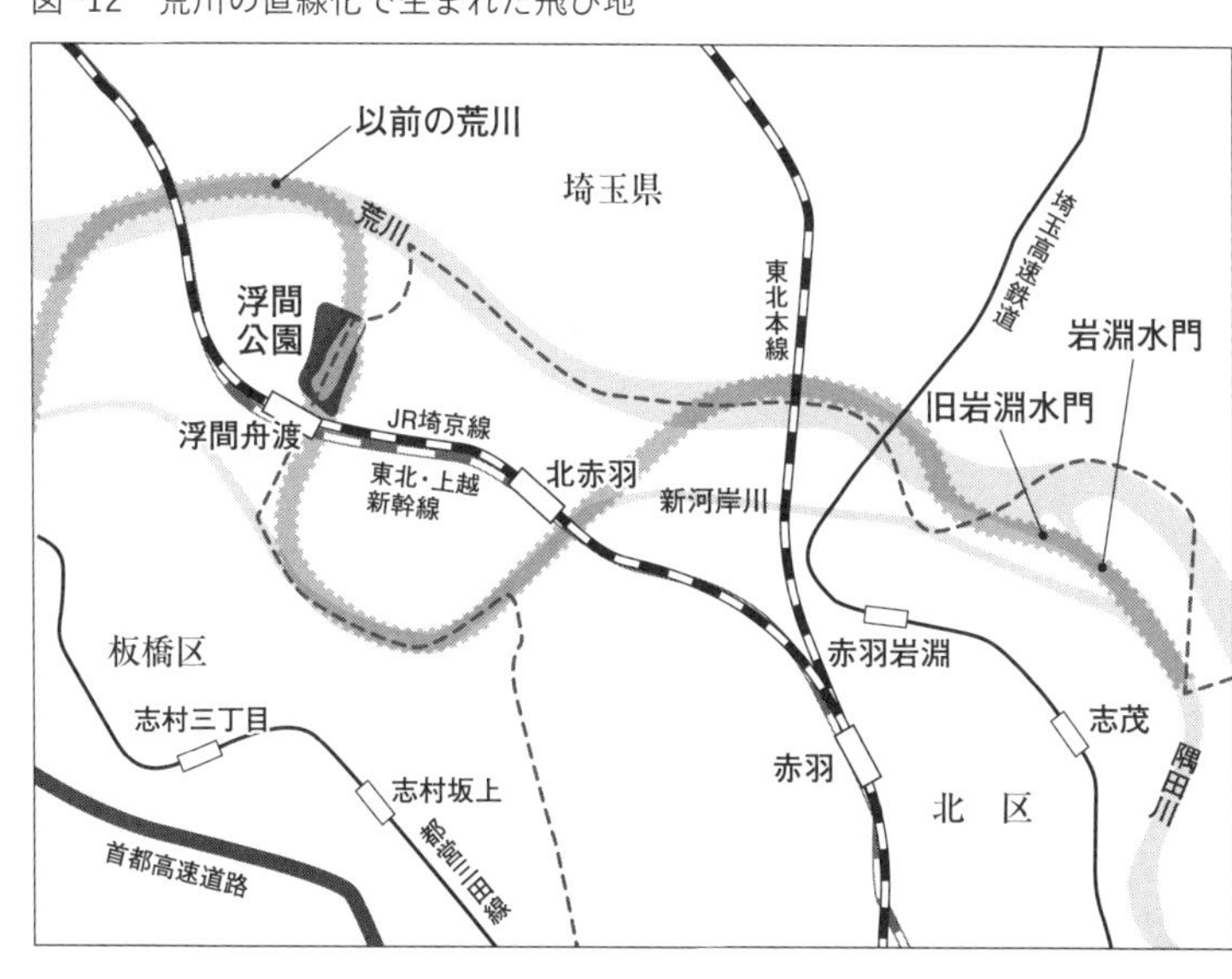

た。流路の直線化である（図-12）。

この改修工事で、浮間地区は横曽根村の本体から切り離された。そのため、浮間地区の住民は不便を強いられることになった。役場へ行くにも、川幅が広くなった荒川を船で渡らなければならない。児童が学校へ通うのも、渡船に頼らざるを得なくなった。川の流れが穏やかなときはまだしも、大雨に見舞われるときなど、児童たちの命が危険にさらされるという事態に直面することになった。

これでは住民たちの平穏で安全な生活が守れないとして、埼玉県横曽根村の村長と東京府岩渕町の町長は連名で、浮間地区の岩渕町への編入を申請した。それが認定されて、1926（大正15）年10月、横曽根村の浮間地区は晴れて東京府岩渕町（現・東京都北区）の一部になったのである。

●東京都と神奈川県が入れ替わった地域もある

1本の川を挟んで、同じ地名が対岸にも存在するという例がしばしば見られる。これは河川改修によって流路が変わったことを意味している。

たとえば、岐阜県大垣市の一部が揖斐川対岸の安八町のなかにあったり、愛知県立田村（現・愛西市）の一部が、木曽川対岸の岐阜県側にもあったりする。また、千葉県野田市にある古布市、木間ヶ瀬、長谷、小山、莚打（むしろうち）などという地名が、利根川対岸の茨城県坂東市にも存在する。これらは河川の改修で流路が変わり、新流路によって集落が分断されたからである。

東京と神奈川の都県境を流れている**境川の流域**でも、同じような現象が見られる。境川を挟んで、東京都町田市と神奈川県相模原市の双方にも同じ地名があるのだ。

ただ、境川は決して大きな河川ではない。町田市の草戸山（364m）を水源とし、江の島の東側から相模湾に注ぐ全長52・1kmの二級河川である。川幅もさほど広くはない。町田市と相模原市にある同じ地名は、境川の河川改修による流路の変更で集落が分断されたわけではなかった。もともと川を挟んで一つの村として形成されていたので、都県境をまたいで同じ地名があるだけの話なのだ。

かといって、境川は河川改修がまったく行なわれなかったのかというと、そういうわけではない。流路をたどってみればわかるように、境川も例外にもれず激しく蛇行している。そのため大雨が降るたびに氾濫し、流域に大きな被害をもたらしてきた。

洪水の被害から流域の住民を守るため、これまで改修工事で川幅を広げたり、流路の直線化が幾度となく行なわれたりしてきた。そのため境川の中流では、直線化の工事によって生じた「河川飛び地」がいたるところにある。

境川は武蔵国と相模国の境界（現在の町田市と相模原市の境界）を流れていることが川名の由来になっているように、当時は境川の流路が国境（都県境）になっていた。だが、これまでたびたび行なわれてきた河川改修工事で流路が変わり、相模原市の一部が境川対岸の町田市側になってしまったり、町田市の一部が対岸の相模原市側になってしまったりしている。このような河川飛び地があると、下水道やごみ処理など種々の問題が発生する。児童の通学にも支障が出てくる。行政にとっては非常に非効率なことである。

　そこで、境川の両岸にある河川飛び地を解消し、行政サービスの向上を図るため、これまで町田市と相模原市との間で、幾度となく調整作業が続けられてきた。2000年代に入ってからだけでも、これまで5ヵ所で境界の変更が行なわれている。それによって、神奈川県民が一夜にして東京都民になったり、逆に東京都民が神奈川県民になったりした例もある。

　だが、居住者の同意がなかなか得られず、調整作業は難航している。愛着のある居住地の住所が変わることに、難色を示す住民が少なくないのである。そのため河川飛び地がすべて解消し、境川の流路と都県境が完全に一致するには、まだまだ長い年月がかかりそうである。

表-3　東京都管内の二級河川

水系名	河川名	長さ(km)
目黒川水系	目黒川	7.8
	蛇崩川	5.1
	北沢川	5.5
	烏山川	11.7
香川水系	香川	14.4
	九品仏川	2.6
古川水系	古川	4.4
	渋谷川	2.4
境川水系	境川	28.5
内川水系	内川	1.6
立会川水系	立会川	7.4
越中島川水系	越中島川	0.9
築地川水系	築地川	0.8
汐留川水系	汐留川	0.9
八ツ瀬川水系	八ツ瀬川	1.2

(東京都建設局河川部指導調整課 2015年3月末)

＊「長さ」は東京都管内を流れている部分の長さ

東京の歴史は埋立ての歴史

●江東区の70％以上が埋立地

家康が江戸に入城して以来、江戸湾（東京湾）の沿岸が盛んに埋め立てられてきた。居住地を確保するためと、人口の増加にともなって家庭から発生する大量のゴミを処理するためである。

本格的に埋立てが始まったのは江戸時代になってからだが、明治から昭和へと時代は移り変わっても造成工事はとどまるところを知らず、今なお埋立ては続いている。東京の歴史は、まさしく埋立ての歴史そのものである。

江戸時代は運河の開削とともに、隅田川や中川などの河口周辺が埋め立てられてきた。明治になると埋立地は沖へ沖へと拡大していき、明治末期から大正にかけて佃島と月島が湾上に誕生し、続いて芝浦も造成された。

大正から昭和にかけては晴海や豊洲、東雲（しののめ）などが埋立てによって出現し、目黒川の浚渫（しゅんせつ）土砂により天王洲も埋め立てられた。このように、東京湾岸は次々に埋め立てられていった。

いかに埋立てが凄まじいものであったかは、面積の増加率を見れば一目瞭然である。その一つ、江東区を例にとってみると、どれだけの海が埋め立てられたかが想像できる。

江東区の面積は、１８８２（明治15）年には11・4㎢に過ぎなかった。現在の千代田区とほぼ同じ大きさである。だが、１８９１（明治24）年には14・18㎢に広がり、戦後の１９４８（昭和23）年には22・54㎢と、半世紀余りでおよそ2倍になった。

高度成長期に入るとますます埋立ては活発になり、１９７５（昭和50）年には31・58㎢、そして２０１５（平成27）年には40・16㎢と、明治初期の4倍近くにまで膨れ上がった。江東区の面積の70％

以上が、明治以降に埋め立てられた土地である（図－13）。

１９６０年代の高度成長期以降だけでも、東京湾全体で見ると３００㎢以上の埋立地が造成された。東京の「空の玄関」である羽田空港も、東京ディズニーランドも埋立地の上に建設されたもので、埋立地は東京23区の面積の約半分に相当する広さがある。

図－13　江東区は70％以上が埋立地

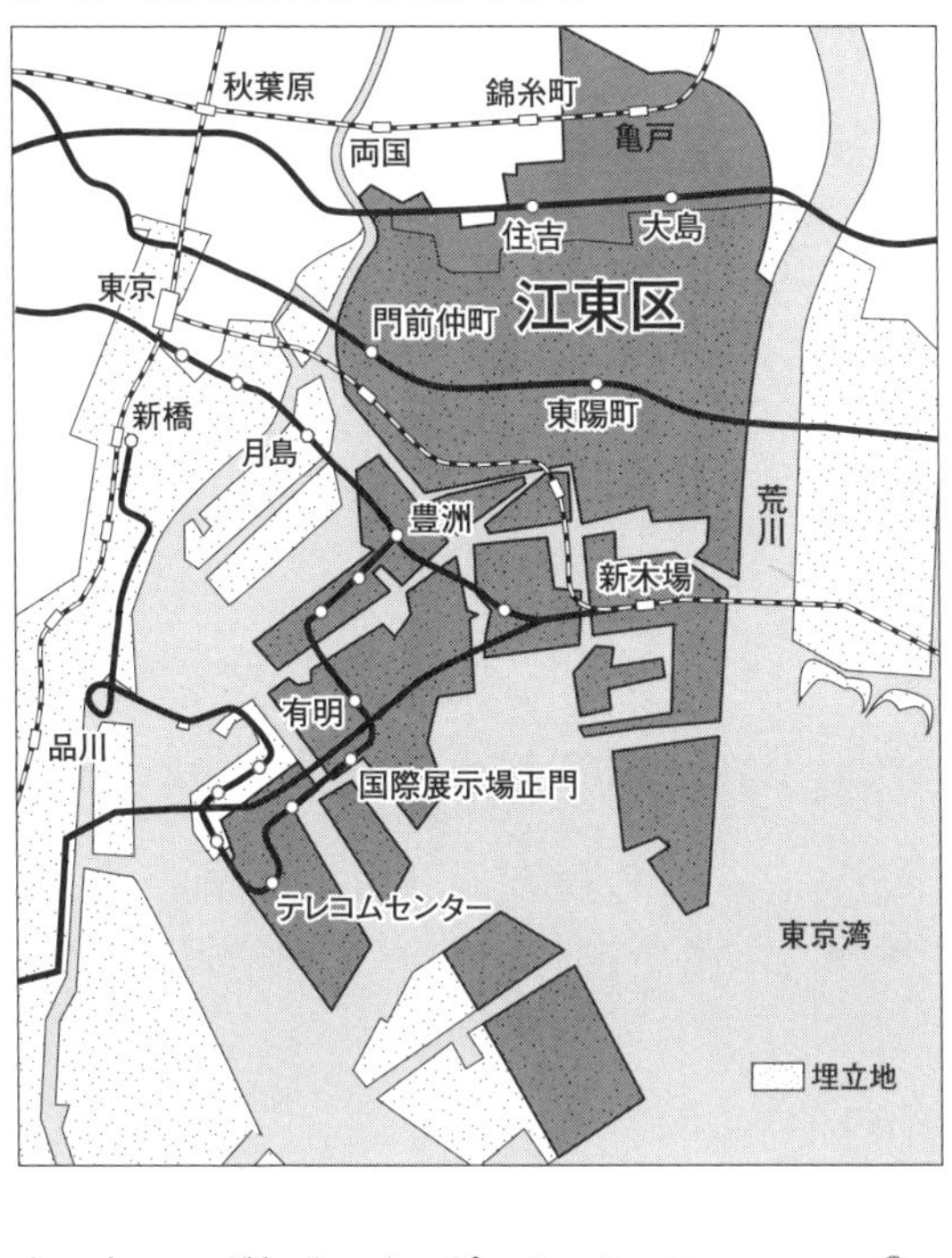

●大田区と江東区が海の上でつながった

１９７０年代になると、お台場の沖合に中央防波堤の埋立てが始まった。１９９８（平成10）年頃からは外側埋立地の南側に、新海面埋立地処分場の造成も着手された。埋立てによって東京湾はだんだん小さくなっていき、本来は遠く離れていた区と区が隣り合わせになるという奇妙な現象を生むことになった。

日本の高度成長期、東京では大量に発生するゴミが深刻な問題となり、その処分場として荒川放水路の河口近くに「夢の島」

が造成された。当時は夢の島の帰属を巡って、厄介者は御免とばかりに各区で押しつけ合っていたが、同じ埋立地のお台場が臨海副都心として生まれ変わったことに影響されて様相は一変。今では、埋立地の争奪戦が繰り広げられるようになった。

図-14　大田区と江東区が同居する
中央防波堤外側埋立地

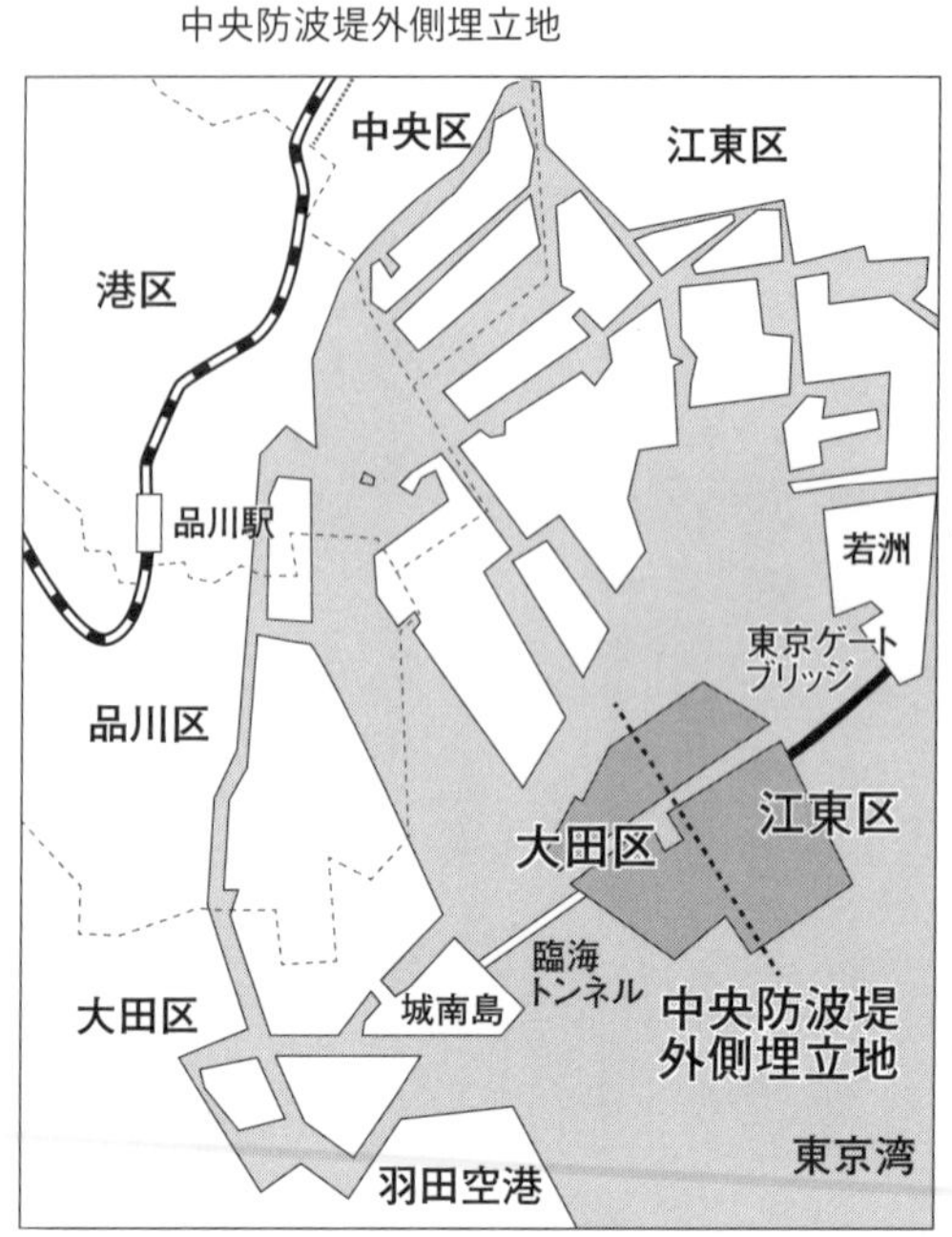

お台場に港、品川、江東の3区の境界線があることから見ても、埋立地の利用価値が見直されるようになった何よりの証拠だといえるだろう。ゴミの島が宝の島に変身したのである。

東京湾上に出現した中央防波堤外側埋立地が、東京港臨海道路の臨海トンネルで大田区城南島と結ばれ、東京ゲートブリッジで江東区の若洲とつながった（図－14）。

これによって、本来は遠く離れていた大田区と江東区が隣接することになったのである。とはいえ、中央防波堤はいまだに帰属が未定である。押しつけ合っているのではなく、大田区と江東区で帰属を巡る綱引きが水面下で繰り広げられている。

23区の南端に位置する大田区と、23区で東端にある江戸川区が、将来的に埋立地でつながらないとも限らない。東京の地図は、埋立地によって年々塗り替えられつつある。

東京湾上に築造された台場と海堡

●お台場を誕生させたのはペルーの黒船

東京臨海副都心の一角を形成し、今では東京の観光名所として人気のある「お台場」だが、そのルーツは江戸時代に建設された砲台にある。台場ともいうが、砲台場が正式名称である。

幕末になると、日本の近海に外国船が頻繁に出没するようになった。幕府の弱体化につけ込み、日本の植民地化を目論んでいたのである。1853（嘉永6）年6月、アメリカ東インド艦隊司令官のペリーは、4隻の軍艦を率いて三浦半島の浦賀沖に現れた。ペリーの黒船である。これまで見たこともないような巨大な軍艦の出没に、幕府は腰を抜かさんばかりの驚きであったに違いない。

ペリーは大砲を発射するなどして幕府を武力で威嚇し、アメリカのフィルモア大統領の国書を手渡して日本に開国を迫った。幕府は国書を受け取ったものの即答を避け、翌年に回答すると言って急場を逃れた。武力に屈するわけにはいかない。幕府はペリーが再来航するまでの間に、品川沖に11ヵ所の台場を築き、徹底抗戦して外国船を撃退するという作戦に出たのである。

台場の築造工事は急ピッチで進められたが、ペリーの来航までに間に合うはずはなかった。案の定、工事最中の1854（安政元）年1月、ペリーは7隻の軍艦を率いて江戸湾に現れ、アメリカ大統領の国書の回答を求めてきた。前回よりさらに激しく開国を迫ってきたのである。その迫力に幕府の強硬姿勢も揺らぎ始め、武力では日本に勝ち目がないことを悟った。幕府は被害を最小限に食い止めるため、日米和親条約を締結せざるを得なかった。

ペリーが来航した同年の11月までに、第1〜第3、第5、第6、御殿山下の6基の台場を完成させたが

(図−15)、財政難から第4台場は未完成のままで工事は中止になった。ペリーの黒船に脅され、突貫工事で築造した台場だったが、それが機能することはなかった。現存する台場は、第3台場と第6台場の二つだけである。第3台場は「お台場海浜公園」として整備されており、第6台場は芝浦とお台場を結ぶレインボーブリッジ（東京港連絡橋）の南側に浮かんでいる。

●佃島にも台場があった

徳川幕府は日米和親条約を締結したことで武力衝突を回避できたものの、幕藩体制が安泰になったわけではなく、むしろ幕府の崩壊を早める結果になった。欧米列強は弱体化した幕府の弱腰につけ込み、日英和親条約や日露和親条約、日蘭和親条約など、日本に不利な条約を次々に締結させた。また、幕末に勃発した薩英戦争や下関砲撃事件などを教訓に、江戸を防衛する必要性がより高まってきた。

財政がひっ迫している幕府は、莫大な費用がかかる海上砲台から海岸砲台に切り替え、品川から越中島までの間に砲台の築造に着手した。その一つが1864（元治元）年、佃島の南端に築造された佃島砲台である。東西70m、南北72mという小規模な砲台だったということもあり、佃島に砲台があったことはあまり知られていないが、明治になっても陸軍の砲台として使われた。

1887（明治20）年から始まった月島の埋立て工事で、佃島の砲台は姿を消してしまったが、幕末の歴史を後世に伝えるため、砲台が置かれていた場所に「佃島砲台跡」の案内板が設置されている。

ちなみに、佃島は「佃煮」の発祥地として知られている。江戸幕府は功労のあった摂津国佃村（大阪府）の漁民を江戸に呼び寄せ、鉄砲洲の対岸に島を築かせたのが佃島の始まりである。佃島の漁民は、幕府からシラウオ漁の特権を与えられ、将軍家にシラウオを献上するとともに、日本橋の魚市場にも出

図-15　江戸の砲台場

荷した。売り物にならない小魚は海藻類を加えて醤油と砂糖で煮詰め、それを佃島の住吉神社の境内で参拝者に販売したところ好評を博し、「佃煮」の名で全国に広がっていった。

●東京湾口に築造された海堡という砲台場

欧米列強の脅威は、徳川幕府が崩壊して政権が明治新政府に移ってからも続いた。新政府は中央集権国家を早期に建設するためには、まず富国強兵を推進しなければならないことを身にしみて痛感していた。それを実現するには、まず首都東京の防備をより強固にする必要があると陸軍卿の山県有朋は主張。東京湾岸に24基に上る砲台の築造に乗り出した。

外敵の来襲に備え、東京湾の入口を防備することが先決であった。そのために築造されたのが、「海堡（かいほう）」と呼ばれる3基の砲台である（図－16）。海堡は房総半島の富津（ふっつ）岬と三浦半島を結ぶ、東京湾が最も狭まっている海上に設置された。

図-16　東京湾にある海堡

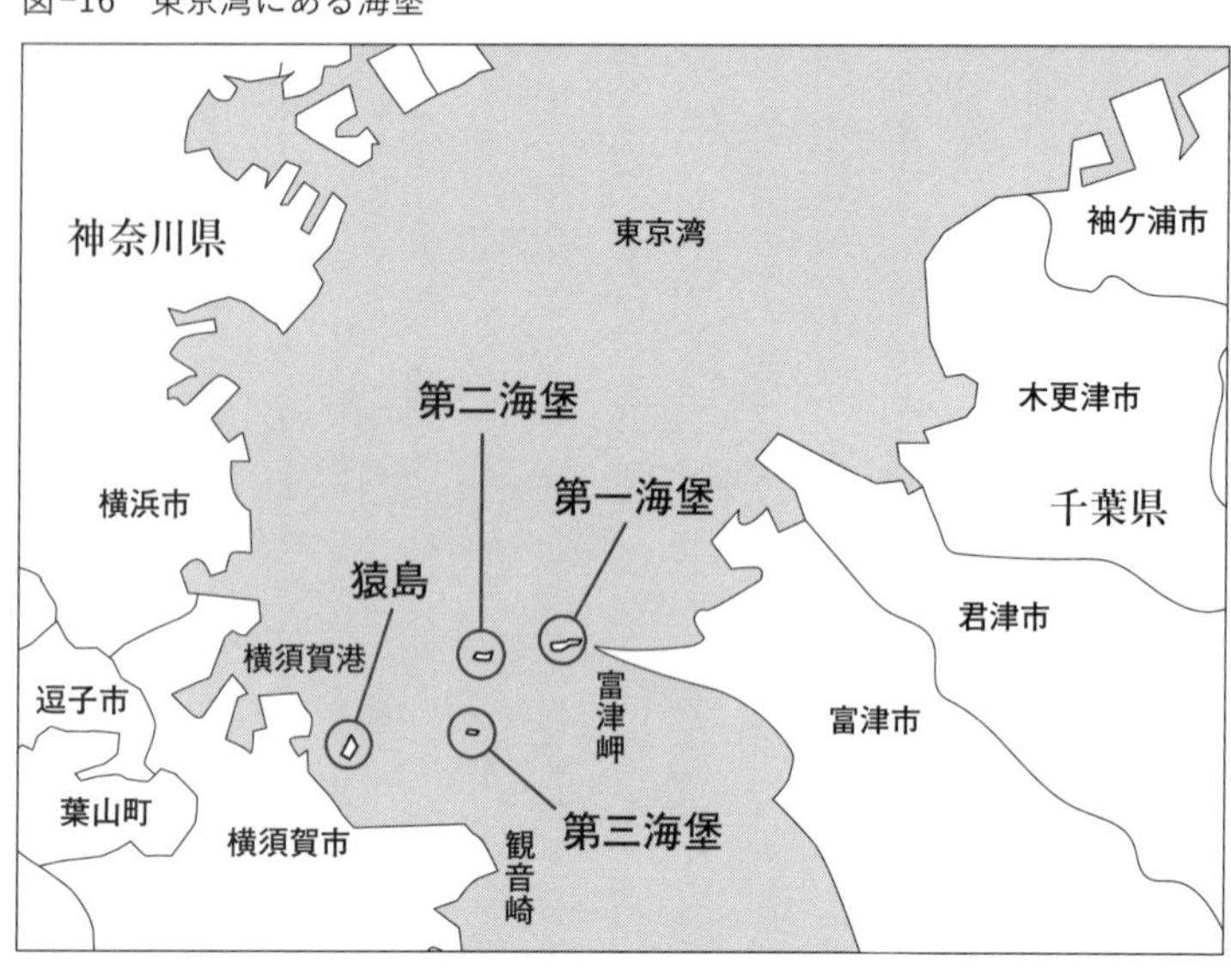

第一海堡は1881（明治14）年に着工し、第二海堡は1889（明治22）年、第三海堡は1892（明治25）年に着工された。特に第三海堡は激しい潮流と、水深が39mもあるという海域のため工事は難航。すべての工事が完成したのは、第一海堡の建設が着工されてから40年後の1921（大正10）年のことである。

第三海堡は1923（大正12）年の関東大震災で崩壊し、残骸が海難事故の原因になるとしてその後撤去された。砲台や兵舎も備えた洋上の要塞、巨費を投じて築造した海堡だったが、一度も実戦に使われることはなかった。

最も規模が大きかった第二海堡は4・1万平方メートルあり、最近まで渡航することができる要塞として釣り人に人気があった。だが、2005（平成17）年から渡船が禁止されている。それにしても、当時の日本がいかに欧米列強に脅威を感じていたか、台場や海堡の遺構から知ることができる。

東京にもあった外国人居留地

●開港場と開市場

外国人居留地とは、開港場などの一部に外国人の居住、交易を特別に認めた地域をいう。居留地では、治外法権により外国人の安全が保障されていた。居留外国人は領事裁判権とともに自治行政権も有し、自由に商業活動を行なうことができたのである。

そのため、生活習慣の異なる外国人との間でトラブルが発生することも少なくなかったが、日本社会に及ぼした影響は大きく、さまざまな西洋文化が日本にもたらされた。

徳川幕府とアメリカ、イギリス、オランダ、ロシア、フランスの5ヵ国との間で締結された通商条約（安政5ヵ国条約）により、1858（安政5）年に神奈川（横浜）、長崎、箱館（函館）の3港が開港場に指定され、それから9年後の1868（慶応4）年には兵庫（神戸）が、1869（明治2）年には新潟が開港場になった。神奈川、長崎、函館、兵庫、新潟の5港を**「開港五港」**とも呼んでいた。

これらの開港場には、条約の規定により、外国人居留地を設置することが定められた。外国人居留地には、外国人の永久居住および土地の借地権と所有権も認められた。日本のなかの小さな外国である。

外国人が交易など、商業活動をする場は開港場だけではなかった。永久居住は認められてはいなかったが、自由に商業活動ができる場として**「開市場（かいしじょう）」**も存在した。神戸が開港場に認められた1868（慶応4）年、「天下の台所」の大阪は開市場になり、新潟が開港場になった年には、東京も開市場に指定された。

●外国人居留地が築地にあった

開港場および開市場には外国人居留地が形成され

たが、居留地は東京の築地にもあった。築地とは読んで字のごとく、海などを埋め立てて築いた土地のことで、東京の築地も埋立地である。「明暦の大火」で焼失した浅草の西本願寺の代替地として、佃島の住人が中心になって造成された。

築地というと、豊洲への移転で問題になっている中央卸売市場があることで有名だが、実は外国人居留地が築地鉄砲洲（現在の中央区明石町一帯）にも設けられていたのである。

商業活動が盛んで商人が多く住んでいた横浜や神戸、長崎の居留地と違い、築地の居留地には公使館や領事館、学校、教会などが建ち並び、教育者や外交官、医師などの知識人が多く住んでいた。そのため、勝鬨（かちどき）橋から佃橋にかけての隅田川の右岸一帯は、異国情緒溢れるエキゾチックなたたずまいを見せていた。

キリスト教系の青山学院や明治学院、女子聖学院、雙葉（ふたば）学園などは築地を発祥地としている。このことからもわかるように、築地の外国人居留地周辺は文教都市の様相を呈していた。

だが、築地の外国人居留地も横浜や神戸など、ほかの開港場の居留地と同じように、1899（明治32）年の条約改正により治外法権が撤廃され、それにともない居留地としての歴史に幕を下ろした。

築地居留地を管理していたのが東京運上所で、隅田川の河口近くに運上所跡の記念碑がある。このほか女子学院発祥の地碑など数多くの碑があり、当時の面影をしのぶことができる。

現在も聖路加国際病院や聖路加看護大学、築地教会など、西洋文化とかかわりの深い施設が残っている。

第2章

東京の変遷を知る

「江戸府」が2ヵ月間だけ存在していた

●江戸から東京へ

1867(慶応3)年11月の大政奉還、すなわち15代将軍徳川慶喜(よしのぶ)が朝廷に政権を返上したことによって、260年余り続いてきた徳川幕府は崩壊し、明治新政府が樹立された。翌1868年5月には江戸城が開城され、明治新政府に明け渡された。これによって、江戸は徳川幕府に代わって新政府が支配することになった。新政府は欧米列強に対抗し得る、富国強兵による中央集権国家の建設に着手したのである。

同年7月1日、江戸府が設置された。ところが、江戸府が開かれてから2ヵ月後、明治天皇の「江戸ヲ称シテ東京ト為スノ詔書」が発令され、江戸は東京に改称されることになった。それにともない、江戸府も東京府に改称された。そして大和郡山藩上屋敷を接収し、そこに東京府庁を置いた。東京府が設置されるまでの、わずか2ヵ月という短い期間ではあったが、江戸府が存在していたのである。翌1869年、明治天皇が京都から東京に移ったことで、東京が事実上の首都になった。

新政府は欧米諸国の先進的な地方制度を導入し、大胆な地方行政改革を行なっていくことになった。東京府は町奉行が支配していた町人地だけを管轄していたが、1871(明治4)年4月に戸籍法が制定され、身分制度が廃止されたことによって、武家地、寺社地、町人地の区別がなくなり、武家地や寺社地を含めた区域を東京府が管轄することになった。そして、町人地にしかなかった町名が、武家地や寺社地にもつけられることになったのである。

●かつて東京23区に3つの県があった

現在の東京23区内に県が存在していたといっても、

にわかに信じがたいかもしれない。だが、廃藩置県と前後してわずかの期間ではあったが、当時の東京府の周囲、現在の23区内に3つの「県」が存在していた。**品川県と小菅県、大宮県（→浦和県）**の3県である。武蔵国の旧幕府領および旗本領を管轄するために、新政府が1869（明治2）年に設置したものである。「県」は廃藩置県で初めて誕生したと思われがちだが、廃藩置県が断行される前からすでに存在していたのである。

品川県は現在の行政区分でいうと、品川、大田、世田谷、目黒、渋谷、新宿、中野、杉並、練馬の各区と多摩地区の南部および東部、埼玉と神奈川の一部にまたがっていた。小菅県は足立区と葛飾区、江戸川区、荒川区の一部および千葉県の西部を、大宮県は現在の板橋区と北区、練馬区、豊島区の一部、および埼玉県の一部を管轄した。また大宮県は、設置されてからすぐに県庁が浦和宿へ移転したことにより浦和県に改称している。これらの3県は1871（明治4）年に断行された廃藩置県、その直後の11月に行なわれた府県の統合で消滅してしまった。わずか2年余りの短い期間だったが、東京23区の区域内に3つの県が設置されていたのである。

●東京には名前のついていない区が100以上もあった

現在の東京には23の区がある。人口が1000万人近いマンモス都市でありながら、23の区にしか区分されていないというべきかもしれないが、23区には千代田区、新宿区、文京区などというように、一つひとつに区名がつけられている。東京府が発足した当初は100万人ほどの規模の都市で、面積は現在の23区よりははるかに小さかった。だが、その狭い区域が100以上の区に区分されていた。それら100以上あった区には、区名がつけられていなかったのだ。区名がなかったというとやや語弊があるが、行政区域が数字で表わされていたのでである。
前にも述べたように、「朱引」の内側が「江戸」と呼ばれていた地域で、その範囲がそのまま東京府になった。そして1869（明治2）年、東京府は新たに朱引の範囲を定め、朱引内を50区に区分した。

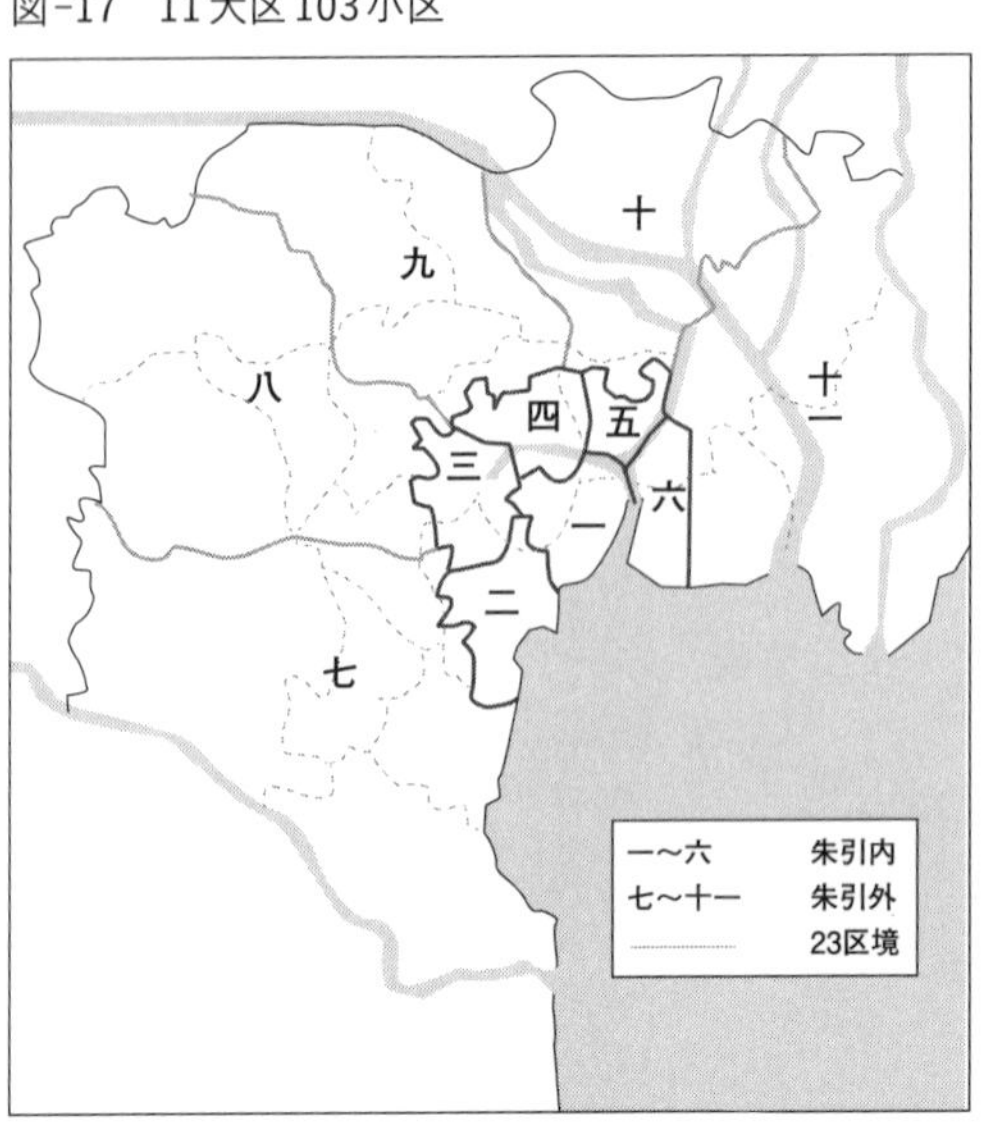

図-17　11大区103小区

そして1871（明治4）年7月、廃藩置県が断行され、その直後の同年11月には、**「大区小区制」**という地方制度が導入された。中央集権体制を強化するため、行政組織の末端にまで目が行き届くような統治システムを整備しておく必要があったのである。

大区小区制により東京府は6つの大区に区分され、6つの大区は97の小区に細分化された。つまり、いくつもの町村を合わせて小区とし、いくつもの小区を合わせて大区を構成したのである。その後、隣接する町村を編入するなど、東京府はいくども再編を繰り返しながら次第に拡大していった。そして6大区の外側に広がる農村地帯を編入し、そこに5つの区を設けた。それが七から十一の大区である（図-17）。これで現在の23区の範囲が東京府になり、東京府は11大区103小区の行政区画になった。たとえば、現在の大手町あたりの行政区画は「第1大区2小区」、日本橋は「第1大区5小区」というように表記されたのである。

東京は全国で32番目に誕生した市だった

●郡区町村編制法で「15区6郡」に再編される

行政組織を大胆に改革した「大区小区制」だったが、わずか7年で廃止に追い込まれた。というのも、これまで長いあいだ慣れ親しんできた町や村の名を廃し、行政区域名をすべて数字で表わすといういかにも機械的に管理する区分法は、住民感情を無視する官僚的な制度だとして各地で住民たちの不満が噴出したからである。

政府は盤石な中央集権体制を確立するためには、末端の地方組織を軽視するわけにはいかなかった。大区小区制は地域社会の実情にそぐわないものだとして、改正を余儀なくされた。

そこで大区小区制に代わって登場したのが、1878（明治11）年11月に制定された「**郡区町村編制法**」である。旧来の郡制を復活させ、古くからその地域に伝わる伝統的な地名を行政区域名として使用することを認めた。そして郡と区には官選による郡長と区長を選任し、郡の下の町村には、民選による戸長を置いて一定の地方自治が認められるようになった。

これによって、東京は11大区103小区から、15区6郡に再編された。中心市街地（第1大区～第6大区）に15区を設置し（麹町、神田、日本橋、京橋、芝、麻布、赤坂、四谷、牛込、小石川、本郷、下谷、浅草、本所、深川の15区）、隣接する農村地帯（第7大区～第11大区）を荏原郡、東多摩郡、南豊島郡、北豊島郡、南足立郡、南葛飾郡の6郡に分けた（図－18）。

ちなみに区の設置が認められたのは、東京のほか京都と大阪だけで、ほかの都市に区を置くことは認められなかった。京都は上京区と下京区の2区、大阪は東、西、南、北の4区である。これからもわかるように、区を設けることができたのは国が最も重要視していた東京、京都、大阪の3府にある都市だけで、県には区を設けることができた都市は存在しなかった。

●市制・町村制の施行で15区が東京市になる

1889（明治22）年4月1日、**「市制・町村制」**が施行された。それまでの郡区町村編制法に代わる地方制度で、わが国に初めて「市」という地方自治体が生まれたのである。まず全国で31の市が発足した（図－19）。31市の顔ぶれを見ると、ほとんどが府県庁所在地だが、なかには県庁所在地でもないのに市制を施行した都市もあった。

日本最大の都市である東京も、当然のことながら最初に市制を施行した31市のなかに含まれていると思うだろうが、実は31市のなかに東京の姿はなかった。この時点で東京はまだ市ではなかったのである。東京が市になったのは、1ヵ月遅れの5月1日だった。つまり東京市は、全国で32番目に誕生した市だということになる。

日本の首都東京が、地方の都市に先を越されたというのは意外な感じがするが、これは単なる事務手続き上の問題で、決して東京が市になる要件を備えていなかったわけではない。名古屋も半年遅れて、同年の10月1日に市制を施行している。ちなみに、都道府県庁所在地で市になるのが最も遅かったのは、1934（昭和9）年に市制施行した埼玉県の浦和市（現・さいたま市）である。

東京は中心市街地を形成していた麹町、神田、日本橋などの15区が東京市になった。「東京府麹町区」は「東京府東京市麹町区」に、「東京府神田区」は「東京府東京市神田区」というように、それまでの15区が東京市という一つの自治体になり、15の区は東京市の下部組織になった。これによって、東京府は東京市と6郡から構成されることになった。なお1896（明治29）年には、南豊島郡と東多摩郡が統合して豊多摩郡が発足し、1市5郡になった。

図-18　東京の区の推移

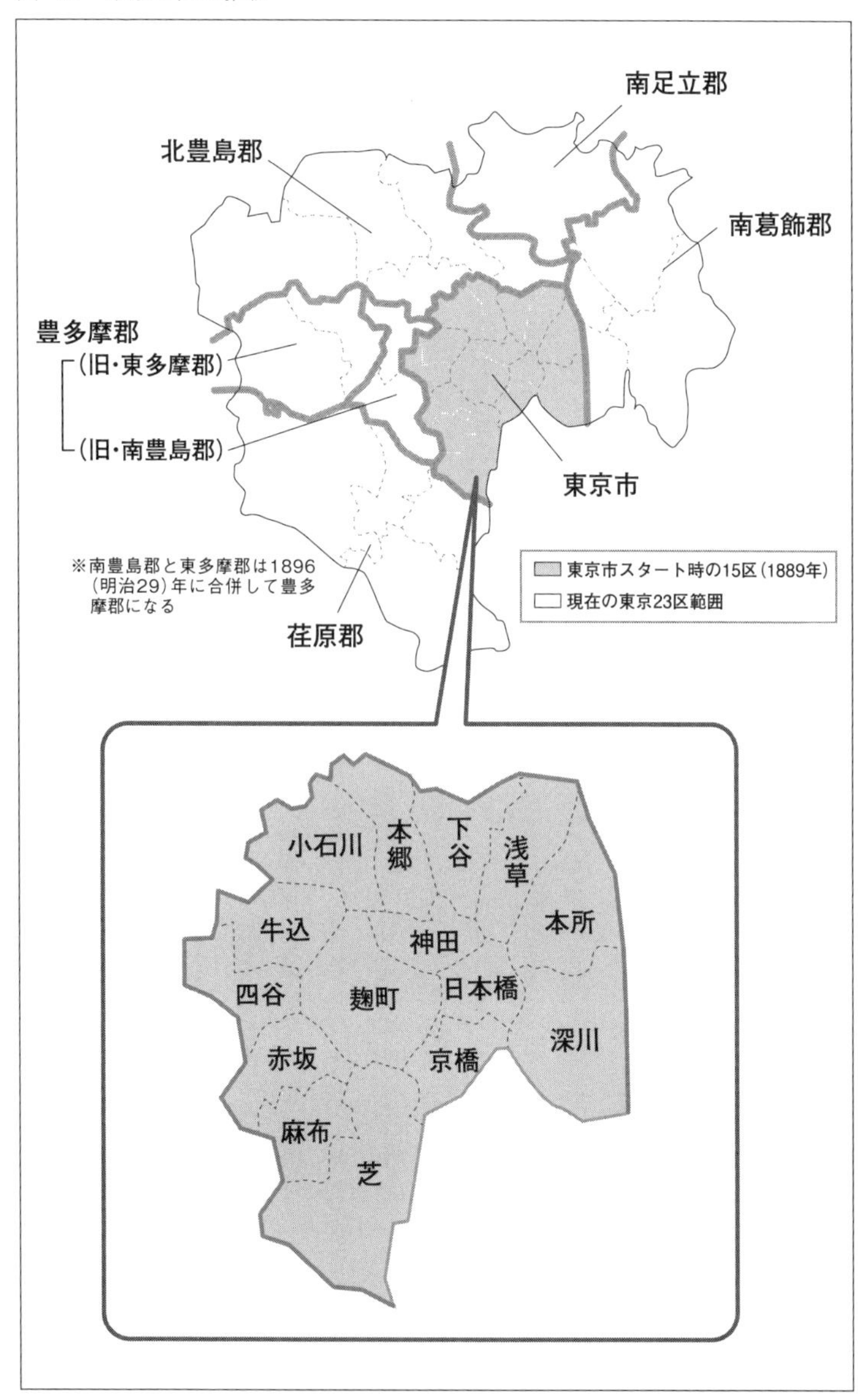
南足立郡
北豊島郡
南葛飾郡
豊多摩郡
(旧・東多摩郡)
(旧・南豊島郡)
東京市
※南豊島郡と東多摩郡は1896（明治29）年に合併して豊多摩郡になる
東京市スタート時の15区（1889年）
現在の東京23区範囲
荏原郡
小石川
本郷
下谷
浅草
牛込
神田
本所
四谷
麹町
日本橋
深川
赤坂
京橋
麻布
芝

図-19　東京より先に市制施行した31都市

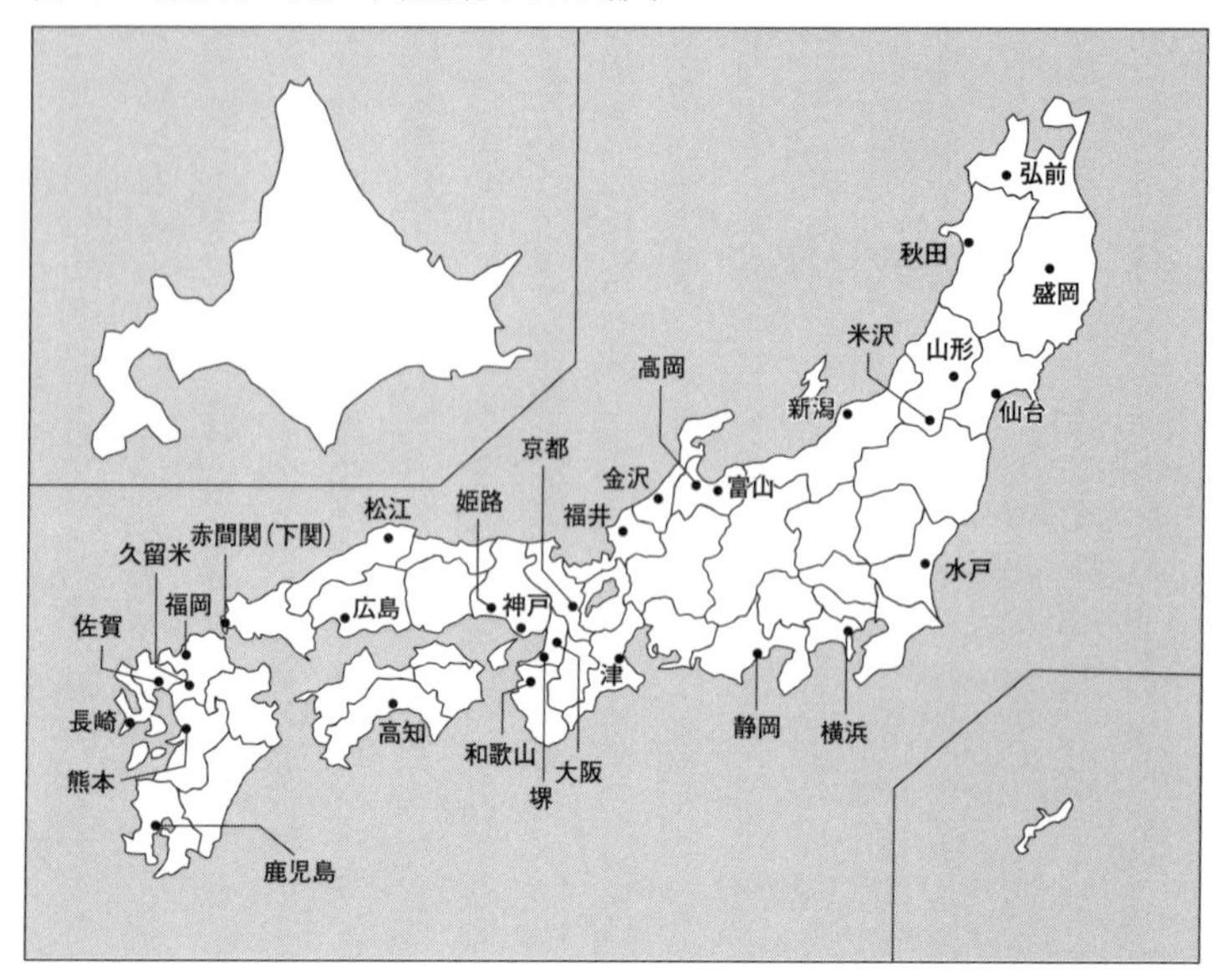

表-4　日本の市の変遷

1889(明治22)年4月1日に市制施行した31都市
弘前、盛岡、仙台、秋田、山形、米沢、水戸、横浜、新潟、富山、高岡、金沢、福井、静岡、津、京都、大阪、堺、神戸、姫路、和歌山、松江、広島、赤間関(現・下関市)、高知、福岡、久留米、佐賀、長崎、熊本、鹿児島
1889(明治22)年末までに市制施行した8市
東京(5月1日)、岡山(6月1日)、甲府・岐阜(7月1日)、名古屋・鳥取・徳島(10月1日)、松山(12月15日)
明治末期までに市制施行した24市
青森、福島、若松（現・会津若松市)、宇都宮、前橋、高崎、横須賀、長岡、高田(現・上越市)、長野、松本、浜松、豊橋、四日市、宇治山田(現・伊勢市)、奈良、尾道、呉、高松、丸亀、門司、小倉、佐世保、大分
大正以降に市制施行した県庁所在地
千葉・那覇（1921年)、札幌（1922年)、宮崎（1924年)、山口（1929年)、浦和(現・さいたま市、1934年)

35区の大東京市が誕生

●東京府にある町村の約90%が村だった

東京府は東京市の15区を核に、その周りを6郡が取り囲むことになったが、荏原（えばら）、東多摩、北豊島、南豊島、南足立、南葛飾の6郡には380余の町村があった。それだけあった町村が、市制町村制が施行された際に85の町村に統合された。

成立した85町村のほとんどが村で、町になったのはわずか9町に過ぎなかった。品川町、内藤新宿町、淀橋町、板橋町、巣鴨町、岩渕町、千住町、南千住町、新宿（にいじゅく）町の9町である。

江戸五街道の宿場町として栄えていた内藤新宿、板橋、千住、品川の四宿はいずれも町になったが、東京の副都心として賑わう渋谷は渋谷村というのどかな村だったし、高級住宅地として知られる田園調布も、調布村という多摩川べりの寒村に過ぎなかった。大崎も蒲田も中野も日暮里も亀戸もすべて村、6郡に存在した85町村の約90%が村だった。東京市の近郊には、現在の巨大都市東京からはとても想像できないような、のどかな田園風景が広がっていたのである。

だが首都東京の発展にともない、その周辺町村の人口は次第に増加し都市化が進んでいった。そして渋谷村は1909（明治42）年、町に昇格して渋谷町になり、日暮里村は1913（大正2）年に日暮里町に、調布村は1928（昭和3）年に東調布町になるというように、年を追うごとに町に昇格する村が増加していった。

●東京と大阪の逆転現象 —日本最大の都市は大阪市

わが国の経済発展にともない、日本の首都東京は目指ましい成長を続けた。当然のことながら、日本最大の都市は東京である。ところが、東京市が大阪市に「日本一」の座を奪われてしまうというハプニングが発生したのである。なぜそのような事態が起こったのか。

1920（大正9）年に実施された第1回国勢調査での東京市の人口は217・3万人、大阪市は125・3万人。東京市は大阪市の1・7倍以上の人口を有していた。それなのに、5年後の1925（大正14）年に実施された第2回の国勢調査では、東京市の人口199・6万人に対し、大阪市の人口は211・5万人。東京市は大阪市に追い抜かれてしまったのである。なぜこのような珍現象が起きたのだろうか。

1923（大正12）9月、関東地方の南部を襲った関東大震災で、東京は大きな被害に見舞われた。死者・行方不明は約14万人、焼失家屋は30万戸にも上った。特に木造家屋が密集していた東京の下町の被害は大きく、大勢の人々が地方へ避難したため人口は激減した。だが、東京市の人口が大阪市に追い抜かれた原因はこれだけではなかった。

第1回国勢調査での東京市の面積は81・24㎢、それに対して大阪市は57・1㎢。東京市は大阪市の1・4倍以上の面積を有していた。ところが、第2回の国勢調査では東京市の面積に変化はなかったものの、大阪市は周辺の町村と合併して面積が一気に3・2倍以上の185・1㎢にもなっていた。東京市と大阪市の人口が逆転したのは、大阪市が合併して市域を広げたことが最大の原因だったのである。

1930（昭和5）年の第3回国勢調査では、東京の人口207・1万人に対し、大阪市は245・4万人と、その差はさらに開いた。

東京市はなぜ35区になったのか

1932（昭和7）年10月、東京市は周辺の5郡（荏原、豊多摩、北豊島、南足立、南葛飾）82町村を編入し、そこに20区を新設した。これによって、それまでの

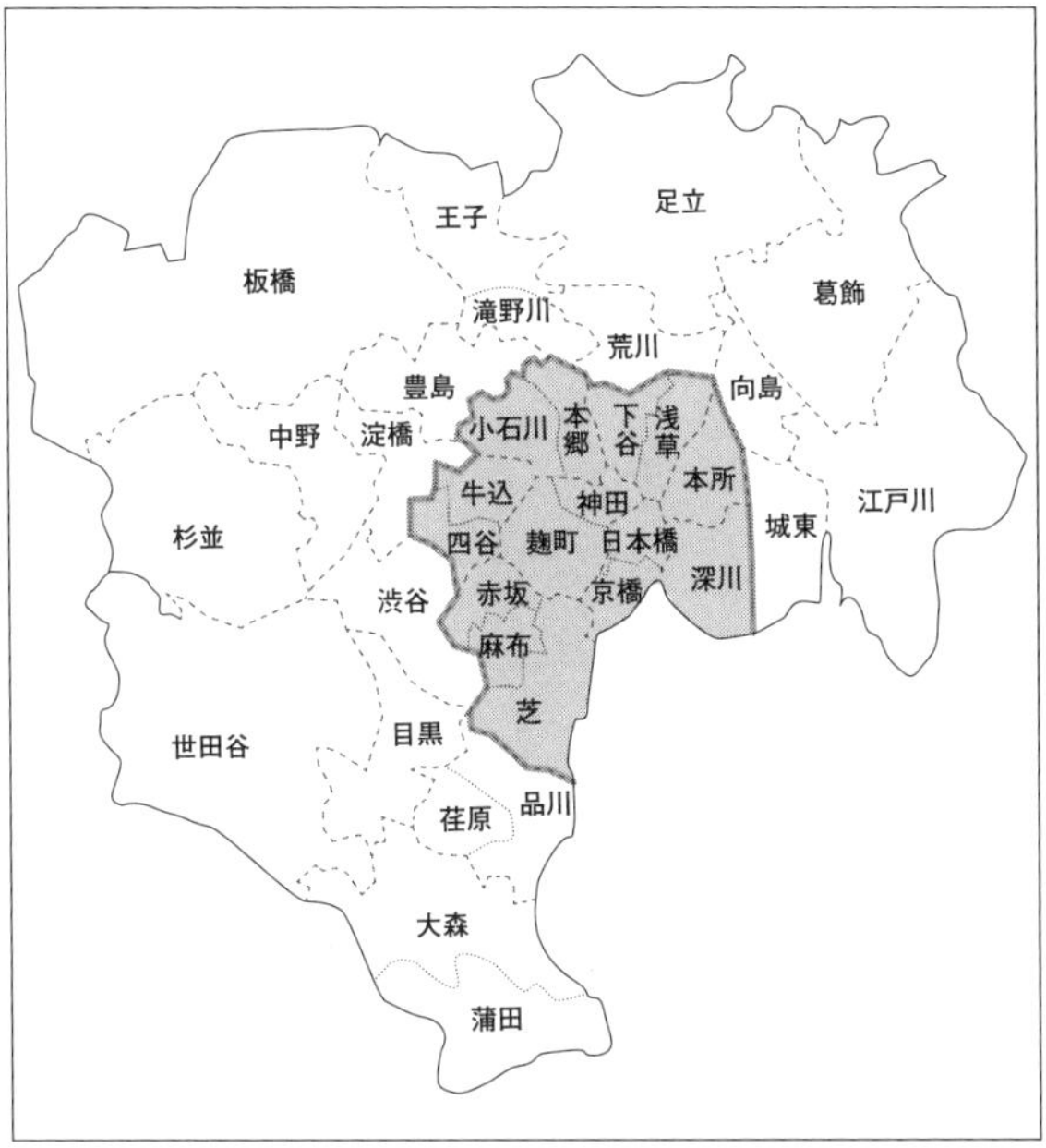

15区と合わせて35区からなる大東京市が誕生した（図－20）。面積は約6・8倍の550・9㎢に拡大し、人口も一気に500万人を突破（1935年の国勢調査では587・6万人を記録）。大阪市にダブルスコアの大差をつけて、「日本一の大都市」に返り咲いたのである。これで首都東京の面目躍如といったところか。

図－20　東京市35区

だが、東京市が周辺の町村と合併して市域を拡大させたのは、東京が大阪市に次いで2位の座に甘んじているわけにはいかないと、首都のメンツを保つために合併したわけではない。全国の大都市では、人口の集中によるさまざまな都市問題を抱えていた。それを解決するために、周辺の町村を編入して市域を拡大するとともに税収を増加させ、健全な都市の発展を目指したのだ。

東京市も急速な人口の増加で、住環境の悪化など深刻な状況に陥っていた。何しろ東京市の人口密度（人／㎢）は2万5000人を超えていた。現在の東京23区の人口密度が1万4800人ほどだから、当時の東京市がいかに過密な都市であったかがわかるだろう。それを解決するためにも、早急に市域を拡大する必要に迫られていたのである。

東京市は制度的な問題もあって、大都市のなかでは市域の拡大計画が最も遅れていたが、１９３２（昭和７）年になってやっと、隣接する５郡82町村との大合併が実現したのだ。

東京が市制施行した当時、隣接する６郡にあった85町村のうち76が村だったが、急速に都市化が進んでいった結果、20区が新設される直前にあった82町村の内訳は59町23村になっていた。全体の10％しかなかった町が、70％以上を占めるまでに都市化が進んでいたのである。それでもまだ、23の村が存在していた。

表-5　新設された20区（82町村）

品川区	品川町、大崎町、大井町
荏原区	荏原町
目黒区	目黒町、碑衾町
大森区	大森町、入新井町、池上町、馬込町、東調布町
蒲田区	蒲田町、羽田町、六郷町、矢口町
世田谷区	世田ヶ谷町、駒沢町、玉川村、松沢村、（千歳村、砧村）
渋谷区	渋谷町、千駄ヶ谷町、代々幡町
淀橋区	淀橋町、大久保町、戸塚町、落合町
中野区	中野町、野方町
杉並区	杉並町、和田堀町、高井戸町、井荻町
豊島区	巣鴨町、西巣鴨町、高田町、長崎町
滝野川区	滝野川町
王子区	王子町、岩渕町
荒川区	南千住町、日暮里町、三河島町、尾久町
板橋区	板橋町、上板橋村、志村、赤塚村、練馬町、上練馬村、中新井村、石神井村、大泉村
足立区	千住町、西新井町、江北村、舎人村、伊興村、渕江村、梅島村、綾瀬村、花畑村、東渕江村
向島区	吾嬬町、寺島町、隅田町
城東	亀戸町、大島町、砂町
葛飾区	南綾瀬町、本田町、奥戸町、亀青村、新宿町、金町、水元村
江戸川区	小松川町、松江町、鹿本村、小岩町、篠崎村、瑞江村、葛西村

※千歳村と砧村の２村は1936（昭和11）年、北多摩郡から世田谷区に編入される

東京府から東京都へ、35区が23区に

●太平洋戦争の最中に都制を強行

1943（昭和18）年7月、都制が施行されて「東京府」が**「東京都」**になった。「府」と「市」が廃止され、東京都が設置されたのである。

1943年といえば、2年前に勃発した太平洋戦争の最中である。よりによって、このような混乱期に行政制度を見直す必要があったのだろうか。いや、戦時下だからこそ首都東京の行政制度にメスを入れたのだといえる。だが、よもや2年後に敗戦を迎えようとは政府も考えていなかったに違いない。

東京はほかの府県とは異なり、政治や行政、経済など、あらゆるものの中枢管理機能が集中している。したがって東京市は、ほかの自治体とは比較にならぬほど豊富な財政力と発言力を備えていた。

そのため政府の方針と対立し、混乱を招くことも少なくなかった。その東京が、軍事路線を強力に推し進めていこうとしている政府にとっては厄介な存在だったのである。

そこで、都制を施行して東京市を東京府に合体させ、東京市の自治権を奪ってしまおうという強硬手段に出た。そして東条英機内閣の閣議決定で、東京都制が施行された。これによって東京市は廃止され、35区は官選による東京都長官の監督下に置かれることになった。

府と市の二重行政を一元化し、軍事体制を強化することが都制の最大の目的だったといわれている。それが都制の最大の目的だったといわれている。国と都が直結したことにより、東京都の予算の多くが軍事費に拠出されることになった。

しかし、敗戦後の1947（昭和22）年5月、地方自治法が施行され、それまでの都制による東京都は廃止になり、代わって地方自治法に基づく普通公共団体としての東京都が設置された。それにともない、官選による東京都長官は公選による都知事になった。東京に自治権が復活したのである。

●戦争で人口が20分の1に激減した区がある

第二次世界大戦の末期、東京はアメリカ軍による無差別な空爆で多くの犠牲者を出した。東京大空襲である。家を焼かれた人たちは郊外へ疎開し、そのため東京の人口は激減した。

1940（昭和15）年の国勢調査で677・9万人だった東京市の人口が、終戦後の1945（昭和20）年11月の統計では277・7万人になっていた。減少率は実に59％にも上る。400万人以上の市民が東京の区部から姿を消したのである。

被害を受けたのは東京ばかりではなかった。大阪市は325・2万人から110・3万人と、減少率は64・1％と東京を上回っている。名古屋市は132・8万人から59・8万人（同55％）、横浜市は96・8万人から62・5万人（同35・4％）、神戸市は96・7万人から37・9万人（同60・8％）と、大都市はどこも大きな被害を受けている。

だが、東京の全地域が同じように被害を受けたわけではなかった。地域差が激しく、壊滅状態になった区もあれば、ほとんど無傷だったといってもよい区もある。

東京の中心部、なかでも下町の浅草や本所、深川、城東の各区の被害は甚大で、人口が10分の1以下に激減してしまった。減少率が最も高かったのは本所区（現・墨田区）の95・3％で、27・3万人の人口がわずか1・3万人になってしまった。実に20分の1以下にまで激減したのである。

こうして見ると、旧東京市15区の被害が大きく、新たに加わった20区の被害は全体的に軽かった。世田谷区の人口減少率はわずか1・9％で、板橋区は6・5％、杉並区は13・9％と低く、葛飾区にいたっては人口が減少するどころか、逆に増加している。ほとんど被災しなかったばかりではなく、都心から

表-6　東京35区の戦前と戦後の人口

区名	1940(昭和15)(人)	1945(昭和20)(人)	減少率(%)
麹町	5万8521	1万7976	69.3
神田	12万8178	2万6436	79.4
日本橋	10万1777	2万2876	77.5
京橋	14万2269	5万3344	62.5
芝	19万1445	6万7116	64.9
麻布	8万9163	2万0697	76.8
赤坂	5万5704	8791	84.2
四谷	7万6440	1万1245	85.3
牛込	12万8888	2万0771	83.9
淀橋	18万9152	5万1090	73.0
小石川	15万4655	4万3444	71.9
本郷	14万6146	4万9304	66.3
下谷	18万9191	5万9988	68.3
浅草	27万1063	2万4581	90.9
本所	27万3407	1万2753	95.3
向島	20万6402	6万4842	68.6
深川	22万6754	1万4094	93.8
城東	19万2400	1万1114	94.2
荏原	18万8100	5万3708	71.4
品川	23万1303	8万9782	61.2
目黒	19万8795	12万1333	39.0
大森	27万8985	16万0865	42.3
蒲田	25万2799	5万2135	79.4
世田谷	28万1804	27万6450	1.9
渋谷	25万6706	8万4067	67.3
中野	21万4117	12万4011	42.1
杉並	24万5435	21万1229	13.9
豊島	31万2209	9万2192	70.5
滝野川	13万0705	3万6494	72.1
王子	22万0304	10万1807	53.8
荒川	35万1281	8万4010	76.1
板橋	23万3115	21万7974	6.5
足立	23万1246	17万2437	25.4
葛飾	15万3041	17万1557	+12.1
江戸川	17万7304	14万6497	17.4
35区合計	677万8804	277万7010	59.0

疎開してきた人もいたからである。

●35区が23区に統合されたわけ

いずれにしても、東京の中心部にあった区の人口減少は著しく、財政的にみても単独の区として行政を運営していくことが困難な状況に陥っていた。

戦前は35区のうち人口が10万人未満の区は、都心部にある面積狭小な麹町区と麻布区、赤坂区、四谷区の4区だけだった。ところが、戦争が終わってみると、35区のうち25区で人口10万人を割り込んでいたのだ。赤坂区にいたっては、人口が1万人にも満たない町村並みの区になり下がってしまったのである（表－6）。

戦争で一面が焼け野原になった東京を復興するには、各区の財政力を強化する必要がある。だが、戦災で各区の人口はアンバランスになっていた。

最も人口が多い世田谷区は27・6万人を有しているのに、最も人口が少ない赤坂区はわずか0・88万人と、両区には30倍以上の格差が生じてしまったのである。これでは健全な地方行政は望めそうもない。それをまず是正しなければならなかった。

そのため1947（昭和22）年3月、東京35区は22区に統合され、同年8月には面積が広大な板橋区は、練馬区を分区して23の特別区になった（図－21）。

地方自治法では、23特別区を市町村と同等の自治権を有する「基礎的な地方公共団体」と規定しており、大阪や横浜、名古屋など、大都市にある行政区とは根本的に異なる。

特別区は区長を選挙で選任し、選挙で選ばれた区議会議員も存在するが、行政区は市の下部組織に過ぎず、区議会議員も存在しない。すなわち、東京23区はそれぞれ独立した自治権を持った23市の集合体だといってもいいのである。

ちなみに23区の一つ、世田谷区の現在の人口は、政令指定都市の相模原、新潟、静岡、浜松、堺、岡山、熊本の7市の人口を上回っている。

図-21　35区から23区へ

一般公募で決めた新区名

●千代田区は公募の対象から除外

第二次世界大戦で廃墟になった首都東京を早急に復興させるため、GHQ（連合国軍最高司令官総司令部）の指令のもとに35区から23区に統合されたわけだが、合併の対象になったのは旧東京市の15区と、15区に隣接する人口の減少が著しい9区（淀橋、向島、城東、品川、荏原、大森、蒲田、滝野川、王子）である。合計24区が統合されて11区になり、そのまま存続した11区と合わせて22区になった。戦争の被害が少なく、面積も広大な板橋区は逆に分割され、練馬区が独立して23区になった。

合併で問題になるのが、新設される区の名称である。新区名を決めるにあたって、東京新聞が一般公募を実施した。今でこそ合併して新設される自治体名を公募することはごく当たり前のように行なわれているが、当時としては画期的なイベントだったのである。公募には賞金が懸けられたこともあって区民の関心を呼び、この企画は大いに盛り上がった。

合併して新設される11区のうち、麹町区と神田区の合併で生まれる新区名は、ほかの区に先駆けて「千代田区」とすることに決まっていたため、公募の対象から外された。「千代田」という新区名は、江戸城の別称である「千代田城」に由来している。麹町、神田の両区は江戸城のお膝元として発展してきた地域であり、千代田区で異存はなかったようだ。

●得票数上位の区名が採用されず

新自治体名の公募でいつも疑問に感じるのは、得票数が上位だった候補が採用されず、ほとんど投票のなかった候補がしばしば採用されるということである。東京の新区名の公募でも同じようなことがいえた。得票数1位の区名が採用されたのは、日本橋区と京橋区が合併して成立した「中央区」と、深川区と城東区が合併して成立した「江東区」だけで、そのほかでは牛込、四谷、淀橋の3区が合併して誕生した「新宿区」が3位、本所区と向島区が合併して成立した「墨田区」が2位にランクされているのみ。それ以外の区では、得票数が下位にランクされ

表-7　公募して誕生した新区名

合併旧区名	投票順位	新区名
日本橋 京橋	①中央②江戸③銀座④大江戸⑤日京⑥江戸橋⑦栄⑧朝日⑨昭和⑩八重洲⑪東京⑫常盤⑬旭⑭中⑮ニツ橋	中央
芝、赤坂 麻布	①愛宕②青山③青葉④飯倉⑤三田⑥富士見⑦山手⑧高輪⑨山王⑩港⑪常盤⑫緑⑬八千代⑭新橋⑮大和	港
牛込、四谷 淀橋	①戸山②山手③新宿④早稲田⑤武蔵野⑥富士見⑦花園⑧市ヶ谷⑨城西⑩西⑪代々木⑫武蔵⑬京西⑭中央⑮御園	新宿
小石川 本郷	①春日②湯島③富士見④音羽⑤山手⑥白山⑦駒込⑧彌生⑨八千代⑩後楽⑪曙⑫大和⑬城北⑭常盤⑮京北	文京
下谷 浅草	①上野②下町③太平④隅田⑤浅谷⑥京北⑦花園⑧吾妻⑨山下⑩観音⑪栄⑫桜⑬吉野⑭昭和⑮曙	台東
本所 向島	①隅田②墨田③吾妻④隅田川⑤江東⑥本島⑦両国⑧言問⑨吾嬬⑩業平⑪東⑫千歳⑬太平⑭大川⑮桜	墨田
深川 城東	①江東②永大③辰巳④清澄⑤東⑥隅田⑦小名木川⑧東川⑨州崎⑩亀戸⑪曙⑫東陽⑬深城⑭八幡⑮鰻	江東
品川 荏原	①大井②東海③城南④八ツ山⑤港⑥大崎⑦高輪⑧川原⑨京浜⑩品原⑪山手⑫五反田⑬京南⑭御殿山⑮武蔵	品川
大森 蒲田	①東海②六郷③京浜④池上⑤多摩川⑥多摩⑦羽田⑧城南⑨森田⑩玉川⑪京南⑫南⑬港⑭本門寺⑮臨海	大田
王子 滝野川	①飛鳥②飛鳥山③赤羽④京北⑤城北⑥武蔵野⑦北⑧十條⑨王瀧⑩桜⑪田端⑫滝王⑬紅葉⑭花園⑮滝王子	北

（東京新聞が実施した新区名投票順位）

た候補が採用されているのだ。文京、台東、品川、大田の4区は、得票数が上位15位にも入っていない。これでは、「出来レース」ではなかったのかと疑われても仕方がないのである。

小石川区と本郷区が合併して成立した**「文京区」**という区名は、小石川区役所の職員が応募した1票だけだったという。それが採用された。小石川と本郷の両区が東京一の文教地区であることは誰もが認めるところで、「文京」はこの地域の性格にマッチした区名だとして高く評価されたらしい。「文教区」とストレートに表現するのは気が引けたのか、「教」の字を東京の「京」に置き換えている。

下谷区と浅草区の合併では、新区名を「上野区」にするか「浅草区」にするかで紛糾したが、両区には縁もゆかりもない区名の**「台東区」**で決着した。実はこの台東区、「上野台の東」が区名の由来だという。浅草は上野台の東に位置している。これで両区のメンツが立ったということなのだろう。

●合成区名は大田区だけか

合併する双方の地名から1文字ずつとって命名する**合成地名**は、今に始まったことではない。1889(明治22)年に施行された市制町村制、すなわち「明治の大合併」では、おびただしい数の合成地名が生まれた。「住民感情に配慮し、合併する町村から1文字ずつとってそれを新市町村名にするように」という国からの強い要望があったからなのだが、地名研究者や学識者らの間ではすこぶる評判が悪い。この命名法によって、先祖から伝わる多くの伝統地名が失われてしまった。地名を分解してつくった何の価値もない意味不明な地名が、雨後のタケノコのごとく増産されてしまったのである。

東京の新区名の公募でも合成区名が生まれた。大森区と蒲田区が合併して誕生した**「大田区」**である。しかし、公募で大田区は上位15位にも入っていなかった。大森区の「森」と蒲田区の「田」の文字をつなげた「森田区」は、9位に入っていたが採用されなかった。合成区名が敬遠されたのであれば、大田区が採用された理由が理解できない。

合成区名が生まれたのは大田区だけだったのかというとそうでもなく、本所区と向島区が合併して成立した**「墨田区」**もそうだ。区名は隅田川堤の通称名である墨堤の「墨」と、隅田川の「田」をとって命名したものである(第1章7項参照)。このほかにも、候補としては合成地名がいくつも上がっていた。たとえば日本橋区と京橋区の合併では、「二ツ橋区」が15位に入っていた。日本橋の「橋」と京橋の「橋」を合わせて「二つの橋」という意味なのだろうが、これも合成地名の一種といえそうだ。

下谷区と浅草区の合併では、「浅谷区」が5位にランクされていた。いうまでもなく、浅草の「浅」と下谷の「谷」をつなぎ合わせたものだ。本所区と向島区の合併では、本所区の「本」と向島区の「島」をとった「本島区」が6位に、城東区と深川区が合併した新区名では、城東区の「東」と深川区の「川」をとった「東川区」が8位に、深川の「深」と城東区の「城」をとった「深城区」が13位にランクされていた。得票数が1位の江東区も合成地名の一種だといえる。江東は「隅田川の東」という意味だが、「江」は深川の「川」の意もあり、「東」は城東区からとったものだからである。

品川区と荏原区が合併して、唯一既存の区名が採用された品川区では、品川の「品」と荏原の「原」をつなぎ合わせた「品原区」が10位に入っていた。滝野川区と王子区が合併して誕生した北区では、候補に「王瀧区」「滝王区」「滝王子区」という3つの合成区名が候補に上っていた。愛着のあるわが町の地名を1文字だけでも残したいという、区民の強い要望があったからなのだろう。

●人気があった方位区名と瑞祥地名

政令指定都市の行政区で最も多いのが**方位区名**だろう。東区、西区、南区、北区、あるいは中区、港北区、西成区、小倉北区などというように、方位を表わす文字を使っている区名が圧倒的に多いのだ。方位名を一つも使っていないのは、20ある政令指定都市のうち仙台、川崎、静岡の3市だけで、残りの17市には方位名を使った区名がある。わかりやすく手っ取り早い、というのが一番の理由だろう。

公募した東京都の新区名でも、方位名を使った区名がずいぶん候補に挙がった。新区名に採用されたものだけでも中央区、台東区、江東区、北区の4区ある。

新区名に採用はされなかったが、城西、城南、城北、京西、京南、京北、さらに東、西、南、北、中などの区名が候補に挙がっている。京北区にいたっては、文京区と台東区、北区の3区で候補に挙がっていた。人間は自分のいる場所を、方位で表現することが好きなのかもしれない。

瑞祥地名、すなわち、おめでたい縁起のよい地名も日本人は好きだ。公募した新区名でも、瑞祥地名がずいぶんあった。栄区、八千代区、花園区、朝日区、常盤区、曙区、千歳区、太平区などである。しかし、瑞祥地名が新区名に採用されることはなかった。

変わり種としては、深川区と城東区が合併した新区名に「鰻区」が15位に入っていたことだろうか。ウナギ養殖の発祥地は深川だといわれているからだ。

戦争の被害が特に大きかった24の区が統合させられ、11の区になったわけだが、既存の区名が生き残った品川区を除く23の区名はすべて消え去った。しかし、区名としては存在しなくなったものの、地名が完全に消滅したわけではない。区内の地名としてほとんどが現存している。

千代田区には旧区名の「麹町」も「神田」もあるし、中央区には「日本橋」と「京橋」が、港区には「赤坂」「麻布」「芝」、文京区には「小石川」と「本郷」が正式な地名として存在している。

伊豆諸島はなぜ東京の管轄なのか？

●伊豆諸島はもともと静岡県だった

　伊豆半島の東方沖から南に連なっている伊豆諸島は、東京都の管轄になっている。東京から遠く離れているのに、なぜ静岡県ではなく東京が管轄しているのか。

　伊豆諸島の一番北に位置する大島などは、静岡県の伊豆半島東岸とは目と鼻の先にある。伊豆諸島へ旅行に行ったとき、島内を走っている自動車がどれも「品川」ナンバーをつけているのを見て度肝を抜かれた人は少なくないだろう。伊豆半島は静岡県なのに、なぜ伊豆諸島は静岡県ではなく東京都なのか。

　歴史をさかのぼれば、伊豆諸島は江戸時代、流刑地であったため幕府の直轄地として伊豆韮山代官所の管轄下に置かれていた。だが、幕府が崩壊したことにより伊豆諸島は韮山県の管轄になり、韮山県は1871（明治4）年11月、小田原県および荻野山中県（相模）と合併して足柄県になった。しかし、1876（明治9）年4月に行なわれた府県の統廃合で足柄県は解体されることになり、神奈川県と静岡県に分割して編入された。そして伊豆諸島は、伊豆半島とともに静岡県の管轄になった。

　だが、それもつかの間、2年後の1878年1月、伊豆諸島は伊豆半島と切り離されて東京府に編入されたのである。神奈川県ならともかく、なぜ遠く離れた東京府に編入されたのか。

　どうして伊豆諸島だけが、静岡県から東京府へ移管されたのかというと、古くから伊豆諸島と江戸との航路が開かれており、江戸とは人的、経済的な交流が盛んに行なわれていたからである。

　島民は塩や魚類、絹織物の黄八丈など、島の産物を江戸で売りさばいて生計を立てていた。そして島の産物を売って得たお金で、食料品や日用品などを持ち帰るというように、伊豆諸島の島民にとって、近くにある伊豆半島より、遠く離れた江戸とのほうが密接な関係にあったのだ。そのため、足柄県が解体されて静岡県に編入された際には、島民たちによる東京府への移管を求める運動が起きている。その甲斐あって、伊豆諸島は伊豆半島と切り離され、東京府への移管が実現したのである。

●小笠原諸島も東京の管轄に

　東京が管轄しているのは伊豆諸島ばかりではない。伊豆諸島の南に連なる小笠原諸島も東京の管轄なのだ。小笠原諸島は、東京の中心から南に1000km以上も離れた太平洋上に浮かぶ30余からなる島々だが、なぜかこの島嶼群が東京の管轄になっている。1593（文禄2）年、信濃の戦国武将、小笠原貞頼が発見したと伝えられており、「小笠原」という島名も発見者の名前に因んでいる。

　その後、小笠原諸島にはイギリスやアメリカなどの外国船がしばしば寄港し、ハワイ系の住民が移住したこともある。幕末にはアメリカ東インド艦隊司令官のペリーも来航しているが、1876（明治9）年3月、小笠原諸島は日本が統治することを各国に通告し、正式に日本の領土になった。初めは内務省が管轄したが、4年後の1880（明治13）年10月、東京府に移管された（図－22）。

　よりによって、なぜこんなに離れた島々を東京が管轄することになったのかというと、小笠原諸島は伊豆諸島と同様、東京の真南に位置しており、軍事路線を推し進めていた明治政府にとっては軍事戦略上、重要な拠点になり得るからだ。そのため、首都東京に管轄させたほうが政府の目が行き届くと考えられたのだろう。

　それを物語っているように、小笠原諸島は太平洋戦争の戦況悪化により日本陸軍の軍事基地になり、火山列島の硫黄島は第二次世界大戦最大の激戦地になった。小笠原諸島は敗戦により長いあいだアメリカ軍に占領されていたが、1968（昭和43）年にやっと日本に返還され、再び東京の管轄になっている。現在は父島や硫黄島などに、海上自衛隊や航空自衛隊の基地がある。

軍事戦略上の拠点として重要視されてきた小笠原諸島だったが、現在は東京にとって、いや日本にとって重要な観光資源になっている。1972（昭和47）年には国立公園に、1980（昭和55）年には鳥獣保護区に指定され、2011（平成23）年には世界遺産に登録された。日本最東端の南鳥島も、日本最南端の沖ノ鳥島も東京都（小笠原支庁）の管轄である。

図-22　伊豆諸島と小笠原諸島

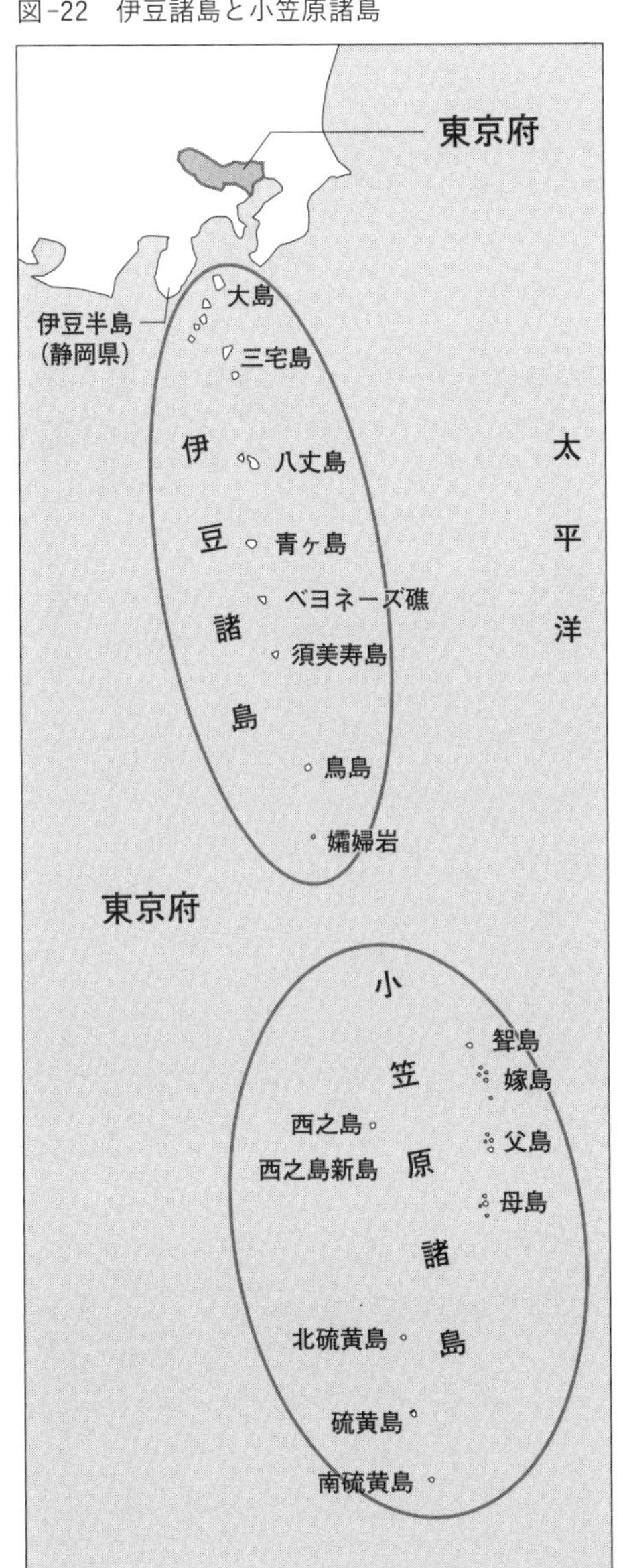

なぜ四多摩ではなく三多摩か？

●中野区も杉並区も多摩郡だった

東京都の西部、すなわち23特別区を除いた区域を「三多摩」と呼んでいる。この地域内にあった北多摩、南多摩、西多摩3郡の総称である。だが、近年になって都市化が著しく、人口が急増して三多摩にあった町村が相次いで市に昇格していった。そのため、北多摩郡は1970（昭和45）年、村山町が市に昇格して武蔵村山市になったことにより消滅。南多摩郡も1971（昭和46）年、稲城町と多摩町が市に昇格して稲城市および多摩市になったため消滅した。三多摩で現在も残っているのは、西多摩郡ただ一つだけになった。それなのに、現在でも区部を除いた東京の西部地域を「三多摩」と呼ぶこともある。

なぜ三多摩なのか。「四多摩」とは言わないのか。

古くは、東京都の西部地域は武蔵国の多摩郡という一つの広大な郡だった。それが1871（明治4）年11月、廃藩置県の直後に行なわれた府県の統廃合で、多摩郡の東部が東京府、その他の地域が神奈川県の管轄になった。これが運命の分かれ目だった。

そして1878（明治11）年11月、郡区町村編制法の施行により、東京府が管轄していた地域が東多摩郡として発足し、神奈川県が管轄していた地域は西多摩郡、南多摩郡、北多摩郡の3郡に分割された。このように、明治初期から東多摩郡は東京府が管轄し、北多摩、南多摩、西多摩の3郡は神奈川県が管轄するというように、管轄する府県が異なっていたのである（図－23）。

だが1893（明治26）年4月、三多摩は神奈川県から東京府に移管され、東京府に東多摩、西多摩、南多摩、北多摩の4郡が勢ぞろいした。それもつかの間、1896（明治29）年4月には東多摩郡と南豊島郡が合併して豊多摩郡となり、1932（昭和

図−23　1893（明治26）年まで、北・南・西多摩郡は神奈川県、東多摩郡は東京府の管轄だった

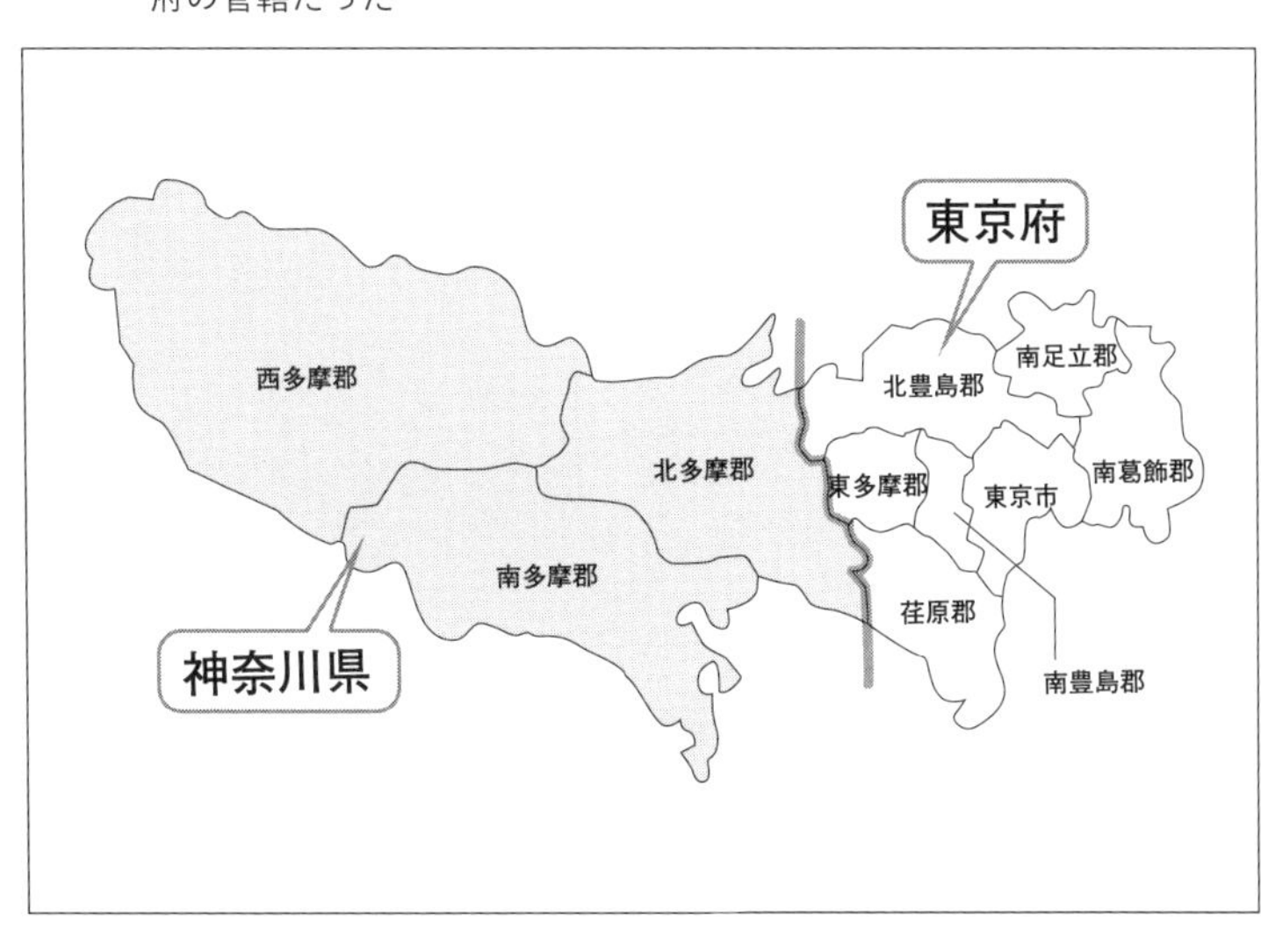

7）年10月、豊多摩郡の全域が東京市に編入された。旧東多摩郡が中野区と杉並区に、旧南豊島郡が淀橋区と渋谷区になった。

●三多摩が東京府に移管されたわけ

三多摩はなぜ神奈川県から東京府へ移管されたのか。これにはいろいろな説がある。その一つが、東京府民が飲料水にしている玉川上水の衛生管理と安定供給のため、水源のある三多摩を東京府に移管するのが目的だったとする説である。

玉川上水の水路の大部分と水源は神奈川県にある。玉川上水の上流では、コレラ患者の汚物が捨てられたという事件も発生している。玉川上水の一貫管理体制を確立しなければ、東京府民の安全は守れないというのだ。

1873（明治6）年、大久保一翁東京府知事は玉川上水流域の東京府への編入を大蔵省に申請している。1886（明治19）年には、内務大臣に北多

摩と西多摩2郡の東京府への移管を求めたが、いずれも却下されている。この時点では、三多摩の東京府への移管は、玉川上水の水源確保が目的だったことは間違いないだろう。

だが、1891（明治24）年7月、富田鉄之助が東京府知事に就任した頃から状況も大きく変わっていた。1892年9月、富田東京府知事は内海神奈川県知事とともに、三多摩の東京府への移管を内務省に上申。翌年2月、「東京府及神奈川県境域変更に関する法案」が帝国議会であっさり可決され、同年4月、三多摩の東京府への移管が決定した。東京府知事が移管を求めるのは理解できるが、神奈川県知事がそれに加担するというのもおかしなものだ。三多摩は神奈川県の3分の1近くを占める広大な地域である。それをそっくり東京府へ持っていかれてしまうのは、神奈川県にとっては大きな痛手のはず。それなのに、東京府への移管に反対するどころか、積極的にそれを実現させようとしたのだから不可解な行動であった。

また、もし玉川上水の水源確保が本当の目的であれば、北多摩郡と西多摩郡の2郡だけの移管でいいはずだ。南多摩郡は玉川上水とはまったく関係のない地域だからである。かつて東京府が、玉川上水の水源問題で移管を申請したのは北多摩と西多摩の2郡だけだった。それなのに、政府は三多摩をそっくり東京府へ移管することを認めている。実は、三多摩の東京府への移管問題は政争に利用されたのである。

三多摩は政府と敵対する自由党の勢力が最も強い地域で、特に南多摩郡を最大の地盤としている。神奈川県議会も自由党が支配していた。反対勢力の自由党は、政府にとっても神奈川県知事にとっても厄介な存在だったのである。

三多摩が東京府へ移管されたことにより、神奈川県の自由党の勢力は分断され、すっかり弱体化してしまった。軍事路線を突き進む政府の思う壺である。

●三多摩が「多摩県」として独立していたら！

もし、三多摩が東京府へ移管されていなかったとしたら、神奈川県は現在の県域と多摩地区を合わせた広大な県になっていた。

広大とはいっても、神奈川県自体が小さな県なので、多摩地区を合わせても面積は3575・7㎢。鳥取県よりやや大きい程度で、埼玉県よりも面積は狭いのだ。

しかし、人口は1333万人にもなり（2015年9月）、全国一の大県になる。現在の東京都の人口に匹敵する。逆に三多摩をもぎとられた形の東京都の人口は923万人になり、神奈川県に次いで第2位に転落するのだ。

現在は東京都下にある八王子市も立川市も町田市も、そして武蔵野市も三鷹市もかつては神奈川県だった。

もっとも、三多摩は東京府に移管されたことで急速に都市化が進み、現在のように面積狭小な地域に26もの市がひしめく人口過密な地域になったのだが、もし今も神奈川県であったとしたら、おそらくここまでの発展はなかっただろうと思われる。

実は、三多摩が東京へ移管する案が持ち上がった頃、三多摩を「多摩県」として独立させる案も浮上していた。もし、現在の三多摩と同じようなペースで発展していたとすれば、他県と十分に対抗し得る人口と財政力を備えた県になっていたことになる。面積では静岡県の6分の1にも満たないが、人口は静岡県より50万人以上多い420万人余の県になる。多摩県は福岡県に次いで第10位にランクされる全国でも主要な県になっていたのである。

だが、当時の三多摩地方は純農村地帯で人口は少なく、一つの県として独立したとすると、人口25万人程度の全国一の弱小県になっていた。それを思うと、現在の三多摩の発展ぶりには目を見張るものがある。首都東京に隣接しているという地理的な有利さが、いかに大きく影響したかがわかるだろう。

埼玉県が東京都になった

西東京市の半分は埼玉県だった

現在の東京都は、神奈川県から三多摩を編入したばかりではなく、埼玉県からも編入した地域がある。その一つが、練馬区に隣接した**西東京市**である。

西東京市は２００１（平成13）年1月、保谷（ほうや）市と田無市が合併して誕生した人口20万人を擁する東京のベッドタウンだ。「東京」というブランド力にあやかって安易につけた市名だと世間から激しい非難を浴びたが、この西東京市のほぼ半分が、かつては埼玉県だった。

西東京市の西半分の田無市は１８８９（明治22）年、市制町村制の施行で神奈川県北多摩郡田無町として成立し、保谷市は埼玉県新座郡保谷村として誕生している。しかし、２本の角のように尖った村域が田無町を包み込むように、北多摩郡に深く突き刺さる形になっていた（図－24）。保谷村が北多摩郡と別の管轄であるのはどう見ても不自然だし、行政運営の面などで何かと支障をきたしてきた。

そのため、保谷村では北多摩郡への編入を望む声が日増しに高まっていった。しかし新座郡の保谷村は１８９６（明治29）年3月、住民の声を無視するかのように北足立郡へあっさり編入されてしまったのである。

そこで、保谷村の村長らは北多摩郡への移管を国へ強く働きかけ、それが認められて１９０７（明治40）年4月、晴れて北多摩郡へ編入された。北多摩郡は１８９３（明治26）年には神奈川県から東京府へ移管されていたので、埼玉県北足立郡保谷村は「東京府北多摩郡保谷村」としてスタートを切ることになった。

東京23区にもあった埼玉県

図-24　西東京市の旧・保谷市の区域は埼玉県だった。
練馬区の大泉地区も埼玉県だった

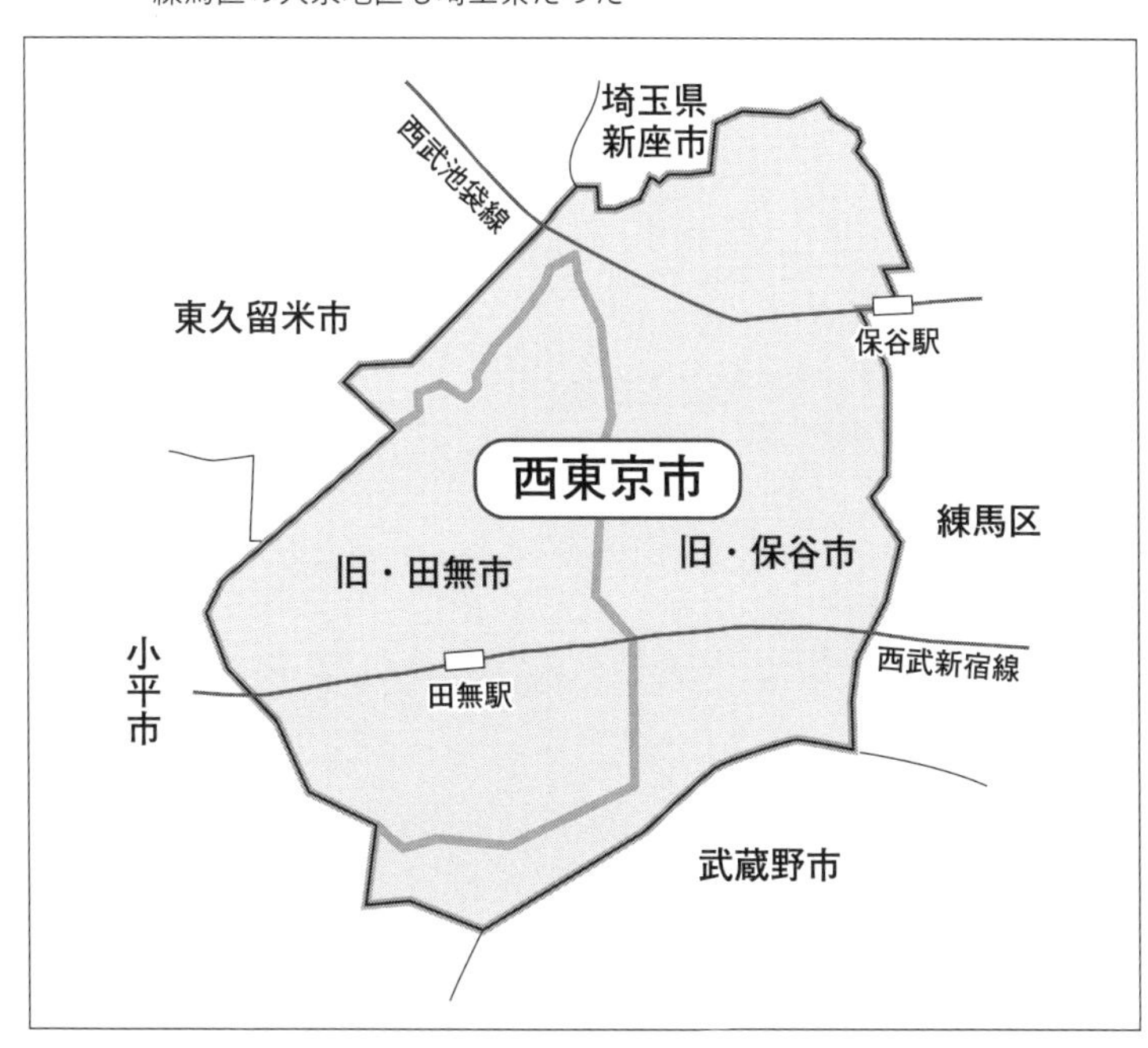

練馬区の北西部に位置する**大泉地区**のほとんどの地域が、かつては埼玉県だった。大泉地区は関越自動車道と東京外環自動車道が接続する交通の要地にあり、大泉学園は人気のあるエリアとして知られている。その大泉地区が埼玉県だったのである。

1889（明治22）年4月の市制町村制で、埼玉県新座郡にあった小榑（こぐれ）村と橋戸村が合併して橋榑村になった。

その橋榑村が2年後の1891（明治24）年6月、埼玉県北足立郡新倉（にいくら）村の一部および東京都北豊島郡石神井村の一部と合併して、東京府北豊島郡大泉村に生まれ変わったのである。

大泉地区に住んでいても、この地域がかつて埼玉県だったということを知っている人は少ないだろう。

北区にも埼玉県だった地域が存在する。北区の北西端を占める浮間地区で、1889(明治22)年4月の町村制が施行された当時は、埼玉県北足立郡横曽根村の一部だった。

その浮間地区も、「東京都北区浮間一～五丁目」になり、今では東京のベッドタウンに生まれ変わっている(第1章11項参照)。

もう1ヵ所、西多摩郡にも埼玉県だった地域がある。在日米軍の横田基地があることで知られている西多摩郡**瑞穂町**である。

1958(昭和33)年10月、埼玉県入間郡の元狭山村が分割され、約3分の1が武蔵町(現・埼玉県入間市)、残りの区域が瑞穂町に編入された。

元狭山村は1889(明治22)年4月に実施された町村制により、二本木村、駒形富士山村、高根村および富士山栗原新田が合併して発足した村である。「元狭山村問題対策協議会」を設置して、元狭山村を埼玉県内の村と合併させようとする県と、東京府瑞穂町との越県合併を全会一致で決議した元狭山村が真っ向から対立して紛糾したため、その収拾策として元狭山村の旧日本木村が分割されたのである。

瑞穂町の北部に「二本木」という地名があるが、県境を越えた埼玉県入間市の南部にも、同じ「二本木」という地名がある。一つの村が分割された何よりの証拠である。

意外と知らない東京23区の地理

●23区で面積が最も広い区と狭い区はどこか

東京に在住の人でも、意外に知らないことは多いものである。ここでは東京23区の人口や面積など、基本的なことを確認してみたい。東京23区の面積は626・7㎢あるが、東京都全体の28・7%を占めているに過ぎない。それなのに、東京というと23区のことしか眼中にない人が少なくない。

ちなみに、東京都の面積は2187・65㎢。香川県、大阪府に次いで全国で3番目に狭い自治体で、日本の総面積（37万7944㎢）の0・58%に過ぎない。東京23区の面積は、そのまた28・7%しかないのだから、日本の国土全体から見ればないにも等しい。にもかかわらず、その存在感はあまりにも大きく、日本の政治・経済・文化など、すべてが東京23区を中心に動いているといってもよい。したがって「東京」を知ることは、すなわち「日本」を知ることだといっても過言ではないのである。

23区それぞれの区の大きさは大小さまざまで、面積が最も広い区と狭い区との間には6倍の開きがある。**最も広いのは大田区**の60・66㎢、2位は世田谷区（58・05㎢）、3位足立区（53・25㎢）、4位江戸川区(49・9㎢)、5位練馬区(48・08㎢)の順だ(2015年)。大田区と世田谷区は荏原郡（一部は北多摩郡）、足立区は南足立郡、江戸川区は南葛飾郡、練馬区は北豊島郡というように、面積が広い区は昭和初期に東京市が面積を拡張する前まではすべて郡部だった。

面積が**最も狭いのは台東区**で10・11㎢。以下、荒川区（10・16㎢）、中央区（10・21㎢）、千代田区（10・66㎢）、文京区（11・29㎢）の順。荒川区を除くすべてが、旧東京市の15区を形成していた地域である。面積が最も広い大田区は東京湾に面しているので、臨海部の埋立てによって今後も面積を広げていく可能性があり、面積最大の区と最小の区の格差はさらに拡大していくことも考えられる。

東京都下には26市5町8村の自治体があるが、面積が**最も広いのは奥多摩町**の225・6㎢。以下、八王子市（186・3㎢）、檜原村（105・4㎢）、小笠原村（104・4㎢）、青梅市（103・3㎢）の順。面積が**最も狭いのは伊豆諸島の利島村**で4・12㎢、次いで青ヶ島村（5・98㎢）、狛江市（6・34㎢）の順。狛江市は23区で最下位の台東区よりも小さく、全国790市のなかで最も面積が狭い市である。

●23区で最も人口が多いのは面積最小の台東区だった

江戸から明治に変わった頃の東京は人口が100万人ほどの都市だったが、それから飛躍的に人口を増やし、50余年後の1920（大正9）年に実施された第1回の国勢調査では、335・8万人（東京23区の範囲）の大都市に成長していた。その後も東京の人口は増え続け、1940（昭和15）年には677・9万人と、わずか20年で2倍以上の人口を擁する都市になった。

第二次世界大戦で壊滅的な被害を受け、300万人近い人口を一気に減らしたものの、その後目指ましい復興をとげ、1955（昭和30）年には戦前のレベルまで回復。それ以降も人口は増加し続けた。しかし、1965（昭和40）年の889・3万人をピークに人口が減少し始めた。日本の高度成長による土地価格の上昇と、公害など住環境の悪化で、郊外に住まいを求めて東京から転出する人が急増したためである。1995（平成7）年には、ついに800万人を割り込んだ。しかし、バブルが崩壊して地価が下落すると都心回帰の志向が強まり、東京の人口は再び増加に転じた。2015年には、ピーク時を上回る923・3万人に達した。

第1回の国勢調査から現在までの95年間で、東京23区内の人口は2・75倍になったのである。だが、

図－25　人口が増えた区・減った区（1920年と2015年の対比）

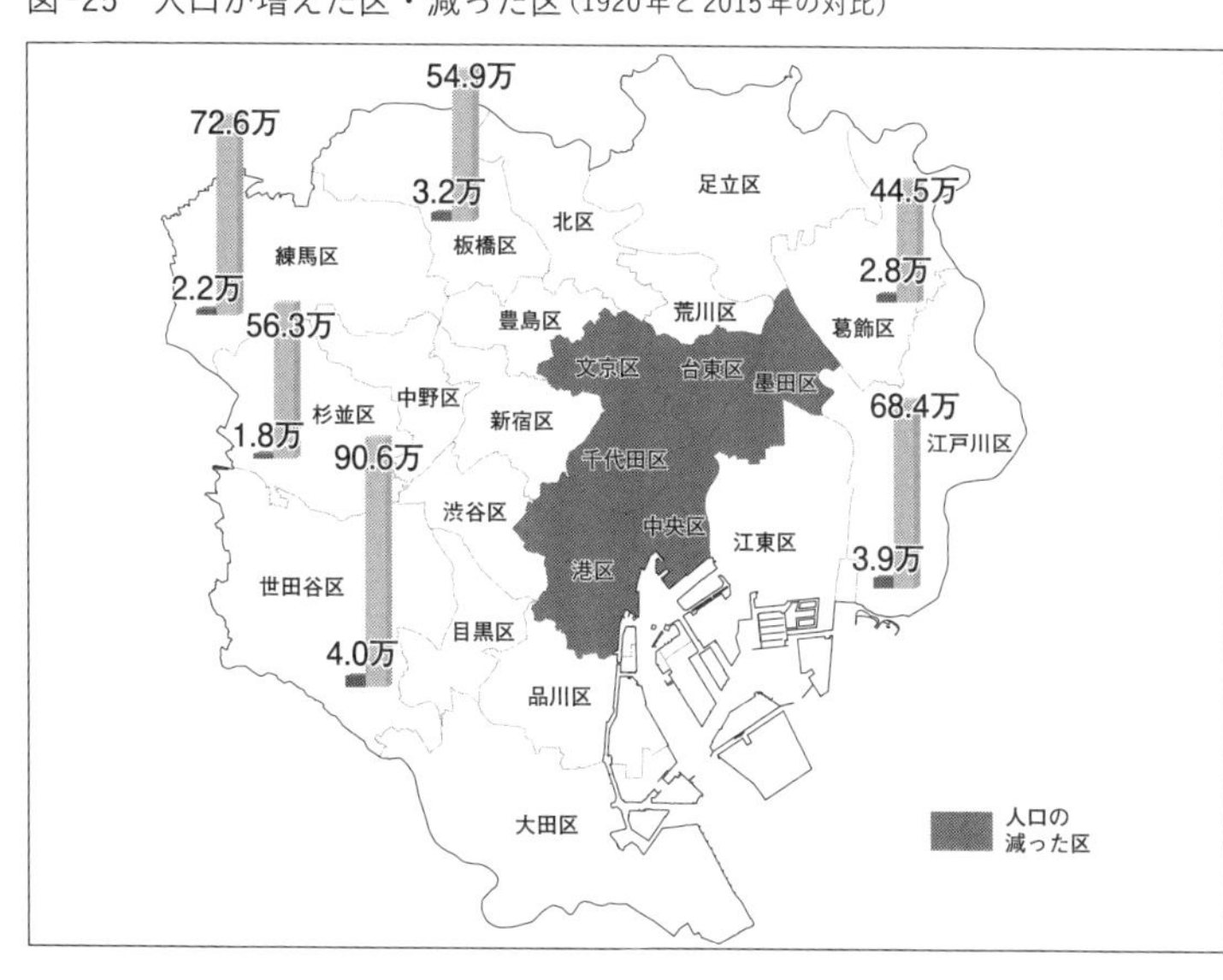

各区が同じように増加したわけではなく、各区の人口の増減には信じられないほど大きな開きがあった。1世紀近く年月が経過する間に、人口が増加するどころか、減少した区もあった。**最も減少率が高かったのは千代田区**で、21・8万人から5・5万人と、減少率は実に75％と4分の1に激減している。人口が減少したのは千代田、中央、港、文京、台東、墨田の6区で（図－25）、そのなかでも台東区は面積が最も狭いにもかかわらず、かつては44・0万人が住む東京で最も人口の多い区だった。台東区の人口密度は、現在の東京23区の人口密度の3倍近くもある超過密地帯だったのである。それが現在では18・6万人と、千代田区、中央区に次いで3番目に人口の少ない区になっている。

逆に**人口が一番増えたのは練馬区**で、第1回の国勢調査時点では人口わずか2・2万人の純農村地帯だったが、現在では72・6万人を擁し、世田谷区（90・6万人）に次いで2番目に人口の多い区になっている。実に33倍という驚異的な増加率である。人口が最も少なかったのは杉並区で、わずか1・8万人に過ぎなかった。それが現在は56・3万人と、増加率は31・3倍を記録している。

こうして見ると、都心部を形成している旧東京市15区は人口が減少し、東京近郊の農村地帯だった豊多摩、北豊島、南足立、南葛飾、荏原の5郡が、急激に人口を増やしたことがわかる。

●23区で最も多くの区と接しているのは何区か

日本の国土が47都道府県に区分されているように、東京都も23特別区と39市町村に分かれている。都道府県では、周囲をすべて他県に囲まれている内陸県は栃木、群馬、埼玉、山梨、長野、岐阜、滋賀、奈良の8県だけ。最も多くの県と接しているのは群馬、埼玉、山梨、静岡、愛知、岐阜、富山、新潟の8県に囲まれている長野県だが、23区ではどこが最も多くの区と隣接しているのだろうか。

東京都の場合は東京湾沿岸の江戸川、江東、中央、港、品川、大田の6区を除くすべての区と、伊豆諸島および小笠原諸島を除くすべての市町村が海に面していない。東京都の区部は、北は埼玉県、東は千葉県、南は神奈川県、西側は多摩地区と隣接しており、23区のほぼ中央に位置している千代田区は、中央、港、新宿、文京、台東の5区との間に境界線がある。板橋区や足立区、葛飾区などは、面積は広くても北側が埼玉県と接しているので、わずか3つの区としか隣接していない。

多摩地区および他県とも隣接していない、周りをすべてほかの区に囲まれているのは千代田、新宿、文京、台東、墨田、目黒、渋谷、中野、豊島、荒川の10区ある。そのうち最も多くの区と接しているのは墨田区と渋谷区で、墨田区は中央、台東、江東、荒川、足立、葛飾、江戸川の7区と接しており、渋谷区も港、新宿、品川、目黒、世田谷、中野、杉並の7区との間に境界がある。

表-8　東京23区の人口（1920年・2015年）

区名	1920年の人口（万人）	2015年の人口（万人）	人口増倍率（倍率）
千代田	21.8	5.5	0.25
中央	27.0	14.3	0.53
港	33.0	22.2	0.67
新宿	29.0	33.8	1.17
文京	28.2	21.8	0.77
台東	44.0	18.6	0.37
墨田	32.1	25.8	0.80
江東	25.4	49.0	1.93
品川	12.1	37.9	3.13
目黒	2.2	27.7	12.59
大田	7.9	71.1	9.08
世田谷	4.0	90.6	22.65
渋谷	13.7	21.7	1.58
中野	2.9	32.3	11.14
杉並	1.8	56.3	31.28
豊島	11.0	29.9	2.72
北	9.5	34.1	3.59
荒川	12.1	20.9	1.73
板橋	3.2	54.9	17.16
練馬	2.2	72.6	33.00
足立	6.1	69.4	11.38
葛飾	2.8	44.5	15.89
江戸川	3.9	68.4	17.54
23区	335.8	923.3	2.75

東京の副都心、渋谷・新宿・池袋の今昔

●渋谷は日本一人口の多い「町」だった

市制町村制が施行された1889（明治22）年の末までに、全国で39の市が誕生し、第1回の国勢調査が実施された1920（大正9）年には、75市にまで増加していた。

最も人口が多いのは東京市の217万人、最も少ないのは香川県の丸亀市で、人口わずか2・4万人だった。東京府にあった市は東京市と八王子市の2市のみで、あとはすべて町と村だったのである。

東京市は1932（昭和7）年、隣接する5郡（荏原、豊多摩、北豊島、南足立、南葛飾）82町村を編入し、35区からなる大東京市を発足させた。

町村は市より格下の自治体なので、編入された82町村はすべて丸亀市より人口が少なかったのかというとそうではなく、82町村のなかには丸亀市よりはるかに人口が多い町や村も数多く存在していた。その一つが**渋谷町**である。

渋谷町とは東京の副都心として目覚ましい発展を遂げた現在の渋谷、流行の最先端をいく若者文化の街として賑わう渋谷のことである。その渋谷も、かつてはのどかな農村に過ぎなかった。

渋谷は1889（明治22）年、町村制が施行された際に渋谷村として発足し、1909（明治42）年、町に昇格した。第1回の国勢調査が実施された1920（大正9）年には、人口が8・1万人と、全国で堂々の第24位にランクされる自治体に成長していた。当時の渋谷町は、日本一人口が多い「町」だったのである。

なぜ渋谷町は8万人以上の人口がありながら、市ではなく「町」だったのか。人口では宇都宮市（6・4万人）や前橋市（6・2万人）、水戸市（3・9万人）など、県庁所在地をも上回っていたのに、なぜ市にならなかったのか。〝なれなかった〟というのが正しいのかもしれない。

当時の渋谷は東京の都市化にともない、急激に人口が増加した農村であったため、都市としての機能を備えていなかったのである。つまり、市になる要件を満たしていなかったのだ。

渋谷町は10年後の1930（昭和5）年には、人口が10万人を突破していたが、それでも市に昇格することもなく、2年後の1932（昭和7）年、東京市に編入された。その際、千駄ヶ谷町および代々幡町と合併して渋谷区になり、東京市35区の一角を担うことになった。

現在の渋谷は山手線と埼京線、湘南新宿ラインのJR3路線のほか、東急東横線・田園都市線、京王井の頭線、東京メトロ銀座線・半蔵門線・副都心線の各路線が集まり、乗降客数は全国有数の多さである。駅周辺には東急百貨店やパルコなどの大型商業施設のほか、専門店や飲食店などが建ち並ぶ大繁華街を形成し、流行の発信地としても知られている。桑畑やぶどう畑も広がっていた渋谷村からは、想像もできないほどの激変ぶりである。

●人口4万人の淀橋町が副都心の新宿に

全国屈指の歓楽街として知られる新宿は、江戸時代は甲州街道の宿場町（**内藤新宿**）として栄えていたが、その周辺は渋谷と同じように、のどかな農村地帯だった。

その新宿も、現在では山手線、埼京線、中央線、湘南新宿ライン、中央・総武緩行線のJR5線のほか、西武、京王、小田急、東京メトロ、都営地下鉄などの鉄道路線が乗り入れる一大ターミナルを形成し、乗降客数は世界一を誇っている。都庁がある西新宿は、超高層ビルが林立するビジネス街で、巨大都市東京の象徴的な存在になっている。

新宿は内藤新宿という甲州街道の宿場町をルーツとするが、1889（明治22）年に施行された市制町村制では、柏木村、角筈村、内藤新宿添地町（一部）が合併して淀橋町になった。

淀橋町は現在の新宿駅周辺の地域である。第1回の国勢調査が実施された1920（大正9）年の人口は約4万人で、渋谷町の半分ほどの小さな町だったが、それでも全国で66位にランクされ、市に昇格するに十分な人口を有していた。だが渋谷町と同じように、都市機能が備わっていなかったため、市に昇格することができなかったのである。

1932（昭和7）年、東京市が隣接する5郡82町村を編入した際に、淀橋町も東京市に編入され、大久保町、戸塚町、落合町の3町と合併して淀橋区となり、1947（昭和22）年には淀橋区、牛込区、四谷区が合併して現在の新宿区が生まれた。それにしても、新宿がこれほどまでに発展することを誰に予想ができただろうか。

新宿が大きく発展する原動力になったのが鉄道である。1885（明治18）年、日本鉄道品川線（現・山手線）が開通し、新宿駅が開設された。そして4年後の1889（明治22）年には甲武鉄道（現・中央線）が開通し、その後も、京王、小田急、西武が次々と新宿駅に乗り入れ、一大ターミナルを形成するようになった。それにともない、百貨店や映画館などの娯楽施設、飲食店などが軒を連ねるようになり、東京屈指の繁華街に成長したのである。

●池袋は巣鴨村にある小さな集落

新宿、渋谷とともに3大副都心の一つとして、東京を代表する歓楽街を形成している池袋も、1889（明治22）年に市制町村制が施行された当時は、**巣鴨村**のなかにある小さな集落に過ぎなかった。

その集落が、やがて東京を代表する一大ターミナルになろうとは、誰にも予想がつかなかったことに違いない。

巣鴨村は1918（大正7）年、町に昇格して西巣鴨町になった。1932（昭和7）年に東京市が隣接する82町村を編入したとき、西巣鴨町も巣鴨町、高田町、長崎町とともに東京市に編入され、この4町が合併して豊島区になった。

池袋が大きく発展するきっかけをつくったのも鉄道だった。ところが、1885（明治18）年に日本鉄道品川線（品川－赤羽間）が開通したときには、池袋に駅は設けられなかった。1903（明治36）年、常磐炭田の石炭を横浜へ輸送するため、品川線と田端を結ぶ支線が建設された際に、初めて駅が開設されたのだ。

初めは目白を分岐駅とする計画だったが、住民の猛烈な反対で、やむを得ず信号所の池袋に駅が設置されることになった。これが幸いしたのである。

だが、池袋駅が開設された当初は乗降客も少なく、隣の大塚駅のほうがはるかに賑わっていた。当時は、大塚駅の周辺が西巣鴨町の中心地だったからである。池袋駅の1日の乗降客数は、100人にも満たないというありさまだった。

池袋駅が副都心として発展し始めたのは、戦後になってからのことだ。

朝霞に米軍が駐屯するようになると、池袋駅の周辺にヤミ市が形成され、多くの人が集まるようになった。やがて駅前に百貨店が誕生し、大塚駅をしのぐ発展ぶりを見せ始めた。

現在では山手線、埼京線、湘南新宿ラインのＪＲ3路線のほか、東武東上本線、西武池袋線、東京メトロの3路線が乗り入れる一大ターミナルを形成し、東京を代表する繁華街に生まれ変わっている。

このように、東京市が誕生した当時は渋谷、新宿、池袋の3大副都心は東京市内ではなく、東京近郊に広がるのどかな農村地帯だったのである。渋谷と新宿は豊多摩郡（旧・南豊島郡）、池袋は北豊島郡に所属していた。

江戸の大名屋敷跡には何がある？

●東京に公園が多いわけ

江戸の70％近くが武家地で占められていた。だが、それが徳川幕府の崩壊で、もぬけの殻になった。幕末には大名や幕臣、与力、同心などの屋敷がいたるところに置かれていたが、敷地の多くは大名屋敷で占められていた。大名屋敷には諸国の大名が居住した上屋敷、上屋敷の予備的な役割を担っていた中屋敷、別邸の下屋敷などがあるが、それらはことごとく明治新政府に接収された。

大名屋敷の跡は、現在はどうなって、何に使われているのだろうか。大名屋敷の敷地は広大であったため、公園など公共の施設として整備されているケースが多い。東京に大きな公園や庭園が多いのも、敷地の広い大名屋敷があったからだともいえる。

たとえば、国の特別史跡および特別名勝に指定されている**小石川後楽園**は、水戸藩徳川家の上屋敷にあった日本庭園を整備したものだし、**新宿御苑**は信州高遠藩の下屋敷跡に新たに造営された国民公園である。また、緑豊かな**明治神宮**は肥後藩主の別邸であったところが、後に彦根藩井伊家の下屋敷になったところだ。

学校に生まれ変わった大名屋敷跡もある。**東京大学の本郷キャンパス**は加賀藩の上屋敷跡に設置されたもので、東大の赤門が上屋敷の御守殿門であることはよく知られている。**青山学院大学**は西条藩の上屋敷、**慶応義塾大学**は島原藩の下屋敷、**上智大学**は尾張徳川家の中屋敷、神田和泉町にある**和泉小学校**には、津藩の上屋敷が置かれていた。

防衛省は尾張徳川家の上屋敷、**国土交通省**は広島藩の上屋敷、**外務省**は福岡藩の上屋敷、**法務省**は米沢藩の上屋敷、**気象庁**は一橋徳川家の上屋敷というように、政府機関として使われている大名屋敷跡も

表-9 大名屋敷跡にある公園＆庭園

名称	藩名	所在地
清水谷公園	紀州藩上屋敷	千代田区
ホテルニューオータニの日本庭園	彦根藩中屋敷	〃
浜離宮恩賜庭園	甲府藩下屋敷→将軍家別邸	中央区
国立科学博物館付属自然教育園	高松藩下屋敷	港区
旧芝離宮恩賜庭園	大久保忠朝上屋敷	〃
有栖川宮記念公園	盛岡藩下屋敷	〃
檜町公園	長州藩下屋敷	〃
毛利庭園	長府藩下屋敷	〃
八芳園	大久保彦左衛門屋敷→薩摩藩抱え屋敷	〃
綱町三井倶楽部	佐土原藩上屋敷	〃
新宿御苑	高遠藩下屋敷	新宿区
甘泉園公園	徳川御三卿清水家下屋敷	〃
戸山公園	尾張藩下屋敷	〃
小石川後楽園	水戸藩上屋敷	文京区
六義園	柳沢吉保下屋敷	〃
育徳園心字池	加賀藩上屋敷	〃
須藤公園	大聖寺藩下屋敷	〃
占春園・教育の森公園	陸奥守山藩上屋敷	〃
新江戸川公園	熊本藩下屋敷	〃
椿山荘	久留里藩下屋敷	〃
小石川植物園	将軍家別邸	〃
小石川後楽園	水戸藩上屋敷	〃
隅田公園	水戸藩下屋敷	台東区
旧安田庭園	笠間藩下屋敷	墨田区
清澄庭園	関宿藩下屋敷	江東区
池田山公園	岡山藩下屋敷	品川区
戸越公園	熊本藩下屋敷	〃
西郷山公園・菅刈公園	豊後岡藩抱え屋敷	目黒区
明治神宮	肥後藩別邸→彦根藩下屋敷	渋谷区
鍋島松濤公園	紀州藩下屋敷	〃

あれば、**アメリカ大使館**は牛久藩の上屋敷、**イタリア大使館**は伊予松山藩の中屋敷というように、外国の政府機関として使われている屋敷跡もある。また、**迎賓館**は紀伊徳川家の中屋敷、築地にある**中央卸売市場**には尾張藩の蔵屋敷、港区の**青山霊園**は郡上藩青山家の下屋敷があったところである。

このように、大名屋敷跡の広大な敷地はさまざまな施設に生まれ変わっている。東京の区分地図と、江戸の古地図を重ね合わせてみると感慨深いものがあり、東京の街歩きがより楽しく意義深いものになるだろう。大名屋敷の所在地を見ると、ほとんどが旧・東京市15区内にあったことがわかる。

●汐留シオサイトは何の跡地？

近年になって新橋駅の東側に忽然と生まれた汐留シオサイトは、かつては葦が生い茂る湿地帯だった。徳川家康が入城してから、湿地帯は埋め立てられ陸地化されたが、江戸城の外堀に海水の流入を防ぐ堰が設けられた。「汐留」という地名は、この堰で「汐を留める」という意味からきている。

汐留シオサイトは、もとをただせば大名屋敷の跡地だったのである。かといって、大名屋敷の跡地にいきなり巨大なビル群が出現したわけではない。

１８７２（明治5）年、日本で最初の鉄道が開通したとき、東京の玄関口として建設されたのが新橋駅だ。だが、新橋駅は現在の新橋駅ではなく、汐留に設置されていたのである。

それから42年後の１９１４（大正3）年、今の東京駅が建設され、東海道本線の起点は新橋駅から東京駅に移った。新橋駅は汐留貨物駅になり、物資輸送の一大拠点に生まれ変わった。しかし、やがて鉄道貨物の衰退とともに１９８６（昭和61）年、汐留貨物駅は廃止された。汐留貨物駅の跡地からは、旧新橋駅の遺構ばかりではなく、仙台藩伊達家上屋敷跡など江戸時代の屋敷跡も発掘されている。汐留シオサイトには武家社会の歴史が眠っているのだ。

高田馬場に馬場はなかった

●武家地にあった馬場

江戸の約70％が武家地で占められていたが、武家地にあるのは大名屋敷や旗本屋敷などの武家屋敷ばかりではなかった。武家地には馬場も各所に点在していたのである。馬場は馬術や弓術の練習場として設けられたもので、武士たちには欠かせないものだった。

武家社会には戦がつきものである。武士はいつ勃発するともしれない戦に備えておく必要がある。戦に勝つためには、機動性に優れた乗馬をいかに実践に生かせるかが大きなポイントになる。馬は大きな戦力になる。武士たるもの、乗馬の心得がなければ戦に貢献できない。武家の社会もサラリーマン社会と同じで、戦果を上げなければ出世もできない。戦で力を発揮するためには、日頃から馬術を鍛えておかなければならなかった。

そういう意味でも、武家地に馬場は必要不可欠なものだといってもよかった。江戸の古地図や切絵図から、20ヵ所ほどの馬場を確認することができる（図1-26）。実際には、もっと多くの馬場が江戸市中にはあったのだろう。現在は馬場跡にはビルなどが建ち並び、当時の面影は微塵も感じられない。だが、江戸時代は武家地の各所に馬場が設けられていたのである。

馬場はどこも短冊のように細長いものだった。馬術は馬を走らせて習得するわけだから、馬場が細長いのは当たり前のことだが、馬場は馬術の訓練場としてばかりではなく、武士の娯楽の一環として馬術競技なども行なわれた。また、馬術が行なわれないときは、子どもの遊び場になったりもした。興業場として使われることもあったという。武家屋敷が密集している地域では、馬場が火除け地にもなった。

図-26　江戸の馬場

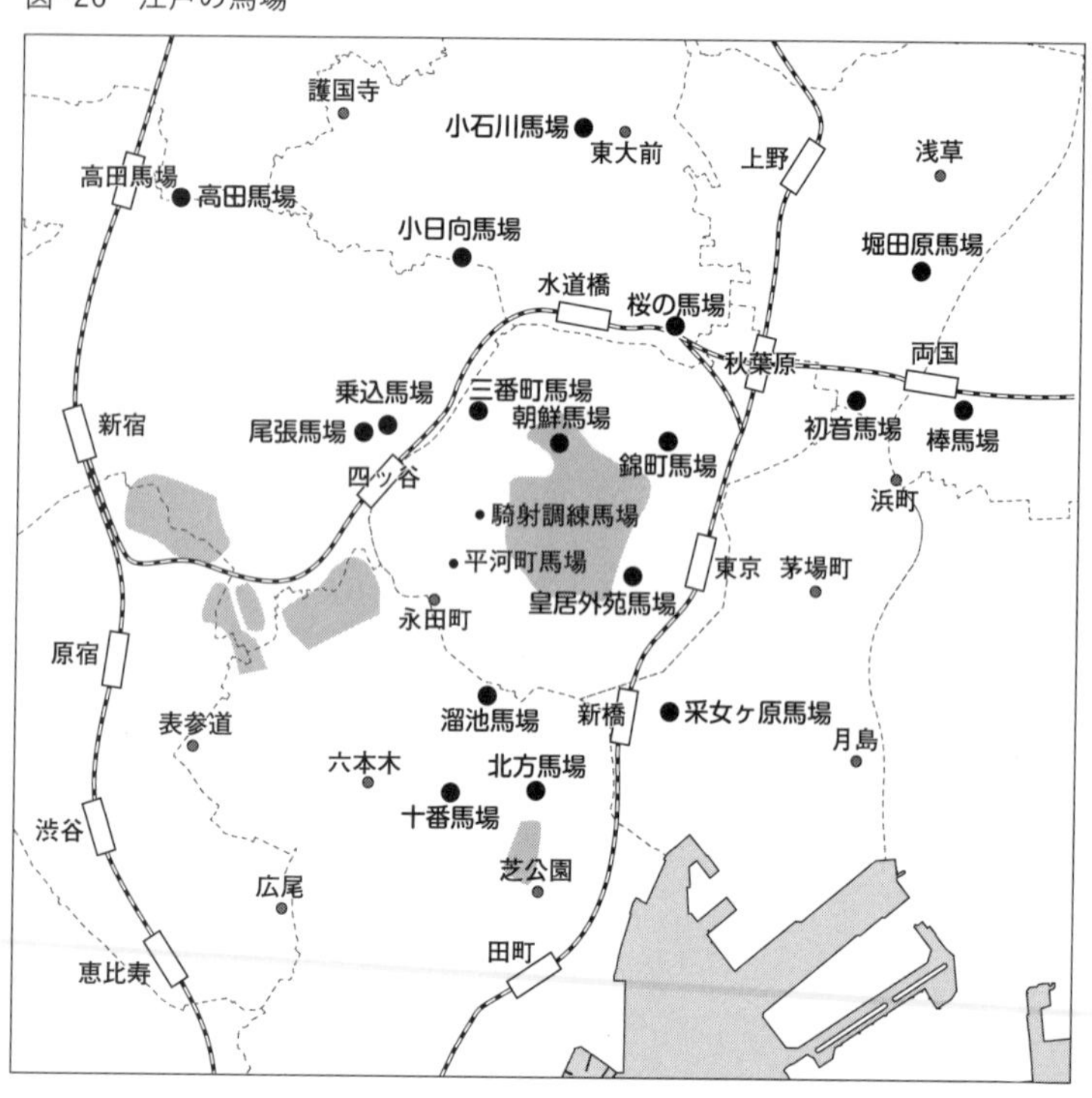

●地名の「高田馬場」は駅名に由来する

全国には宇都宮市馬場町、前橋市馬場町などというように、「馬場」が地名として残っている城下町が少なくない。そこに馬場があった何よりの証である。厩舎があったことから、馬場町という地名が生まれたというケースもまれにある。

東京にも「馬場」という地名がある。皇居外苑に「馬場先濠」という内堀があるが、それより有名なのが、鉄道の駅名にもなっている**高田馬場**だろう。

高田馬場も、武士が馬術の練習を行なう馬場があったことに由来する。JR山手線の高田馬場駅があることでよく知られているが、高田馬場には山手線のほか、西武新宿線と東京メトロ

表-10　江戸の主な馬場

馬場の名称	所在地
御用明地騎射馬場(三番町馬場)	千代田区九段北３町目
朝鮮馬場	千代田区北の丸公園
皇居外苑馬場	千代田区皇居外苑
騎射調練馬場	千代田区麹町１丁目
平河町馬場	千代田区平河町２・３丁目
錦町馬場	千代田区神田錦町２丁目
初音馬場(馬喰町馬場)	中央区日本橋馬喰町１丁目
采女ヶ原馬場	中央区銀座５丁目
溜池馬場	港区虎ノ門１丁目
北方馬場	港区西新橋３丁目
十番馬場	港区東麻布３丁目
高田馬場	新宿区西早稲田２丁目付近
尾張殿馬場	新宿区市谷本村町
乗込馬場	新宿区市谷加賀町
小日向馬場	新宿区西五軒町
桜の馬場(御茶ノ水馬場)	文京区湯島１丁目
小石川馬場	文京区白山１丁目
堀田原馬場	台東区蔵前３丁目
榛馬場	墨田区両国３丁目

(皇居外苑馬場、平河町馬場、錦町馬場は仮称)

東西線も乗り入れ、都営バスも発着する一大ターミナルを形成している。

高田馬場駅は山手線の駅としては、東京駅と3大副都心の新宿、池袋、渋谷の3駅を除けば、品川、新橋、秋葉原に次いで4番目に乗降客が多い駅である。駅の周辺には大学や専門学校、予備校などが集まり、学生街の様相を呈した非常に活気がある街である。ここに本当に馬場があったのだろうか。

高田馬場駅の周辺の行政地名は、駅の東側が「高田馬場1丁目・2丁目」、西側が「高田馬場3丁目・4丁目」になっている。地名は馬場があったことに因んでつけられたものだが、実は高田馬場に馬場は存在しなかった。馬場があったのは、駅から1kmほど東へ行ったところである。

現在の行政地名でいうと、西早稲田3丁目の1・2番から14番にまたがる一帯にあたり、馬場の大きさは長さ6町（654m）、幅30間（54m）。江戸にある馬場では最も規模が大きかったといわれている。

馬場の北側には松並木が続き、8軒の茶屋があった。馬術の様子を見学に来る人が多かったのだろう。西早稲田の交差点にある寿司屋の壁に、「旧跡高田馬場跡」のプレートが掲げられ、かつてこのあたりに馬場があったことを示している。

馬場は1636（寛永13）年、「高田」というところに武士たちの馬術の練習場として造営されたものだが、穴八幡宮に奉納するため、流鏑馬が催されたことも記録に残っている。

穴八幡宮の現在の行政地名は「西早稲田2丁目」だが、住居表示が実施される前までは「高田町」という地名だった。穴八幡宮に隣接して「馬場下町」という地名があるが、馬場に由来した地名であることはいうまでもない。

1910（明治43）年に高田馬場駅が設置された当時、「高田馬場」という地名は存在しなかった。駅の西側は戸塚町、東側は諏訪町という地名だった。住居表示が実施された際に、現在の「高田馬場1〜4丁目」に改称されたのである。つまり駅周辺の地名は、馬場ではなく駅名に由来しているのだ。

図-27　高田馬場駅周辺

第3章

地名と地形から東京を知る

東京23区の20%が海抜ゼロメートル地帯だった

●ゼロメートル地帯は高度成長期に拡大した

東京23区に広大な海抜ゼロメートル地帯が存在しているということは、都民の多くが知っているが、それがどれだけ深刻な問題であるのかを認識している人は少ない。

海抜ゼロメートル地帯とは、地表の標高が満潮時の平均海水面と同じか、それよりも低い土地をいう。そういう地域に住んでいる人は、たえず水害の脅威にさらされている。

特に近年は、異常気象による集中豪雨がしばしば発生しているので、東京湾沿岸に広がっている海抜ゼロメートル地帯は、水害の危険性が一段と高まっている。万が一、集中豪雨と高潮、地震による津波などが重なって発生したとしたら、沿岸部は壊滅的な打撃を受ける危険性がある。鉄道や道路は寸断され、東京の交通網は大混乱するだろう。そればかりではなく、日本の社会経済に及ぼす影響は計り知れなく大きい。

もし台風などで河川が氾濫し、堤防が決壊するようなことがあれば、ゼロメートル地帯は水没し、多くの犠牲者が出るだろう。

1959(昭和34)年に東海地方を襲った伊勢湾台風では、高潮と重なったため伊勢湾沿岸の広い範囲が水没し、5000人以上もの尊い命が失われた。もしこの台風が東京を襲っていたとしたら、人口が密集している地域だけに、東海地方よりはるかに多くの被害者を出していたことは間違いない。

被害を最小限に食い止めるためには、防波堤の建設や河川堤防の整備など、さまざまな対策を講じなければならない。防災活動を怠ってはならないし、日頃から住民の防災訓練を行なっておくべきだろう。もし堤防が決壊したら、住民たちはどこへ避難すればいいのか、それを徹底させるとともに、決壊した場合のことも考えて都民の避難場所を確保しておく必要もある。

海抜ゼロメートル地帯は、江戸時代にはほとんど存在しなかった。明治に入ってから生じ始めたもので、特に昭和30年代の高度成長期にゼロメートル地帯が急激に増加した。

ゼロメートル地帯は地盤沈下によって生じるが、地盤沈下は地下水の汲み上げが主な原因である。日本の産業発展にともない、工業用水などが過剰に汲み上げられてきた。その結果、工業地帯を形成していた臨海部が深刻な事態に陥ってしまったのである。

地盤沈下が大きな社会問題としてクローズアップされるようになってからは、揚水が規制されるようになり地盤沈下も沈静化してきたが、いったん沈下した地盤が元に戻るわけではないので、治水対策には万全を期さなければならない。

●墨田区は全域がゼロメートル地帯

では、東京に海抜ゼロメートル地帯はどれだけあるのだろうか。

関東地方全体では約１４５㎢のゼロメートル地帯があるが、そのうち85％にあたる１２４㎢が東京23区に存在する。千代田区10個分以上の広さである。隅田川から東側の地域は、ほとんどがゼロメートル地帯だといってもよい。

まず墨田区の全域がゼロメートル地帯になっているし、江東区も近年になって埋め立てられた首都高速湾岸線南側の若洲や新木場を除けば、すべての地域がゼロメートル地帯である（図－28）。葛飾区も新中川と荒川に挟まれた地域はゼロメートル地帯で、足立区も南半分の地域がゼロメートル地帯だ。

特に江東区と江戸川区の荒川下流域には、干潮時でもなお水面より低い地域が広がっている。荒川の堤防付近を歩いてみると、荒川の水面より土地のほうが明らかに低いことがわかる。荒川を越えるとき、橋に向かって急な登り坂になっているのでそれが実感できる。

江東区と墨田区を走っている地下鉄だけでも、東京メトロの東西線・半蔵門線・有楽町線、都営地下鉄の大江戸線・新宿線・浅草線の6路線ある。これらの路線が水没してしまうのである。もし堤防が決壊したら…。想像しただけでもゾッとする。

洪水や高潮の被害から、マチを守るため頑強な堤防が整備されているが、それだけでは不十分だ。そこで、「人口が密集し、万が一堤防が決壊すると甚大な被害に見舞われる可能性が高い地域」を対象にして、スーパー堤防（高規格堤防）の建設が進められている。

スーパー堤防とは、緩やかな勾配を持たせた幅の広い堤防をいう。想定外の集中豪雨に見舞われ、河川の水位が上がって水が溢れることがあっても、堤防の決壊を防ぐことができるのだ。

越水した水は緩やかに堤防を下っていくので、逃げ遅れる危険性が低下する。被害も最小限に抑えることができるだろう。しかも、幅の広い堤防上には住宅を建てるなど、ほかの土地と同じように利用することが可能なのだ。スーパー堤防は大河川である利根川のほか、荒川と多摩川、関西では淀川と大和川での整備が進められている。

だが、ゼロメートル地帯は堤防が盤石であればそれで安心なのかというと、必ずしもそうとはいえない。というのは、ゼロメートル地帯は干拓や埋立てによって開発された土地が多いので、地盤が軟弱なのである。

そのため洪水は回避できたとしても、地震が発生した場合は、地盤の液状化が懸念されるのだ。その対策も講じておかなければならないだろう。

地盤沈下によって生じた海抜ゼロメートル地帯だが、地下水の過剰な汲み上げだけが原因ではない。新潟平野では水溶性天然ガスの過剰な汲み上げが原因で、広大なゼロメートル地帯が生じている。面積

図-28　東京のゼロメートル地帯

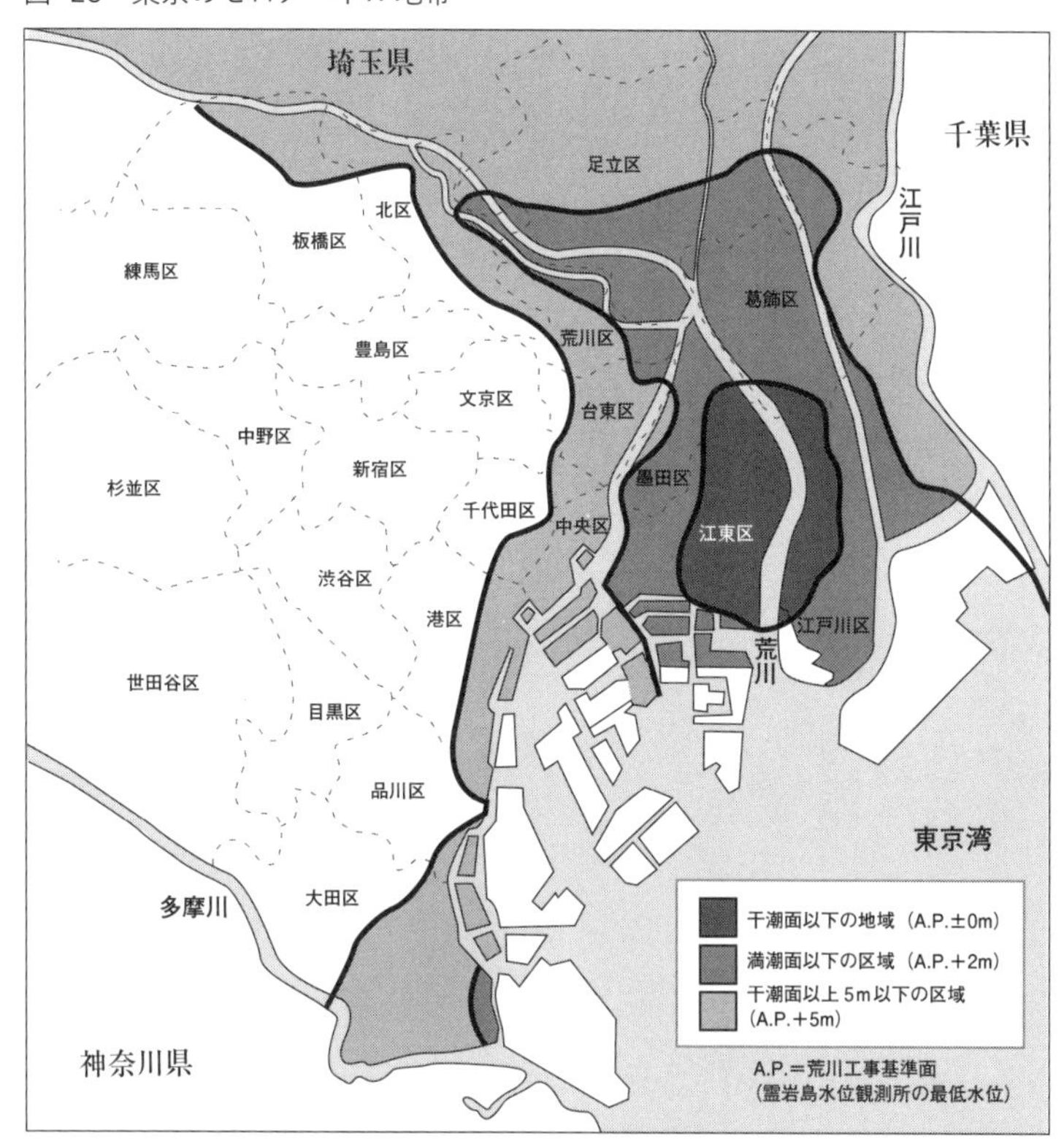

東京都建設局ホームページより作成

は183㎢もあり、関東平野のゼロメートル地帯よりも広いのである。

ゼロメートルで最も深刻なのが、愛知、岐阜、三重の東海3県にまたがる濃尾平野だ。愛知県は工業が日本で最も盛んな地域だけに、工業用水などの汲み上げが盛んに行なわれてきた。その結果、昭和30年代から地盤沈下が急速に進み、ゼロメートル地帯は濃尾平野と岡崎平野、豊橋平野を加えると実に370㎢。東京にあるゼロメートル地帯の、実に3倍もの広さになるのだ。

東京の「山の手」と「下町」の境目はどこだろう？

●地形とイメージで異なる「山の手」と「下町」

東京では、どのあたりに住んでいるのかを表現するとき、「下町」とか「山の手」という言葉を使うことがある。

これは江戸時代から、江戸だけで使われていた言葉で、ほかの都市では居住地を「下町」とか「山の手」と言う習慣はなかった。下町、山の手という言葉は、本来は江戸で生まれた江戸独自の文化だったのである。

文字から解釈すれば、山の手は「山の手前」、すなわち山に近い小高い土地を指し、下町は低地に発達した町という意味である。下町という用語は、「江戸城下の町」が語源になっているという説もある。

そういうこともあって、山の手と下町はどこが境界なのかということがしばしば話題に上ることがある。

下町と山の手を分けるとき、生活習慣などの違いから見たイメージ的なものと、地形による場合の二通りあるが、その境界は実に曖昧である。下町と山の手の正確な境界は、存在しないというのが正直なところだ。つまり、個人の主観によって、下町と山の手の範囲が移動する極めて流動的な言葉だといえよう。

一般的なイメージとしては､下町は「庶民的な町」、山の手は「閑静な住宅地」といったところだろうか。

地形で見た場合は東京23区の東半分、すなわち標高が低い地域が下町になる。

23区でいえば北区、荒川区、台東区、中央区あたりから東の地域が下町、西半分の武蔵野台地の東縁あたりが山の手だといえそうだ。（図－28）の「干潮面以上５ｍ以下の区域」と、そうでない地域の境界が、おおむね下町と山の手の境目になるだろう（図

図-29　山の手と下町の境目

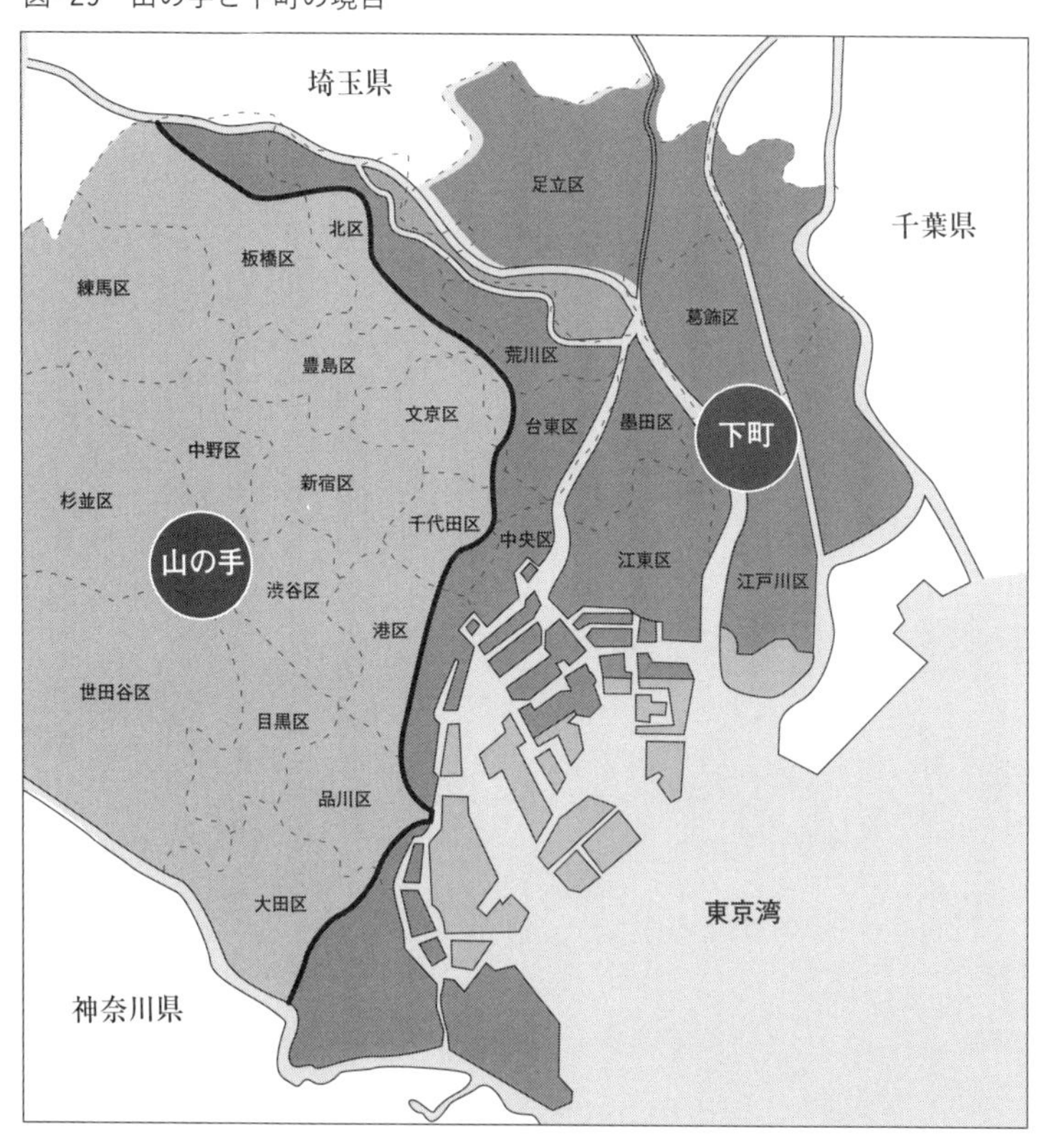

－29）。

東京の都心をＪＲ山手線が環状運転しているが、正式には品川駅から渋谷、新宿、池袋を経由して田端駅までの区間が正式な山手線である。田端駅から東京駅までは東北本線、東京駅から品川駅までは東海道本線が正式な路線名だ。山手線は環状線の通称名になっている。

正式な山手線は、地形的に見ればまさしく山の手を走っている。田端駅から東京駅を経由して品川駅までの区間は低地を走る。地形から見れば下町に属する。したがって、この区間は下町を走る山手線ということになる。

山の手は住宅地としてイメージがよいからなのか、「船橋市山手」「神戸市垂水区山手」「北九州市小倉南区山手」などというように、全国の都市で好んで地名に使われている。だが、本来は江戸の下町に対する高台の俗称として使われていた用語である。

●**拡大する「下町」、移動する「山の手」**

江戸時代の「下町」は、ごく限られた範囲の呼称だった。

下町は「江戸城下の町」が語源だともいわれるように、江戸の経済を支えていた商人や職人たちが暮らしていたエリア、すなわち神田から日本橋、京橋にかけての狭い地域が下町だった。これらの地域は低地に発達した町だったことから、「下町」と呼ばれるようになったといわれている。

一方、武士たちが住んでいた武家地は低地にもあったが、主に台地の上に広がっていたので、町人たちが住む下町に対して「山の手」と呼ばれた。「武蔵野台地(山)の手前の地域」という意味なのだろう。

しかし、下町と山の手の範囲は時代とともに変化していった。江戸の市街地が拡大していくのにともない、商人や職人など町人の居住地も次第に広がっていき、幕末頃になると浅草や下谷あたりも「下町」と呼ばれるようになった。

明治も終わり、大正時代に入ると市街地はさらに拡大していき、隅田川を越えて深川や本所あたりまで「下町」と呼ばれるようになった。「下町」といわれて真っ先に思い浮かぶのが深川や浅草だが、江戸時代はまだ下町ではなかったのである。

市街地が広がっていったことにより、かつてはのどかな農村地帯だった江戸川区や葛飾区、足立区あたりも、現在では「下町」と呼ばれるようになった。たとえば、寅さんで有名な柴又は、江戸川を挟んで千葉県に隣接する農村だったのに、現在では下町の代名詞のように扱われている。

このように、時代が進むにつれて下町は次第に拡大していき、千葉県や埼玉県との県境にまで達している。

下町と山の手の区別も、最近では住民意識の変化で地形的なものより、生活習慣など文化的な要因からくる街のイメージが先行されるようになった。

下町は江戸情緒が残る庶民の町、山の手は富裕層が住む住宅地といったイメージが定着しつつあり、その範囲も今と昔とではずいぶん変わってきている。

そのため、下町の元祖ともいえる日本橋や京橋あたりは、現在は高層ビルが林立して下町のイメージとは程遠くなっているし、かつては「山の手」と呼ばれていた文京区の本郷や本駒込あたりは、江戸情緒を色濃く残しているエリアで、「下町」と呼ばれることもある。

そうかと思うと、かつてはのどかな農村地帯で、山の手とは縁遠かった世田谷区や杉並区のあたりは、現在では東京でも代表的な山の手になっている。このように下町も山の手も時代とともに拡大し、あるいは移動しながら現在にいたっているのである。

いずれにしても、下町と山の手の境界は不明瞭であり、人によってその認識が異なっているのが実情である。下町と山の手を分ける意味は特にないが、江戸文化を今に伝える東京ならではの用語だといえるかもしれない。

東京は世界一坂が多い街

●東京ほど地形が複雑な都市はない

東京は巨大な都市である。都心部には高層ビルが林立し、その周囲を取り囲むように、民家が密集している。上空から東京を眺めると、広大な平地に市街地が果てしなく続いているように見えるが、東京は思いのほか起伏が多い。東京ほど地形が複雑な都市は、世界でも珍しいのである。

東京の地形は、大きく分ければ台地と低地からなる（図－30）。23区の東半分が**下町低地**で、西側が**武蔵野台地**だ。

武蔵野台地は北側の荒川と南側の多摩川に挟まれた東西約50km、南北約20kmほどの洪積台地をいうが、さいたま市と横浜市を結ぶＪＲ京浜東北線が、おおむね低地と台地の境界になっている。この京浜東北線が走っているルートは、図－28の「干潮面以上5m以下の区域」の西縁とほぼ一致している。

東京の地形が台地と低地で形成されているだけなら、東京が特に地形の複雑な都市だとはいえないが、武蔵野台地は平坦な台地ではない。石神井川や神田川、目黒川など、東京湾に注いでいる幾筋もの河川の浸食によって形成された谷底平野が、武蔵野台地のなかに、あたかも樹木の枝のように複雑に入り組んでいるのだ。

東京がいかに複雑な地形であるかは、東京の地下鉄に乗ってみるとよくわかる。地下鉄は市街地の地下を走り抜けているのがふつうだが、建設コストを下げるため、郊外では地上を走っている区間もある。だが、東京の地下鉄は都心でも地上を走っている区間があるのだ。これはほかの都市では見られない光景である。

その典型的な例を、副都心の渋谷で見ることができる。初めて渋谷に来た人が驚くのが、東京メトロ

図-30　武蔵野台地と下町低地

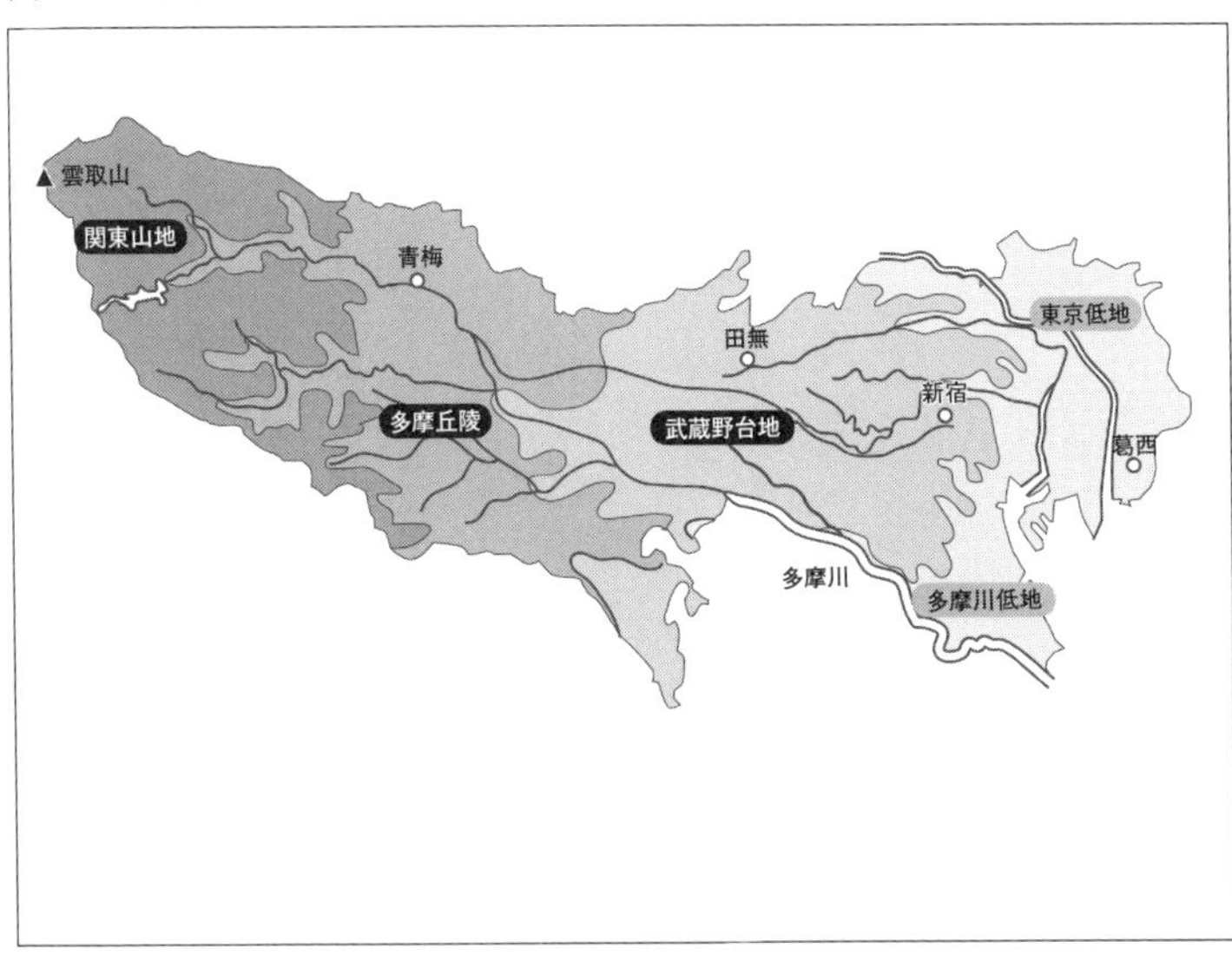

銀座線の渋谷駅が、高架になっているＪＲ山手線渋谷駅のさらに上の階に設置されていることだろう。これは地下鉄路線に急勾配をつくらないための措置で、渋谷が谷底平野に発達した都市だからである。

東京メトロ丸ノ内線も、東京が起伏の激しい地形であることを物語っている。丸ノ内線の後楽園駅は地上にある。しかも高架になっている。ここから茗荷谷駅に向かって２００ｍほど地上を走っているが、そこから地下に潜って５００ｍほど走ったらまた地上に姿を現す。茗荷谷駅は地上と地下のちょうど境目にあり、ここから終点の池袋駅までは正真正銘の地下鉄になる。後楽園駅から東京駅方面に向かって、４００ｍほどの区間も地上を走っている。そこからまた地下区間になるが、御茶ノ水駅の南側を流れている神田川を越えるのに、地下ではなく地上を橋梁で渡り、またそこから地下へ潜っていく。

ＪＲ山手線は全線が地上を走っているが、新宿駅の標高は約37ｍ、品川駅は２ｍしかない。両駅の間には34mの標高差があるのだ。このように、東京の街は決して平坦ではなく、起伏が非常に激しいのである。

●東京には3000以上の坂がある

東京の街を歩いていると、いたるところで坂道に出くわす。東京ほど坂道の多い街はない。世界一坂が多い街だといってもいいだろう。東京にこれほど坂が多いのも、河川の浸食によって形成された谷底平野が、武蔵野台地に複雑に刻まれているからである。この台地と谷の高低差に坂が生まれる。台地内に刻まれた小さな谷を横断しようとすれば、必然的に坂を登り、そして下っていく。なだらかな坂もあれば急な坂もある。勾配が急すぎるため、階段状になっている坂も少なくない。

下町低地に面する武蔵野台地の東端には、上野台や本郷台、豊島台、淀橋台、目黒台、荏原台、久が原台などの台地があるが、これらを総称して**「山の手台地」**と呼んでいる。坂は山の手台地の周辺に特に多い。文京区、新宿区、千代田区、港区などが坂の多い地域である。JR山手線以西も武蔵野台地だが、谷底平野があまり発達していないので、坂は比較的少ない。当然のことだが、下町低地にほとんど坂はない。

海が眺められることからその名がついた潮見坂、富士山が見える富士見坂、文学にゆかりがある坂としては無縁坂や団子坂、菊坂などもある。神楽坂や道玄坂、紀尾井坂、行人坂、九段坂、三宅坂、乃木坂、幽霊坂、不動坂、稲荷坂など、その数は無限だ。

このように、とにかく東京には坂道が多い。23区内だけでも3000以上の坂があるといわれている。ふつうの都市では、坂道があっても名前のついていないことが多いが、東京では一つひとつの坂に名前がついている。これはすごいことである。名前のついている坂だけでも800は下らない。しかも、それらの坂道には坂名を記した標識が立てられ、

図-31　都内の高低差（山手線主要駅）

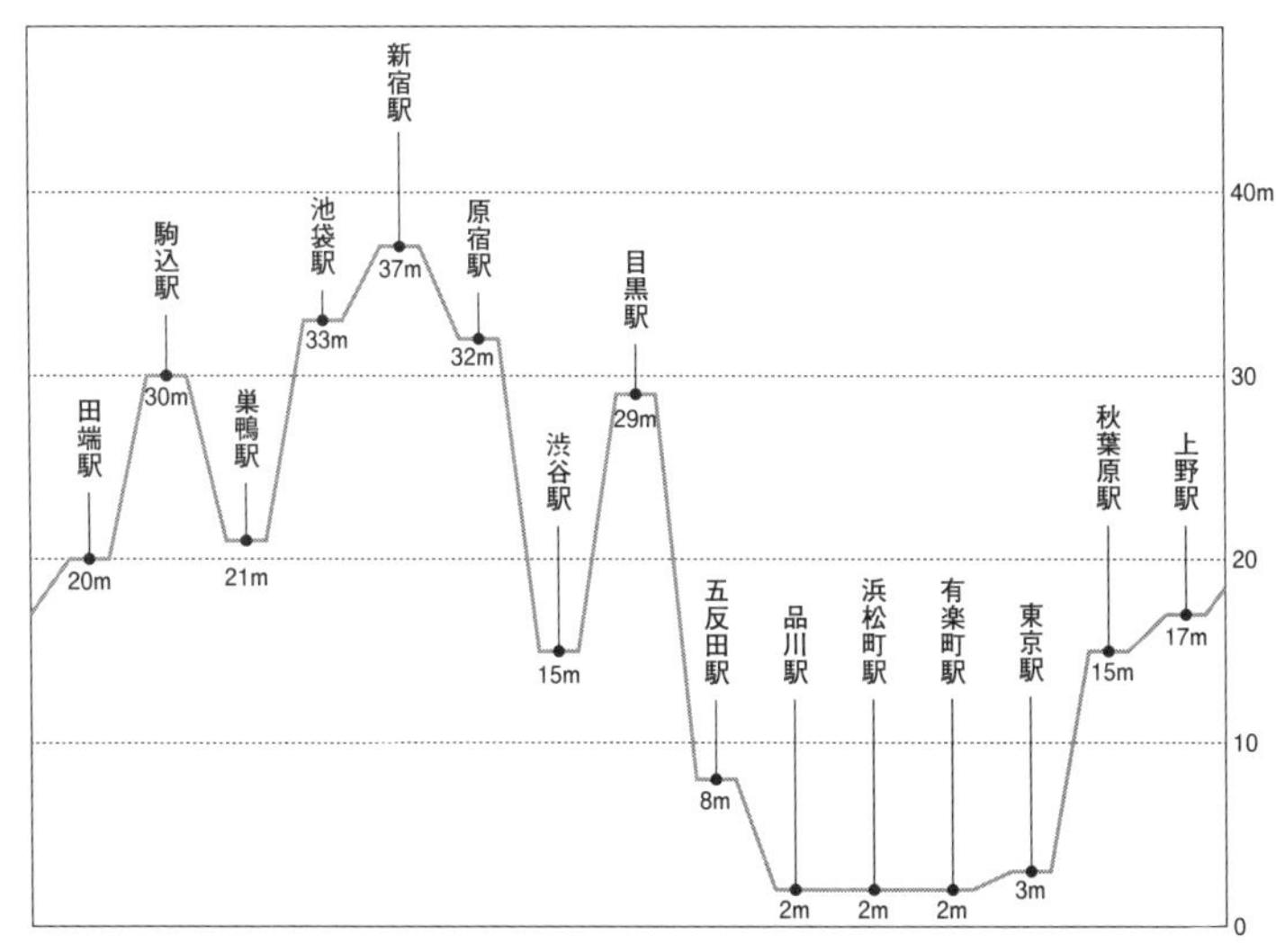

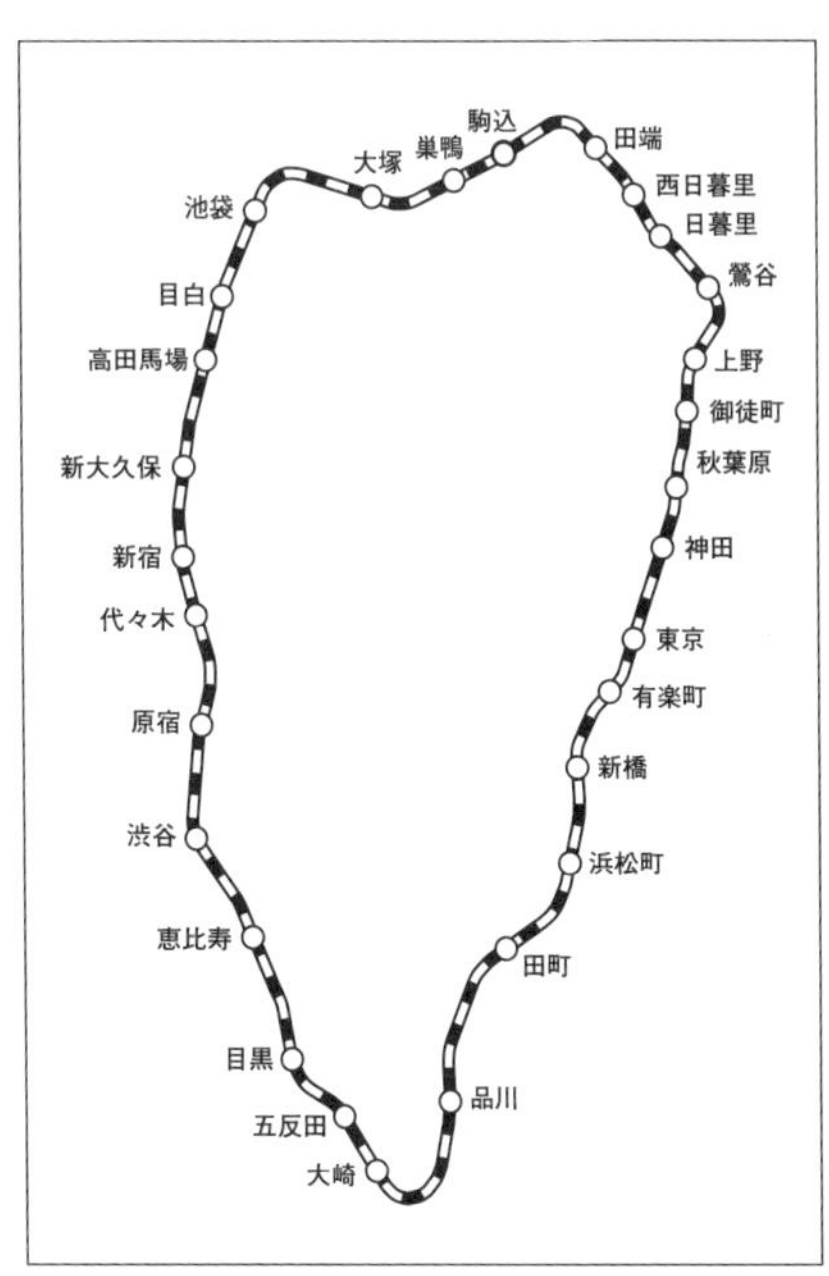

坂名の由来を解説した説明板が設置されているところもある。

東京の坂道には文化がある。坂からドラマが生まれ、文学作品もつくり出される。東京では江戸の歴史や文化に思いを巡らせながら、坂歩きを楽しむ人が多いのである。東京にある坂の一つひとつに生活の営みがあり、歴史が刻まれている。

東京の坂から歴史がわかる

●東京では「階段」を「坂」という

高度成長期以降、東京では林立する高層ビルの陰に隠れて坂道があまり目立たなくなってしまったような気がするが、坂を抜きにして東京の街を語ることはできない。それほど東京では、坂に親しみを持っている人が少なくないのである。美しい女性たちが、東京にある坂を疾走する「全力坂」という番組もあるほどだ。東京23区内だけでも3000以上もの坂があるといわれているのだから、すべての坂を走破するなどということは夢物語に近いが、東京の人は坂に対して強い愛着とこだわりを持っている。

高低差がある道には必ず坂が生まれる。「坂」とは、傾斜している道をいう。なだらかな坂もあれば、急な坂もある。短い坂、長い坂、曲がりくねった坂、細々とした坂、道幅の広い坂など、さまざまな坂があるが、階段をふつう「坂」とはいわないだろう。ところが、東京では階段でも坂になってしまうのだ。

階段の坂は、特に神社でよく見られる。港区愛宕2丁目に愛宕山という小高い山があるが、その山頂に**愛宕神社**がある。山の麓から、神社の本殿まで続く正面の長い石段を「**男坂**」という。男坂に対して、「**女坂**」という石段もある。どう見ても石でできた階段で、坂道ではない。それを男坂、女坂というのである。千代田区永田町2丁目にある**日枝**（ひえ）**神社**には、正面の鳥居から続く石段を「山王男坂」といい、その左側には「山王女坂」という坂道がある。

目黒区にある**目黒不動**（瀧泉寺）にも男坂と女坂という石段があるし、文京区の湯島天神にも男坂と女坂という石段がある。新宿区の**須賀神社**や**穴八幡宮**、**市谷八幡神社**にも男坂と女坂がある。全般的に急な石段のほうが男坂、いくぶん緩やかな石段には女坂という名前がつけられている。女坂のほうは、階段ではなく坂道になっていることもある。東京で石段を「坂」と呼ぶのは、神社に限ったことではない。

神田駿河台の明治大学の西側にある**錦華坂**はふつうの坂道だが、その近くに男坂と女坂という階段がある。女坂の途中には踊り場があり、男坂よりやや緩い階段になっていることから、男坂に対して女坂という名前がついたらしい。文京区の春日2丁目と、小日向4丁目の間にある**庚申坂**（こうしん）も階段だ。庚申坂は階段の途中から、東京メトロ丸ノ内線の地上区間が眺められる絶好の撮影ポイントになっている。

文京区目白台の**小布施坂**、湯島の**実盛坂**、港区赤坂の**丹後坂**、麻布台の**雁木坂**や**三年坂**なども階段なのである。新宿区の戸山公園の南にある**梯子坂**は、まさしく梯子を登るがごとく急な階段である。

隅田川の東に位置する江東区は、区内のほとんどが埋立地で形成されている。したがって、江東区は坂とは無縁だと誰しも思うだろう。ところが、その江東区にも坂がある。しかも、最近になって生まれた新しい坂である。猿江恩賜公園にあるコンサートホールの江東公会堂（ティアラこうとう）の構内に、**ドレミ坂**と**ピッコロ坂**という長さ20mほどの小さな坂があるのだ。ここも階段である。

1994（平成6）年に、江東公会堂が竣工したときに生まれた小さな階段だ。その階段に坂の名前がつけられるのだから、東京の人はいかに坂が好きであるかを思い知ることができる。坂は東京の文化そのものだといってもよいのかもしれない。

●坂の名前の由来から歴史がわかる

東京にある坂の多くは、江戸時代に生まれたものだといわれている。江戸幕府は物資を輸送する交通路として、運河の掘削を積極的に進めたが、それと同時に台地を切り開いて道路の整備にも力を注いだ。高低差があれば、そこには必然的に坂が生まれる。

東京の坂は、坂の近くにあった大名屋敷などが坂の名前の由来になっていることが多い。外堀通りにある**紀伊国坂**は、近くに紀州藩の上屋敷があったことに因んだものだし、国会議事堂の近くにある**三宅坂**は、三河田原藩の三宅家の上屋敷があったことに由来する。靖国神社の南にある**九段坂**は、坂に沿って建てられた御用屋敷が9段になっていて、「九段長屋」と呼ばれていたことが坂の名前の由来だといわれている。

港区三田の**日向坂**は徳山藩毛利日向守の屋敷が、南麻布の南部坂は南部藩の、仙台坂は仙台藩の屋敷があったことに因んで名づけられている。新宿区の防衛省近くにある**津の守坂**は、美濃高須藩松平摂津守の屋敷が、神田駿河台にある**淡路坂**は鈴木淡路守の屋敷が、六本木にある**鳥居坂**は鳥居彦右衛門の屋敷が、本郷にある**壱岐坂**は小笠原壱岐守の屋敷があったことに因んで生まれたものだ。このように、大名や旗本たちの屋敷があったことに由来する坂が東京には多いのである。

東京の坂は、江戸時代になってから生まれたものばかりではなく、江戸以前の人名に由来した坂もある。港区三田にある**綱坂**は、平安末期の武将渡辺綱の居住地に由来し、近くには渡辺綱が幼少の頃、姥に手を引かれて行き来したと伝わる「**綱の手引き坂**」もある。湯島にある**実盛坂**は平安中期の武将斎藤別当実盛の居住地に、泉岳寺近くにある**伊皿子坂**(いさらござか)は明国の僧伊皿子(いんべいす)の居住地に、三田にある**聖坂**は中世の僧高野聖の居住地に由来する。渋谷の**道玄坂**は、鎌倉初期の武将和田義盛一族の残党で、山賊になった大和田太郎道玄が居住していたとの言い伝えから生まれたものである。

坂の近くにある寺院名に由来した坂もある。港区三田にある**安全坂**は安全寺があったことに由来し、高輪にある**魚籃坂**は魚籃寺に、上野公園の西側にある**無縁坂**は無縁寺に、上野公園の北側にある**善光寺坂**は善光寺に因んでつけられた坂名である。

坂の近くに団子屋があったことから生まれた文京

区千駄木にある**団子坂**、炭団（たどん）などを商いとする者が多く住んでいた本郷の**炭団坂**、傘職人が多く住んでいた湯島の**傘谷坂**など、江戸市民の生活ぶりがしのばれるような坂の名前もある。このように、坂名の一つひとつに由来があり、その由来から東京の歴史を垣間見ることもできる。東京には坂の名前に思いをはせながら、街歩き・坂歩きを楽しんでいる人が多いのである。

●坂の名前から伝説が生まれる

地名から伝説が生まれることもあれば、伝説から地名が生まれることもある。これは坂にもいえることだ。坂の名前の文字や発声音から、あるものが連想され、そこから伝説が生まれることがある。逆に、伝説から坂の名前が生まれることもある。そういう坂が東京にはいくつもある。その一つに**柿の木坂**がある。

柿の木坂は目黒区の中央を東西に貫いている目黒通りにある坂で、東急東横線の都立大学駅の北側には「柿の木坂（1～3丁目）」という地名もある。坂の名前は、おそらく坂の途中に大きな柿の木があったからなのだろう。それが通り行く人の目印になっていたことから、「柿の木坂」と呼ばれるようになったものと思われる。だが、「カキノキザカ」は少し訛ると「カキヌキザカ」とも聞こえる。それに「柿抜坂」という文字を入れることで、もっともらしい小話が創作される。

柿の木坂がある目黒通りは、現在では「インテリアストリート」とも呼ばれるおしゃれな通りになっているが、当時はあたり一帯ののどかな田園地帯だった。農民たちは収穫した農産物を荷車に積み込んで、毎日この坂道を行き来していた。農産物をいっぱい積んだ荷車で、坂道を引いて登るには大変な労力がいる。農民が汗を拭きながら、坂道を登っていく様子を見ていた近所のいたずら坊主たちは、「おじさん、後ろから押してあげるよ」と手伝う振りをして荷車から柿を抜き取っては食べた。うまくいったことに味を占めたいたずら坊主らは、荷車が通るたびに同じ手を使って、荷車から柿を抜き取っては食べていたことから、いつからともなくこの坂道は「柿抜坂」と呼ばれるようになった。それが転化して柿の木坂になったというわけだ。

西新宿の超高層ビル街の北側を東西に走っている青梅街道に、**成子坂**という緩やかな長い坂がある。坂の名前は、坂の北側にある成子天神社という古社に由来しているが、成子は「鳴子」と発音が同じであることから、鳴子に因んだもっともらしい小話が生まれた。鳴子とは「鳥威し」の一種で、田畑の農作物を食い荒らす鳥獣を追い払うのに用いる道具である。何本もの細い竹筒を吊り下げた小さな板を、長い綱にいくつも取りつけ、その網を引くと竹筒が板に当たってけたたましい音を発する。その音に驚いて鳥獣が逃げ出すという仕掛けである。

昔、坂道の途中に一軒の酒屋があった。酒屋の主人は店の戸に鳴子を取りつけた。お客が戸を開けるたびに鳴子がカタカタと音を発するので、客の来訪を知ることができるからだ。酒屋の戸が評判になり、地元の人たちはこの店を「鳴子酒屋」と呼んだ。そして酒屋の前の坂道を「鳴子坂」と呼ぶようになり、それが成子坂に転化したというものだ。

千駄木にある**団子坂**は、坂の途中に団子屋があったことに由来するが、この坂は雨が降ると泥んこになったことから、ここで転ぶと団子のようになってしまうという、こじつけとしか思えないような説まで飛び出している。

怖い伝説が伝わる坂もある。大田区池上の本門寺の近くに、**妙見坂**という通称「首吊り坂」と呼ばれている石段の坂がある。昔、この階段の上の住宅で首つり自殺があったという。その後、この階段で火の玉がたびたび目撃されたことから「首吊り坂」と呼ぶようになったというのだ。

この坂からほど近い南馬込には、**「おいはぎ坂」**

という物騒な名前の坂がある。道の両側が樹木に覆われ、細く曲がりくねった見通しの悪い坂道だったため、たびたびおいはぎが出没し、襲われる人が後を絶たなかったからだという。

幽霊坂という気味の悪い名前の坂もあちこちにある。昼でも薄暗く、幽霊が出そうな気味の悪い坂道であったことが名前の由来になっている。文京区根津の住宅街のなかには、そのものずばり**「お化け階段」**という怖い名前の階段坂がある。このように、東京の坂にはさまざまな言い伝えがある。

●東京の坂の半分以上は山手線の内側にある

東京には23区内だけでも3000以上の坂があるといわれているが、23区全域にまんべんなく分布

表-11　東京には魅力的な坂が多い

区名	坂の一例	坂の数
千代田	三宅坂、紀尾井坂、淡路坂	66
中央	…	0
港	狸穴坂、聖坂、幽霊坂	134
新宿	神楽坂、団子坂、鉄砲坂	116
文京	壱岐坂、胸突坂、妻恋坂	130
台東	寛永寺坂、善光寺坂、天狗坂	28
墨田	地蔵坂、ソラミ坂、ハナミ坂	3
江東	ドレミ坂、ピッコロ坂	2
品川	御殿山坂、仙台坂、八幡坂	30
目黒	柿の木坂、行人坂、半兵衛坂	49
大田	洗足坂、夫婦坂、蛇坂	55
世田谷	無名坂、行火坂、馬坂	58
渋谷	道玄坂、宮益坂、勢揃坂	41
中野	水車坂、中野坂、レンガ坂	14
杉並	笠森坂、三年坂、尻割坂	49
豊島	染井坂、妙義坂、宿坂	22
北	江戸坂、庚申坂、蝉坂	64
荒川	ひぐらし坂、富士見坂、間の坂	13
板橋	清水坂、魚籃坂、暗闇坂	67
練馬	らんとう坂、どんぶり坂、工兵坂	7
足立	さくら坂、ふじみ坂	2
葛飾	…	0
江戸川	…	0

＊2区にまたがっている坂は、両区の数にカウントしたため実数より多くなっている。

していることは、東京の地形を理解していれば誰にでもわかることである。日本坂道学会の調べでは、名前のついている坂が23区内に921あるという。東京の地形を見てもわかるように、坂は山の手に多く、下町ではほとんど見られない。下町はほぼ全域が平坦地なのだから、坂があるというほうがおかしいのかもしれない。

坂の数は完全に西高東低で、特にJR山手線の内側に集中している。坂の数が100を超える新宿、文京、港の3区は、ほとんどの地域が山手線の内側に位置していることからもわかるように、23区内の半分以上の坂が環状運転をしている山手線の内側にある。

大宮駅と横浜駅を結ぶJR京浜東北線が、おおむね山の手と下町の境界になっているが、名前のついている921の坂のうち、京浜東北線より東側にあるのはわずか9坂のみ。都心を占める中央区と江戸川区、および葛飾区の3区には一つも坂がない。

下町にある9つの坂も、ほとんどが最近になって生まれたものだ。

江東区のドレミ坂とピッコロ坂は、先に紹介したように、平成になってからつくられた小さな階段だし、足立区にある**さくら坂**と**ふじみ坂**も、UR都市再生機構が開発した「ハートアイランド新田」という団地のなかにある坂で、これもごく最近生まれたものである。

墨田区には3つの坂がある。区の全域がゼロメートル地帯の墨田区に坂があるというのがそもそもおかしな話だが、**ソラミ坂**と**ハナミ坂**は、東京スカイツリーの東側と西側に設けられた4階まで上っていく階段だ。高低差があれば何にでも坂の名前をつけてしまうとは、いかにも東京らしい。墨田区にあるあと一つの**地蔵坂**は、子育地蔵堂の前にある坂だ。その名前から見ても、古くからこの地に伝わる坂のような感じがする。だが、この坂もさほど古くはない。1911（明治44）年、隅田川の堤防修築工事

図-32　東京都内の坂の多いエリア

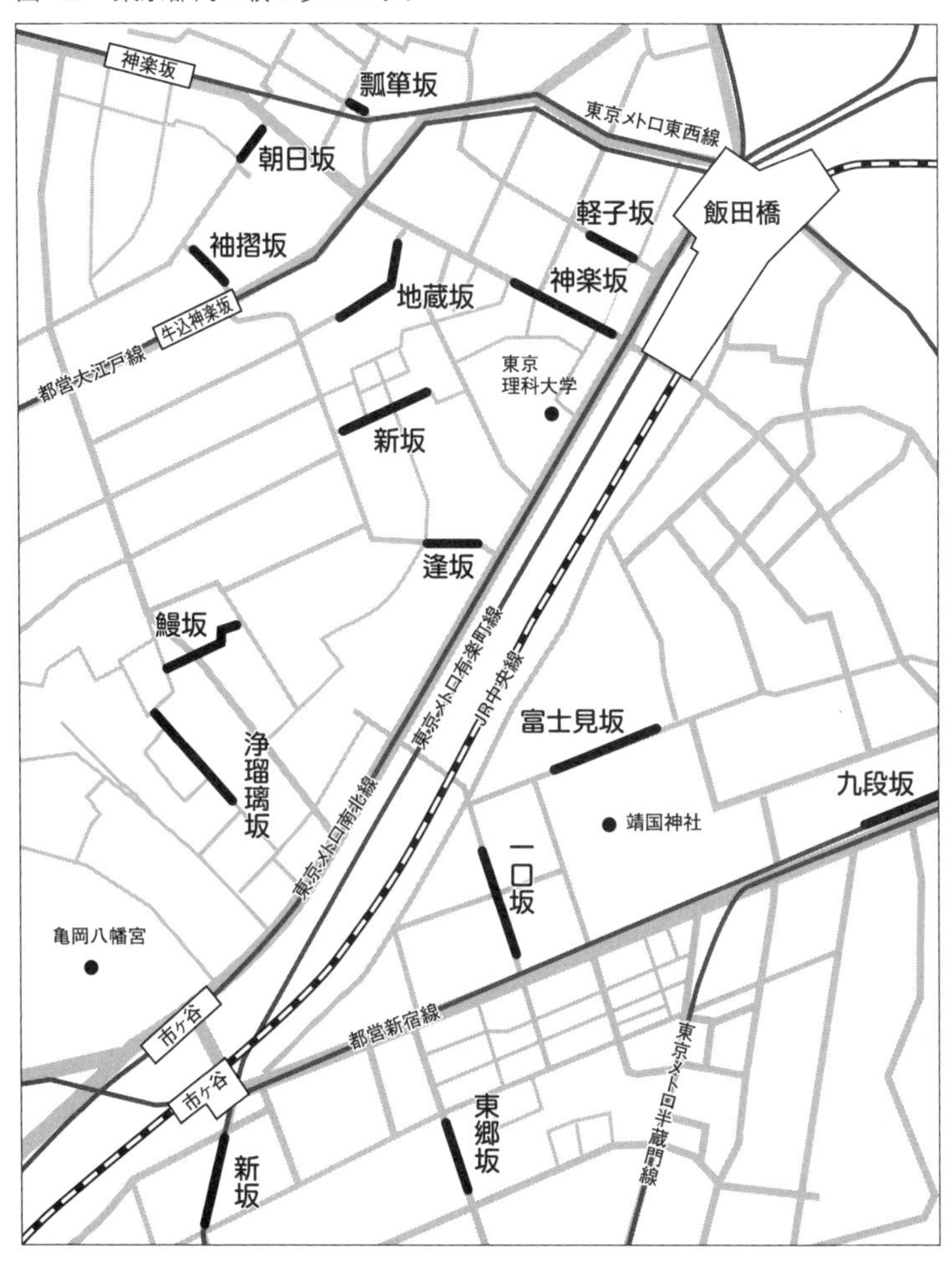

で土盛りをした際にできた坂道で、子育地蔵堂に因んで名づけられたものだった。

東京には魅力的な坂が多い。坂道が観光スポットになることもあるのだ。だからというわけでもないのだろうが、東京では今も各地で坂が生まれている。

東京23区にも山がある

神田山はどこにあったか

東京23区は台地や谷底平野ばかりではない。山もそびえている。しかし、武蔵野台地がそもそも標高20〜25mほどしかないなだらかな台地なので、山といっても小高い丘のようなものである。江戸に住む人々は、それらの小高い丘でも「山」と呼んでいた。

動物園や博物館などの文化施設がある**上野公園**も、「上野の山」といわれ、古くから花見の名所として親しまれていた。上野の山は武蔵野台地東縁の上野台にあるため、西側から見ると平坦地にしか見えないが、浅草方面からだと小高い丘であることが確認できる。台東区という区名も、上野台の東に位置していることに由来している。

北区王子にある**飛鳥山公園**も、江戸時代から桜の名所として知られていた山の一つで、小高い丘になっている。荒川区の西日暮里には道灌山があり、品川には御殿山があった。高層ビルが林立する現在の東京の姿からは、想像もできないような風景が広がっていたのである。

どこに山があったのか、その痕跡すらとどめていない山もある。その一つが**神田山**だ。

徳川家康は城下町を建設するにあたって、最初に手掛けたのが運河の開削と、沿岸部の埋立てである。埋立てには大量の土砂を必要とする。その土砂の供給地として、江戸城の北側にあった神田山（本郷台）に目がつけられた。

最初に埋立てが行なわれた日比谷入江から2kmほどの至近距離にあったし、しかも海に向かってなだらかな斜面になっていたので、土砂の運搬が比較的容易だったというのが大きな理由だったようだ。神田山を切り崩して造成された埋立地には、大名屋敷などが建ち並び、町人たちの居住地にもなった。

神田山があったのは、現在の千代田区神田駿河台のあたりで、大学や病院などが建ち並んでいる。その光景からは、そこが神田山であったとは想像もできないようななだらかな地形である。

なお、駿河台という地名は家康の死後、駿府（静岡）の旗本や家臣たちを呼び寄せ、そこに住まわせたことに由来する。家康に仕えた旗本の大久保彦左衛門の屋敷もこの地にあった。

●東京23区の最高峰は？

東京の地形は複雑で起伏が激しいが、台地と低地の標高差はさほど大きくはない。高いところでもせいぜい20～25mそこそこである。

では、東京23区で最も高い山はどこにあるだろうか。それは山の手台地の一つ、淀橋台の東縁にある。

NHK放送博物館の北側にある**愛宕山**（港区愛宕1町目）が、東京23区で最も高い山である。標高25・7mの山頂には愛宕神社が鎮座し、境内には三等三角点もある。

愛宕神社正面の鳥居をくぐると、山頂まで急な石段が続いている。3代将軍家光が愛宕神社の下を通りかかったとき、境内に咲いている梅の花を見て、「この石段を馬で駆け上って梅の花を持ってこい」と家臣に命じた。だが、危険きわまりない将軍の命令に躊躇し、誰も登って行こうとする者がいなかった。そこへ1人の武士が名乗りを上げた。曲垣平九郎という讃岐国丸亀藩の家臣だった。

平九郎は果敢に馬にまたがり、石段を駆け上って花が咲く梅の枝を持ってきて将軍に献上した。将軍は勇気ある彼の行動に感心し、「日本一の馬術の名人」と褒め称えた。この逸話から、愛宕神社へ登っていく階段を「出世の石段」と呼ぶようになったという。

今でこそ愛宕山の周囲には高層ビルが林立し、あまり展望がきかなくなっているが、かつては東京湾を眼下に、遠く房総半島まで望める景観の素晴らしいところとして知られていた。

1925（大正14）年、愛宕山の山頂に開設された東京放送局（JOAK）から、日本で初めてのラジオ放送が発信された。この愛宕山が東京23区で最も高い山である。ただし、これはあくまでも天然の山としての最高所で、人工の山ではこれより高い山がある。

23区で最も高い山は、新宿区の**戸山公園にある箱根山**で標高は44・6m。戸山公園が尾張徳川家の下屋敷だった時代に、東海道53次をモデルに整備された回遊式庭園に池を掘った際、その残土で築いたものだという。

●東京にある富士山が国の重要有形民俗文化財

全国には蝦夷富士（羊蹄山）、津軽富士（岩木山）、出羽富士（鳥海山）、信濃富士（黒姫山）、伯耆富士（大山）、薩摩富士（開聞岳）などというように、山名に「富士」をつけて呼ぶ山が300座以上ある。いずれも秀麗な山で、日本のシンボルの富士山にあやかって名づけられている。

東京にも「富士」がある。しかし、東京にある富士山は、全国各地にある「〇〇富士」のように大きな山ではなく、自然に形成された山でもない。富士信仰により、富士山を模して築かれた人工の山なのである。

江戸初期、庶民の間では**「富士講」**が盛んになった。富士講とは、富士山を崇拝する人々によって組織された講社をいう。金剛杖に白衣姿で「般若心経」を唱えながら富士山に登り祈願するのだが、富士山は誰でも気軽に登れる山ではない。山の高さもさることながら、登頂するにはそれ相当の日数と費用を必要とする。庶民にとっては一生の夢だったのである。

そこで、富士山への登拝が難しい庶民の夢を叶えようと、富士講の人々の手によって人工の富士山が神社や寺院の境内などに築かれた。ほとんどが数メ

図-33　東京23区にある主な富士塚

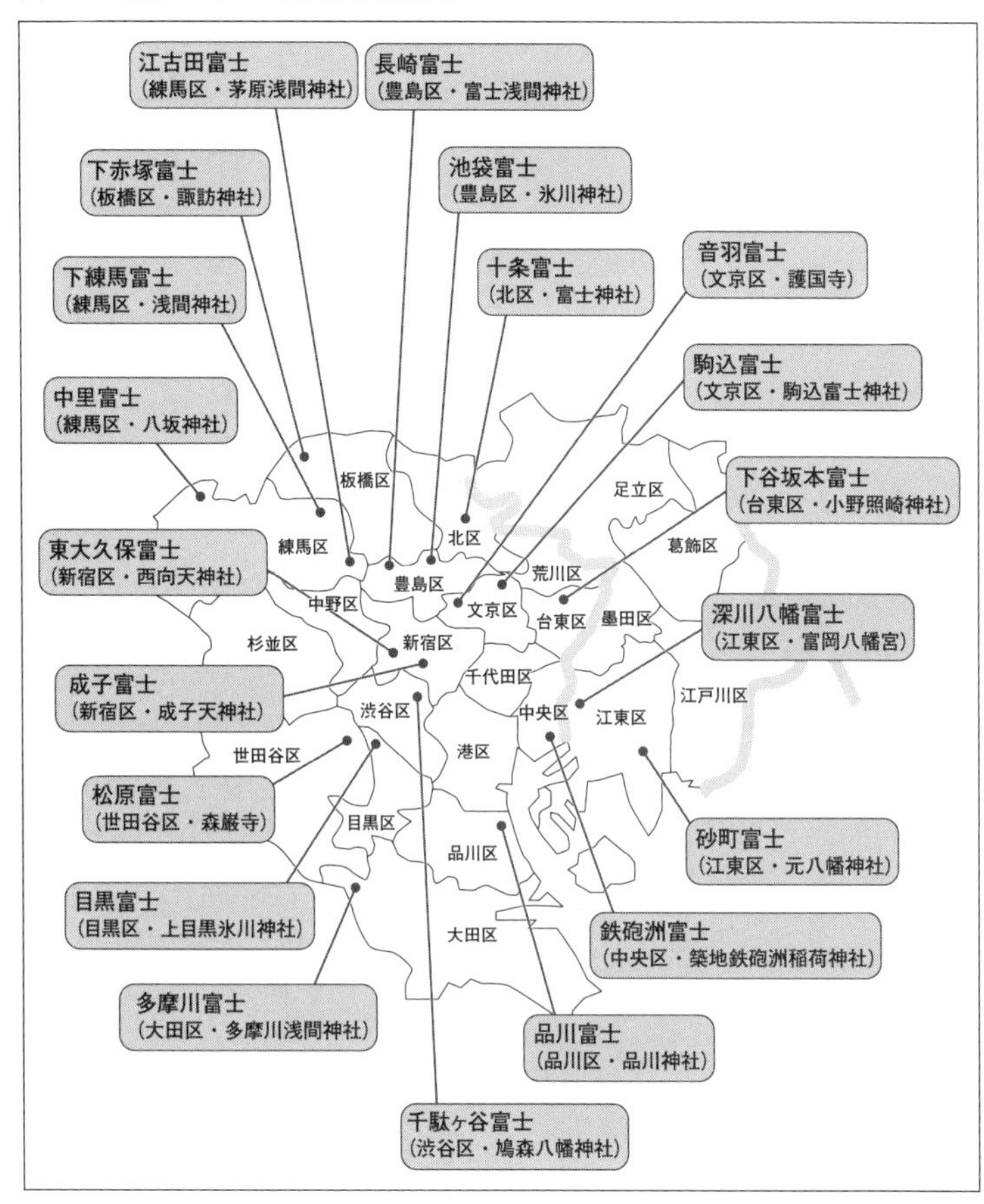

ートルほどしかないような小山である。これが**「富士塚」**と呼ばれるもので、この小山に登れば富士山に登頂したと同じご利益があるようにと、富士山が望めるところに富士塚が築かれることが多かった。かつては、東京23区内だけでも100ヵ所以上の富士塚があったといわれている（図－33）。

開発で取り壊されてしまった富士塚も多く、周りの高層ビルに遮られて富士山を望める富土塚はほとんどなくなってしまった。現在も残っている富士塚のうち、豊島区の富士浅間神社境内にある「豊島長崎の富士塚」、台東区の小野照崎神社境内の「下谷坂本の富士塚」、練馬区の茅原浅間神社境内の「江古田の富士塚」、埼玉県川口市の東内野にある「木曽呂の富士塚」の4基は、国の重要有形民俗文化財に指定されている。江戸文化をとどめた貴重な遺構である。

●「日本百名山」が東京にある

東京23区には特に高い山はない。だが、多摩地区には高い山がずいぶんある。西へ行けば行くほど地形は険しくなり、山も高くなっていく。秩父多摩甲斐国立公園に指定されている奥多摩には、1000mを超える山々が連なっている。ここが東京なのかと疑いたくなるような風景が広がっており、登山やハイキングに訪れる人も多い。

奥多摩には「日本百名山」に選定されている山もある。「日本百名山」とは、登山家の深田久弥氏が、自ら登頂した日本各地にある山から選んだ100の名山である。

「日本百名山」には、富士山や白山、立山、乗鞍岳、穂高岳、御岳など、全国でも著名な名山が名を連ねているが、東京都にも日本百名山に選ばれている山がある。東京、埼玉、山梨の都県境にそびえている標高2017mの**雲取山**である。西日本(近畿以西)には2000mを超える山が一峰もないが、東京都にはそれがあるのだ。

「品格、歴史、個性」を備え、なおかつ標高1500m以上の山が、日本百名山の選定基準になっているらしい(例外もある)。雲取山はこれらの要件をすべて満たしていることになる。

東京都で標高が2000mを超えるのは唯一雲取山だけで、東京都の最西端でもある。いくつもの登山ルートがあり、山頂からは富士山を望むことができる。

日本一の山が東京にある

●登山者数が日本一、いや世界一多い山がある

「なぜ山に登るのか」という質問に、ある著名な登山家が「そこに山があるからだ」と答えたという逸話は有名だが、東京には登山者数が日本一、いや世界一の山がある。そこに登りたいと思っている人が、世界一多い山があるということだろう。

登山者数が世界一の山とは、八王子市の南西部にそびえる**高尾山**のことだ。標高は599m。東京近郊の低山登山が楽しめる山として人気がある。周辺は「明治の森高尾国定公園」に指定され、東海自然歩道の起点にもなっている。年間の登山者数は、およそ260万人にも上る。これは岩手県の総人口の2倍に匹敵する。

高尾山は744（天平16）年、聖武天皇の勅願により行基が開山したもので、古くから修験道の霊場として信仰されてきた。中腹には成田山新勝寺、川崎大師平間寺とともに「関東三山」の一つに数えられている薬王院有喜寺があり、多くの参拝者が訪れる。高尾山はどこにでもあるような、ただの山ではないのである。

高尾山への登山者数がこれだけ多いのには、さまざまな要因がある。高尾山は東京都心から直線で40kmという至近距離にあり、新宿から京王線に乗れば1時間足らずで高尾山の麓に到着できる。このアクセスのよさが、登山者数が多い最大の要因だが、それだけの理由でこれほど多くの人が訪れるとも思えない。

高尾山は600m足らずの、さほど高い山ではないが、山の麓の標高は190mほどなので、高低差は400m以上もある。登山道が整備されているとはいっても、そこを歩いて登るのは容易ではない。ケーブルカーやリフトが、標高470mの地点まで通じているので、山頂まで歩かなければならない区間はごくわずかだ。そのため、本格的な装備をする必要はない。登山者数がこれだけ多いのも、子どもから高齢者まで手軽に登れる山だからだといえよう。

しかし、アクセスのよさと、誰にでも手軽に登れる山という理由だけで、これほど多くの人がこの山に登るだろうか。山そのものに人々を引きつける魅力がなければならないだろう。高尾山は高い山ではないが、山頂からの眺望が素晴らしいことで知られている。眼下に関東平野を望み、遠くには筑波山から房総半島、西側に目を移せば富士山まで見渡せる。高尾山は「関東の富士見百景」にも選定されている。また、冬には富士山の山頂から太陽が沈んでいく「ダイヤモンド富士」が見られることもある。

高尾山の山頂は古くから「十三州見晴台」といい、13国が一望のもとに見渡せるといわれている。十三州とは関八州（武蔵、相模、安房、上総、下総、常陸、下野、上野）と越後、信濃、甲斐、駿河、伊豆の13国のことで、山頂からの眺望は「日本百景」にも選定されている。

高尾山の魅力はこればかりではない。大都会の近郊にある山でありながら自然が豊かな山で、学術的にも貴重な動植物の宝庫として注目されている。1300種以上の植物が自生しており、「花の百名山」にも選定されている。それに100種以上の野鳥と、500種以上の昆虫も生息している。春の桜、初夏の新緑、秋の紅葉というように、四季折々に楽しめる東京近郊の行楽地として高い人気を誇っており、ミシュランガイドでは三ツ星の観光地に選ばれている。高尾山がこれだけ登山者数が多いのも納得できるだろう。

高尾山には、日本一がもう一つある。山の麓にある清滝駅から高尾山駅まで、高尾登山鉄道のケーブルカーが通じているが、実はこのケーブルカーが日本一である。何が日本一なのかというと、傾斜のきつさが日本一なのである。最大勾配区間が何と608パーミル（1㎞進んで高度を608m上げる）もある。これは鉄道事業法に基づいて旅客営業している鉄道としては、日本一の急勾配区間である。

●山名がついていない日本一高い山とは？

日本列島には、大小無数の山がそびえている。どんなに小さな山にも、たいていは山名がついているものだ。仙台市宮城野区には、標高がわずか3mの山にまで名前がつけられている。わずか3mの山とは、仙台港の近くにある**「日和山」**（ひよりやま）のことである。正式な山としては日本一低い山で、国土地理院の地形図にも記載されている。100mにも満たない山はそれこそ数えきれないほどあり、その一つひとつに名前がつけられている。

ところが、東京都には1000m近くもあるのに名前のない山がある。常識では考えられないことだが、名前のついていないという山は、東京からははるか南の島にある。東京の都心から1200㎞ほど南の太平洋上に、小笠原諸島という大小30余りの島々が浮かんでいるが、小笠原諸島の最南端に、硫黄列島という**北硫黄島、硫黄島、南硫黄島**の3島からなる火山列島がある。主島の硫黄島は、太平洋戦争でアメリカ軍と壮絶な地上戦が繰り広げられた島として知られている。

硫黄列島は1891（明治24）年、日本の正式な領土となり、1899（明治32）年から北硫黄島への入植が始まった。1904（明治37）年からは硫黄島にも入植が開始され、1940（昭和15）年には硫黄村という自治体が発足している。だが、太平洋戦争の勃発で島民全員が本土へ引き上げ、無人島と化してしまった。

北硫黄島にも硫黄島にも人が住んでいたが、南硫黄島はもともと無人島で、これまで人が居住したことはない（図－34）。なぜ南硫黄島への入植が行なわれなかったのかといえば、周りが海食崖で形成されている島のため、上陸することが困難だったからである。今も無人島のままなので、手つかずの自然が残っている。1975（昭和50）年には、南硫黄島の全域が日本で初めての「原生自然環境保全地域」に指定された。自然保護の観点から、南硫黄島への一般人の立ち入りが禁止されている。

面積3・5㎢ほどの小さな島だが、この島に日本一高い名前のついていない山がある。遠くから見ると、海上に円錐形の山がぽっかりと浮かんでいるような感じである。最高地点は標高が916mもあるのに、名前がつけられていないのだ。この南硫黄島も東京都の管轄である。

図-34　硫黄列島

7 東京23区にある二つの渓谷

●等々力渓谷の水源はどこ？

東京在住の人なら、東京に渓谷があることは誰でも知っていることだが、関東以外に住んでいる人に、東京（23区）に渓谷があると言っても、なかなか信用してもらえない。大都会の東京に、渓谷などあるはずがないだろうというわけだ。公園内に人工的につくった渓谷もどきの水の流れを、渓谷と言っているだけではないのかといぶかしがる人もいる。だが、東京には**「等々力渓谷」**という規模こそ大きくはないが、れっきとした天然の渓谷がある。等々力渓谷は、世田谷区内を流れている多摩川水系の谷沢川に発達した渓谷である。

山と山に挟まれた細長い窪地を「谷」といい、そこに水が流れていれば渓谷ということになるのだろうが、ふつう渓谷というと、山間地へ行かなければ見ることができないものだと思っている人が少なくない。ところが、渓谷が大都会のなかにあるのだ。

しかも、等々力渓谷の周辺は人家が密集している住宅地。道路には自動車が溢れ、鉄道や高速道路も走っている都会の風景から、とても渓谷があるとは思えない。だが、一歩渓谷へ下りてみると鬱蒼と樹木が茂り、谷川の水が音を立てて流れている。静けさ漂う自然の別天地なのである。

東急大井町線の等々力駅から、歩いて数分で渓谷へ下りることができるので、都民が手軽に散策できる都会のオアシスとして親しまれている。

ところで、等々力渓谷の水源はどこにあるのか。渓谷は川の上流か中流あたりに発達しているのがふつうで、その川の水源は山のなかにあるものだ。湖が水源になっている河川もあるが、等々力渓谷を流れる谷沢川の水源は都会の中にある。上流は地表の下にあるため、水源は人の目に触れないところにある。

地名でいうと世田谷区の桜丘5丁目あたり、小田急小田原線の千歳船橋駅の近くにあるとみられる。すなわち、等々力渓谷を流れる谷沢川の水源は、東京の地下からこんこんと湧き出ている地下水なのである。湧水の流れは首都高速3号渋谷線の下あたりから地表に出る。そこから急流となって南下していき、多摩川に注いでいる。全長3・7㎞の小さな川で、その途中にあるのが等々力渓谷である。

なぜ大都会に渓谷があるのかというと、このあたりは武蔵野台地が多摩川に落ち込む南側の急斜面に位置している。そして、このあたりは特に湧水が豊富な地域である。その豊富な湧水が、台地を侵食して形成されたのが等々力渓谷なのである。

等々力渓谷には不動の滝という自然の滝もある。これでも滝といえるのかといえるほどの、糸のように細い水が崖から流れ落ちているに過ぎないが、急勾配な地形と湧水に恵まれていたことが、この地に渓谷が形成された理由である。

等々力渓谷の近くにある満願寺別院の等々力不動尊は、古くから霊場として知られ、今も不動の滝の水に打たれる修行者の姿を見かけることがある。

●東京の都心にも渓谷がある

もう一つ、渓谷を思わせる景観が東京のど真ん中に横たわっている。多くの人が見慣れている風景かもしれないが、JR中央線の御茶ノ水駅付近の神田川の流れが、まさに渓谷といってもよいほどの景観で、聖橋から御茶ノ水橋あたりが絶景ポイントになっている。神田川の川縁には鬱蒼と樹木が茂り、深く刻まれた谷底に川の水がゆったりと漂っている。

神田川は、三鷹市にある井の頭公園の井の頭池を水源とする全長24・6㎞の荒川水系の一級河川で、中野区の南部で善福寺川を合わせ、新宿区の北部で妙正寺川と合流する。飯田橋あたりから、千代田区と文京区の境界を東進して両国橋のすぐ北側で隅田川に注いでいる。神田川は本流の隅田川（23・5㎞）より長いのである。

現在は文京区側の湯島と、千代田区側の神田駿河台は、神田川の深い堀で分断されているが、家康が江戸に入城する前まで、この付近は神田山という小高い台地が広がっていた（第1章4項および第3章5項参照）。湯島と神田駿河台は地続きになっていたのである。それが、二代将軍徳川秀忠の壮大な計画で大きく様変わりした。

秀忠は江戸城の防衛と洪水対策を目的に、神田川を江戸城の天然の外堀とするため、台地を切り崩して深く掘り下げた。それが現在の神田川で、御茶ノ水付近の神田川は渓谷のごとき景観を呈することになった。この工事を仙台藩伊達家が請け負ったことから、仙台堀とも呼ばれている。それにしても大都会のど真ん中に、これほど雄大な風景が展開されているというのは驚きである。これを見ても、東京がいかに高低差のある都市であるかがわかるだろう。

ところで「お茶ノ水」は、JR中央線および総武本線の御茶ノ水駅周辺の、神田川を挟んだ両岸一帯の通称名で、行政上の正式な地名ではない。江戸初期、神田川べりにあった高林寺の境内から、清水がこんこんと湧き出していた。その名水を、将軍秀忠のお茶用の水として献上したことから「お茶の水」と呼ばれるようになり、やがてこの周辺の地名になったのだといわれている。

御茶ノ水付近の神田川は、「茗渓（めいけい）」とも呼ばれた。「茗」とはお茶を意味し、「渓」は谷川のことである。お茶ノ水として献上した清水が、この谷に流れ注いでいたことから生まれた雅称である。

清水は神田川の拡張工事で失われ、高林寺も移転してしまったが、地名だけはそのまま残った。江戸時代には大名屋敷などが建ち並んでいた御茶ノ水も、現在は東京でも屈指の学生街になり、活気のある街を形成している。

東京23区にある水準原点と経緯度原点

●「日本水準原点」の標高が24・39mになったわけ

日本の政治経済文化の中心が東京であるように、土地の高さや経緯度を測量する基準になる原点も東京に設置されている。東京のどこに設置されているのか、一般の人にはあまり知られていない。興味を持っている人は少ないかもしれないが、土地の正確な高さを知るということは社会生活を営んでいく上で非常に大切なことである。そのことに気づいていない人が多いようだ。

土地の高さ、すなわち標高を測量するときの基準になるのが「水準点」である。河川の改修や、道路、鉄道、港湾の建設、下水道の整備などでは、工事現場の正確な高さを測量する必要があるが、その際に行なわれる測量の基準として水準点が用いられる。日本の水準測量の基準点になっているのが**「日本水準原点」**なのだ。

日本の土地の高さ（標高）は、東京湾の平均海面を基準にして決められている。東京湾の平均海面を標高0mとして、そこを基準にして高さを測定するのである。だが、海面は風の影響や潮の干満などで絶えず変動している。そのため、地上のどこかに変動しない高さの基準点を設置しておく必要がある。

そこで1891（明治24）年、国会議事堂の前庭北地区の**憲政記念館構内**（千代田区永田町1－1）に「日本水準原点」が設置された。ここは隅田川河口の霊岸島水位観測所（現・中央区新川1・2丁目）で測定した平均海面（標高ゼロメートル）から24・5000mの高さになる。

なぜ、わざわざ霊岸島観測所から遠く離れた地点に日本水準原点が設置されたのか。霊岸島観測所の近くのほうが何かと便利なように感じるが、日本水準原点をこの地点に設置したのには理由がある。霊岸島付近の地盤が軟弱であることだ。地盤沈下を起こしやすく、それによって高さが変動する可能性がある。そのため、地盤が安定している山の手台地が設置場所に選ばれた。しかも、水準原点の礎石は長い年月を経過しても高さが変わらないように、地下10m余りの強固な地層から築いてある。こうすれば地盤沈下の恐れもないだろうと考えられたのである。

ところが、1923（大正12）年に発生した関東大震災では大きな地殻変動があり、再計測した結果、86㎜沈下していることが判明した。そのため、1928（昭和3）年に24・410mに改正された。しかし、2011（平成23）年の東日本大震災でも地殻変動が観測された。24㎜沈下して、現在は日本水準原点の標高が24・3900mに改められている。

日本水準原点が永田町に設置されたもう一つの理由は、ここは陸軍参謀本部が置かれていた場所だったからである。当時、日本の地形図は陸軍参謀本部の陸地測量部（国土交通省国土地理院の前身）が作成していた。ローマ神殿風石造りの建物（日本水準原点標庫）のなかに、目盛りを刻んだ「日本水準原点」が納められている。

日本水準原点の基準となる東京湾の平均海面の測定は、霊岸島水位観測所で行なわれてきたが、月島や晴海、お台場など、東京湾岸の埋立てにより、霊岸島は東京湾というより隅田川の下流域という位置づけになってしまった。東京湾の平均海面を測定する場所として適さなくなったのだ。そのため、現在は三浦半島の先端にある油壺験潮場で水準測量が行なわれている。

日本水準原点の次に重要な役割を担っているのが「基準水準点」で、地盤が固く道路から少し離れた場所に100～150㎞間隔で設置され、さらに一等水準点や二等水準点などが、主要な道路沿いに約2㎞間隔で設置されている。この水準点が、その地域で行なわれる高さ測量の基準になっている。

水準点は山の標高を測定するためばかりのものではない。土地の高さの変化を正確に掌握することによって、地盤沈下があるかどうかを察知し、建物などの構築物への被害を未然に防ぐことができるし、洪水被害の対策にも生かすことができるのである。

●「日本経緯度原点」が麻布にあるわけ

標高が水準点を基準にしているのに対し、位置の基準になっているのが経度と緯度である。日本水準原点が設置されている国会議事堂前庭から南へおよそ2km、アフガニスタン大使館正面の右手にある小さな緑地に、**「日本経緯度原点」**の金属標が設置されている。所在地の住所は「港区麻布台2丁目18番」。東京タワーと目と鼻の先にある。なぜこんなところに？　と不思議に思うかもしれないが、ここは1874（明治7）年、海軍水路寮（水路部）が観象台を設置し、天文や気象などの観測をしていた場所だったのである。そういう理由から、ここが日本経緯度原点になっているのだ。

1888（明治21）年、観象台は東京天文台（現在の国立天文台）に移管され、1892年（明治25）年、参謀本部陸地測量部が東京天文台の子午環（天体の赤経・赤緯を観測する精密な機械）の中心を「日本経緯度原点」に定めた。日本経緯度原点とは、地球上における日本の位置を測定する基準点のことで、この原点を基にして日本全土の経緯度が測定される。子午環は1923（大正12）年の関東大震災で破壊されたため、その跡に日本経緯度原点を示す金属標が設置されたといわれ、金属標に十字に刻まれている交点が、日本経緯度原点の正確な位置である。だが、2011（平成23）年に発生した東日本大震災による地殻変動で、日本経緯度原点が東へ27・7cm移動した。そのため、日本経緯度原点は次の数値になった。

日本経緯度原点の経度
東経139度44分28秒8869

図-35　日本水準原点と日本経緯度原点

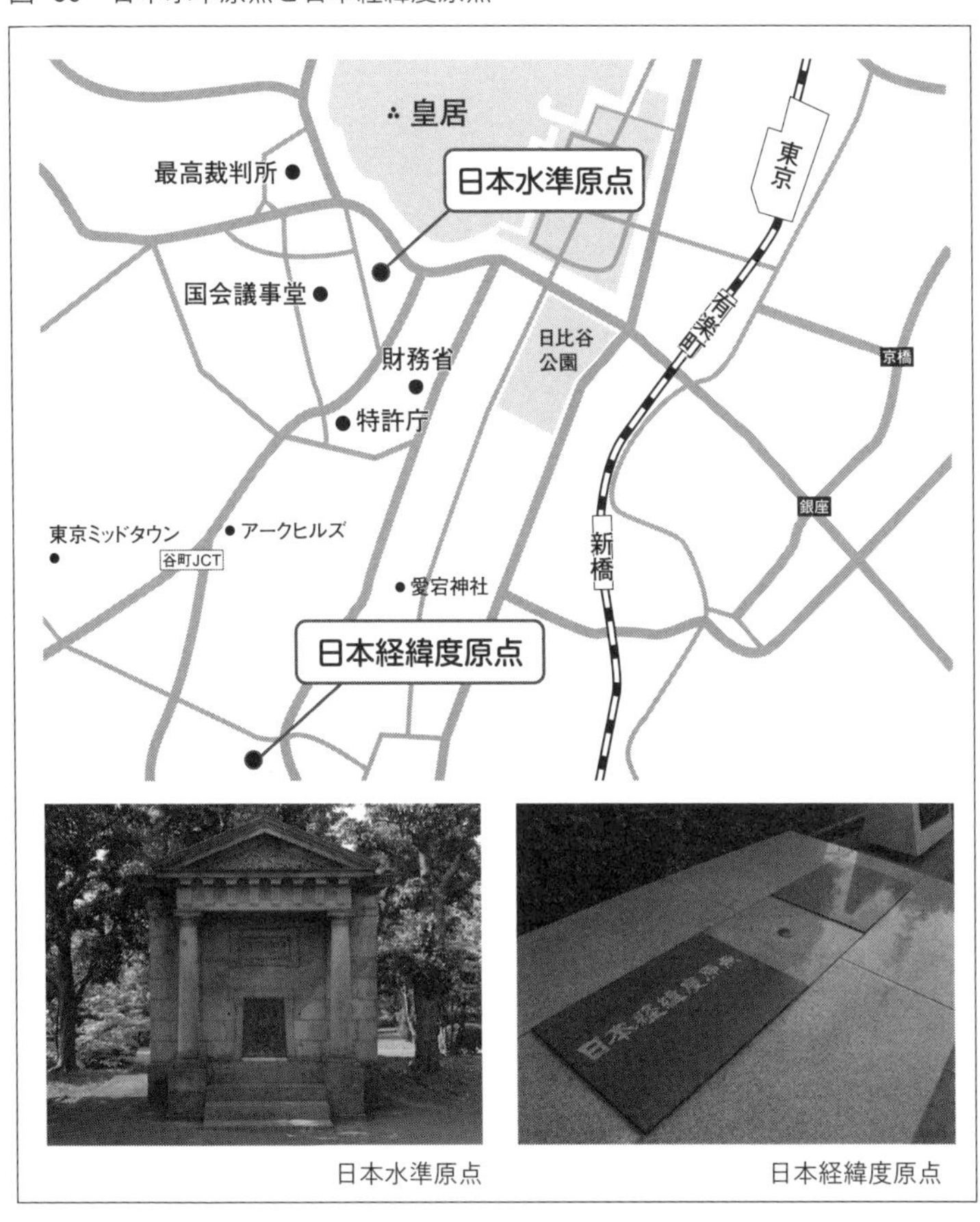

日本水準原点　　日本経緯度原点

日本経緯度原点の緯度　北緯35度39分29秒1572

また、2001（平成13）年の測量法の改正により、地上測量が日本測地系から、地球全体に適合する世界測地系が採用されることになったため、東京では経度がマイナス12秒、緯度が+12秒となり、それを距離に換算すると約450m北西方向に移動することになった。

東京23区にもある「陸の孤島」

●23区内に張り巡らされた驚くべき鉄道網

陸地から遠く離れ、海上にただ一つだけ浮かんでいる島を「孤島」というが、たとえ陸地であっても、交通が極端に不便で、周囲から孤立した地を「陸の孤島」と揶揄することがある。

過疎地に住んでいる人には、はなはだ失礼な表現かもしれない。差別用語だと批判的な人もいる。しかし、陸の孤島にこそ日本がとうの昔に失ってしまった人情や文化、自然などが残っているものだ。したがって、陸の孤島を決して差別用語だとは思わない。

「陸の孤島」というと、鉄道も路線バスも走っていない、道路も未発達な、街から遠く離れた隔絶した山間部の集落をイメージする。確かに「陸の孤島」と呼ばれる地域は、過疎化が急速に進んでいる地方の山間に多く存在している。だが、都会のなかにも「陸の孤島」だといわれている地域がある。

では、東京23区に「陸の孤島」といわれるようなところが、果たして存在するだろうか。

東京は鉄道が実によく発達している。それは誰もが認めることで、地方から上京してきた人たちは、高層ビル群や人の多さより、むしろ鉄道網の充実ぶりに目を見張る。

一日に数本しか鉄道が走っていない地域に住んでいる人にしてみれば、何両もの車両を連結した長い列車が2、3分間隔で走っている様子を目の当たりにして驚かない人はいない。ほとんど待たずに鉄道を利用することができるという便利さに、改めて東京は都会であることを実感する人が少なくないという。

東京23区内には、どれほど多くの鉄道路線が張り巡らされているのかを見てみよう。

表-12　東京23区内を走っている鉄道路線

ＪＲ	新幹線	東海道新幹線、東北新幹線、上越新幹線、北陸新幹線
	在来線	山手線、中央線、総武本線、京浜東北線（東北本線・東海道本線）、埼京線、京葉線
大手私鉄	東京急行電鉄	東急東横線、東急田園都市線、東急世田谷線、東急池上線、東急大井町線、東急目黒線
	西武鉄道	西武新宿線、西武池袋線、西武豊島線、西武有楽町線
	東武鉄道	東武伊勢崎線、東武東上本線、東武亀戸線、東武大師線
	小田急電鉄	小田急小田原線
	京王電鉄	京王線、京王新線、京王井の頭線
	京浜急行電鉄	京急本線、京急空港線
	京成電鉄	京成本線、京成成田空港線、京成押上線、京成金町線
その他の私鉄	東京モノレール	羽田空港線
	ゆりかもめ	東京臨海新交通臨海線
	東京臨海高速鉄道	りんかい線
	首都圏新都市鉄道	つくばエクスプレス
	埼玉高速鉄道	埼玉高速鉄道線
	北総鉄道	北総線
	東京都交通局	都電荒川線、日暮里・舎人ライナー
地下鉄	東京地下鉄	銀座線、丸ノ内線、日比谷線、東西線、千代田線、有楽町線、半蔵門線、南北線、副都心線
	東京都営地下鉄	浅草線、三田線、新宿線、大江戸線

都心を11両連結の列車が、山手線を2、3分間隔で環状運転しているのがまずすごい。そして山手線の真ん中を突き破るように、中央線と総武本線が東西に走っている。さらに京浜東北線が都心を南北に走り抜けている。

また、新宿や池袋、渋谷などの副都心からは、大手私鉄が放射状に郊外へ延びている。そのほか、地下鉄の路線が地下に縦横に張り巡らされている。自動車がなくても、日常生活に不便さは感じない。東京の自動車の保有率が全国で最も低いのも、鉄道がいかに発達しているかの裏返しでもある。

東京23区の面積は620㎢余り。全国にはそれより面積の広い市町村が140以上あるのだから、23区は決して広いとはいえない。東西約30㎞、南北も約30㎞という狭い範囲に、50以上の鉄道路線が走り、500以上の駅がある。表-12を見れば、東京23区の鉄道の充実ぶりがわかるだろう。

●40分以上歩かなければ駅がない

これだけ鉄道網が充実している東京（23区）なので、10分も歩けばどこかの駅に行けそうな気がする。地上に鉄道が走っていなくても、地下には東京メトロと都営地下鉄の路線が、網の目のように張り巡らされているからだ。

しかし、日本の人口分布に過疎と過密があるように、東京の区部にも鉄道の過疎地域が存在する。地下鉄は、東京メトロと都営地下鉄を合わせて13路線、総延長304㎞、そこに285もの駅がある。それなのに、世田谷区と葛飾区には地下鉄がまったく走っていない。

もっとも、世田谷区は東急や京王などの私鉄路線が充実しているし、葛飾区にもＪＲと京成電鉄が走っている。とはいえ、千代田区には43の駅があるのに、千代田区の4倍以上の面積を有する江戸川区には12駅しかない。このように、鉄道駅数には地域格差が大きいのである。

図-36　東京都区内で駅から徒歩15分以上かかる場所

『くらべる地図帳』（東京書籍）浅井建爾より

23区内には、駅から1km以上離れている地域、すなわち、徒歩だと15分以上歩かなければ駅にたどり着けない地域がずいぶんある（図－36）。30分以上歩かなければならない地域もある。そういったところを、あえて「陸の孤島」といわせてもらう。東京湾沿岸の埋立地に陸の孤島が多いのはやむを得ないが、内陸部にも陸の孤島が意外に多く存在している。

地図で確認してみると、足立区の北部と西部、江戸川区の北部、練馬区の北西部、世田谷区の南西部などに陸の孤島が広い地域に存在していることがわかる。

たとえば、練馬区の大泉学園町の最寄り駅は西武池袋線の大泉学園駅だが、駅から3㎞以上離れている地区があり、歩けば40分以上はかかる。江戸川区にも、JR総武本線と都営地下鉄新宿線に挟まれた地域が陸の孤島になっており、やはり歩けば駅まで30分以上かかる地点がある。

地方では鉄道の廃線が相次ぎ、より不便になった地域が増加しているが、東京では新線が開業してますます便利になりつつある。

新しく路線が開通して陸の孤島から脱した地域もある。葛飾区の北端にある水元公園近くの、「西水元」から「東水元」にかけての大場川南岸地域は、典型的な「陸の孤島」と呼ばれる地域だった。最寄り駅のJR常磐線金町駅まで4㎞以上離れており、徒歩で1時間以上を要したのである。

だが、2005(平成17)年につくばエクスプレスが開通したことで、交通の不便さがある程度は緩和された。それでも、徒歩で30分以上かかる地域がある。埼玉県八潮市にある八潮駅が最寄り駅になったのだが、都民なのに埼玉県にある駅に頼らざるを得ないというのも複雑な気持ちだろう。

港区の麻布十番から白金台にかけては、高級住宅地として知られているが、かつては「陸の孤島」と呼ばれていた。しかし、2000(平成12)年に地下鉄の南北線が開通したことで交通が便利になり、陸の孤島から脱した感がある。

だが、人の往来が多くなり、以前より住環境が悪化したという声も聞かれる。交通の便利な地域が、必ずしも居住地に適しているわけではないのだ。

都民の移動手段として鉄道は欠かせないものだが、鉄道が走っていない地域では路線バスが活躍している。「定時制」という面では鉄道より劣るが、路線バスの路線網は地下鉄をはるかにしのぐ充実ぶりで、路線バスこそ都民の生活の足として欠くことのできない交通機関なのである。

10 東京にある合成地名＆人名地名

●清洲橋は合成、一石橋は人名

全国には1000万以上の地名があるといわれている。その一つひとつに由来があるわけだが、地名研究者たちを悩ませているのが合成地名だ。

合成地名とは、複数の地名を合体させてつくった地名をいう。これは由緒ある地名を解体して新しい地名をつくるわけだから、意味不明な地名が生まれる可能性がある。

合成地名はその地域の歴史や文化などを探る手がかりを失うばかりではなく、その土地の歴史を間違って後世に伝える恐れさえある。そういう合成地名が東京にはずいぶんある。

東京23区の一つの大田区が、合併する大森区と蒲田区から1文字ずつとって命名した区名であることはすでに紹介したが、多摩地区にある**昭島市**も、昭和町と拝島村が合併した際に、昭和町の「昭」と拝島村の「島」をとって生まれた地名である。

千代田区の**「紀尾井町」**は、坂道を挟んで紀伊徳川家、尾張徳川家、彦根藩井伊家の中屋敷があったことから、紀伊の「紀」、尾張の「尾」、井伊の「井」をとって「紀尾井坂」と呼ばれるようになり、周辺の地名になったものであることはよく知られている。

文京区の**「千石」**は、住居表示の実施により、地区内を流れる千川の「千」と、小石川の「石」をとって命名したもので、江東区の「千石」は、同じく住居表示が実施された際に、千田町の「千」と石島町の「石」をとってつけたものだ。

新宿区の**「大京町」**は大番町の「大」と右京町の「京」を、世田谷区の**「代沢」**は代田の「代」と北沢の「沢」を、北区の**「堀船」**は堀之内の「堀」と船方の「船」をとって命名している。

このような合成地名が、23区内には数多くある。

文京区と台東区にまたがる地域を「谷根千」というが、これは谷中、根津、千駄木の頭文字をとって命名した通称名である。

橋名にも、二つの地名を合成したものがある。河川に架橋するわけだから、川を挟んだ両地域の地名から1文字ずつをとって、それを橋名にするというのは住民感情に配慮した合理的な方法なのかもしれない。

隅田川十三橋で最も美しいといわれる**「清洲橋」**は、ドイツのケルン市を流れるライン川に架かる吊り橋をモデルにしたものだといわれ、道路橋としては全国で初めて国の重要文化財に指定された橋である。橋名は江東区側の地名である清澄町の「清」と、中央区側の日本橋中洲の「洲」をとって命名したものである。

では、日本橋川に架かっている**「一石橋」**はどうか。日本橋川の南岸は八重洲一丁目、北岸は日本橋本石町だ。橋名は八重洲一丁目の「一」と、日本橋本石町の「石」をとって命名したわけではない。一石橋は江戸初期にすでに架橋されていた。

もっとも、当時は小さな木橋だったが、この木橋を挟んで北側に金座支配の後藤家の屋敷が、南側には呉服御用商人の後藤家の屋敷があった。木橋が破損した際に、再建費用を後藤家と後藤家の両後藤家の寄付で賄ったという。そこから、後藤を「五斗」に置き換え、五斗と五斗で一石になることから一石橋と命名されたといわれる。

現在、一石橋の頭上には首都高速道路が走り、すっかり視野が遮られてしまったが、当時は一石橋の上から、自らの橋も含めて8つの橋が見えたことから「八ツ見の橋」といわれ、江戸の名所の一つとして知られていた。

●東京に多い人名地名

東京には人名に由来した地名も多い。その多くは、江戸時代の武将に因んでいる。だが、文字を見ただけでは、それが人名に由来した地名なのか判別できない地名もある。ここで紹介した一石橋も、人名に由来した地名の一つといえるだろう。

山手線の沿線にも人名に由来した地名が数多くある。その主なものを挙げると、まず東京駅の東側にある**「八重洲」**という地名は、オランダ人貿易商のヤン・ヨーステンの名前に由来する。彼は徳川家康の下で外交顧問として活躍し、その功績からこの地に屋敷が与えられた。ヤン・ヨーステンの和名である耶楊子（やようす）が、「やよす」「やえす」と転訛し、「八重洲」の文字をあてたものだといわれている。

山手線の駅名にもなっている**「有楽町」**は、江戸初期の武将で茶人でもある織田信長の弟、織田有楽斎の屋敷があったことに由来する。

「半蔵門」は江戸城の西側にある門で、東京メトロ半蔵門線の駅名にもなっているが、これは家康に仕えた幕臣の服部半蔵の組屋敷があったことに因む。

高級住宅地として知られる港区の**「青山」**は、家康の重臣青山家の下屋敷があったことに由来し、古書店街として知られる**「神田神保町」**も、江戸初期の旗本、神保長治の屋敷があったことに由来する。

文京区の**「春日」**は、3代将軍家光の乳母春日局の領地であったことに因んでつけられた地名である。大規模団地があることで有名な板橋区の**「高島平」**は、この地で洋式砲による演習を行なった江戸後期の砲術家、高島秋帆（しゅうはん）に因む。

杉並区の北部に**「今川」**という地名があるが、ここは江戸初期の旗本、今川直房の領地であったことに因んでいる。墨田区にある**「業平」**という地名は、平安初期の歌人、在原業平（ありわらのなりひら）に由来している。近くに東武伊勢崎線の業平橋駅（現・とうきょうスカイツリー駅）があった。

ここに取り上げた人名地名はごく一部に過ぎない。人名に由来している地名は、探せば東京23区にはまだ数多くある。

東京にある紛らわしい地名&駅名

●深大寺にある神代植物園

東京近郊の調布市に、深大寺（じんだいじ）という天台宗の古刹がある。都内では浅草寺に次いで歴史が古い寺院で、山門をくぐると鬱蒼と茂る木々のなかに、本堂や元三大師（がんさんだいし）堂などの堂宇が建ち並んでいる。「日本三大だるま市」の一つに数えられる深大寺だるま市と、名物の「深大寺そば」で有名な寺院である。

深大寺に隣接して、都内で唯一の植物公園である神代植物公園がある。「神代」と書いて「じんだい」と読む。「深大」と「神代」、なぜか、読みはどちらも同じなのに文字が違う。これには何かわけがあるのか、疑問を抱いている人は多いはずだ。そもそも神代を「じんだい」と読むこと自体、不自然さを感じる。ふつうに読めば「かみしろ」、あるいは「かみよ」だろうが、なぜ「じんだい」と読むのか。もっとも、秋田県にはＪＲ田沢湖線に神代（じんだい）駅があるし、神代（じんだい）村も存在していたので、別におかしいわけではないのだが、調布市の深大寺と神代植物公園の場合は、たまたま読みが同じになったわけではなかった。

明治の中頃まで、深大寺の周辺は深大寺村という一つの村を形成していた。その深大寺村が、１８８９（明治22）年に町村制が施行された際に、佐須村、柴崎村、入間村などと合併して神代村として発足した。

本来は深大寺村、あるいは深大村としたかったのだろうが、それだとほかの村が深大寺村に吸収されたかのような印象を与えるため、面白くないという事情があったようだ。

そこで、神が治めていた時代を意味する「神代（かみよ）」を、「じんだい」という読みにして、それを村名にしたものと思われる。神代村は１９５２（昭和27）年、町に昇格し、１９５５（昭和30）年、調布町と合併して調布市になった。

1940（昭和15）年、東京府は東京緑地計画により、この地域の土地を買収して神代緑地と命名し、1961（昭和36）年、神代植物公園として開設した。神代植物園は当時の自治体名からとった極めて常識的な命名法だったのである。

現在、「神代」という地名は消滅しているが、旧神代町の区域にある神代高等学校や神代中学校などの校名に名残をとどめている。一方、明治の町村制で消滅した深大寺村は、深大寺北町、深大寺南町、深大寺東町、深大寺元町などという地名として蘇っている。

●国立市にある国立大学

多摩地区の中央線沿線に、国立（くにたち）市という学園都市がある。国立駅前には、整然と区画された街並みと緑豊かな閑静な住宅地が広がっており、居住地として特に人気が高いエリアである。

市名はJR中央線の国立駅に由来している。大正末期、箱根土地会社が学園都市構想を打ち出した際、谷保（やぼ）村に大学を誘致し、近くを通る中央線に駅を設置することが決まった。新設される駅が、国分寺駅と立川駅のほぼ中間に位置することから、両駅名の頭文字、すなわち国分寺の「国」と立川の「立」をとって「国立駅」と命名された。

国立駅は谷保村の外れに設置されたが、駅が開設されたことにより人の往来が多くなり、やがて村の中心が国立駅の周辺に形成されるようになった。そして1951（昭和26）年、谷保村が町に昇格する際、駅名からとって「国立町」と命名されたのである。

その後、国立町は学園都市として大きく発展し、1965（昭和40）年、市制を施行して国立市になった。国立市を「くにたち市」と読むのは、関東在住の人にとっては常識だが、ほかの地域の人には国立市を「こくりつ市」と読み間違えられることも珍しいことではないのだ。

そのため、ややこしいことになっている。国立市に国立一橋大学と、国立音楽大学（1978年、立川市に移転）があるので、余計に紛らわしいのである。というのは、一橋大学は国立大学だが、国立音楽大学は私立大学で「くにたち音楽大学」と読むからだ。

また、「国立中央図書館」と聞いて、「国立国会図書館は知っているが、国立中央図書館はどこにあるだろう」と戸惑う人が少なからずいる。国立を「こくりつ」と読んでしまうことから起きる間違いで、国立中央図書館は国立市にある市立の図書館である。

これと同じように、国立郵便局、国立市役所、国立駅前交番、国立変電所、国立さくら病院などというように、国立を「こくりつ」と読むとわけがわからなくなる。国立の市役所なんて存在するだろうか、国立の郵便局はどこにあるのだろうか、などといった具合である。

●吉祥寺と水道橋の深い関係

杉並区の西に隣接する武蔵野市は、いつも「住みたい街」の上位にランクされる魅力的な都市である。JR中央線と京王井の頭線が乗り入れる吉祥寺駅の周辺は、大型の商業施設などが建ち並ぶ繁華街として、特に若者に人気がある。

駅の周辺には吉祥寺本町、吉祥寺北町、吉祥寺東町、吉祥寺北町、吉祥寺南町という地名もある。文字から見ても、寺院に由来した地名であることは明らかだ。中央線の沿線に「高円寺」および「国分寺」という駅があるが、高円寺駅の近くには高円寺という寺院があるし、国分寺駅の近くには国分寺跡がある。国分寺は市名にもなっている。

ところが、吉祥寺駅の周辺には肝心の吉祥寺という寺が見当たらないのだ。過去にも、この地に吉祥寺という寺院があったという事実はない。では、どうしてこの地を吉祥寺というのか。

吉祥寺のルーツは江戸城にあった。1458（長禄2）年、太田道灌が江戸城を築城の際、〝吉祥〟と刻んだ金印が出土した。これはめでたいことだとして、城内に一寺を建立し、吉祥寺と命名した。これが吉祥寺の始まりだと伝えられている。

家康が江戸城に入城後の1591（天正19）年、江戸城を大改築した際に、吉祥寺は現在の水道橋の北詰（本郷1丁目）に移転し、門前町も形成された。当時、神田川に架かっていた門前の橋は「吉祥寺橋」と呼ばれていた。それが現在の水道橋である。

ところが、1657（明暦3）年に発生した「明暦の大火」（第1章5項参照）で、江戸市中の大半が焼き尽くされ、出火元に近かった吉祥寺周辺の被害は特に大きかった。幕府は、一面が焼け野原になった江戸城下の再建に乗り出した。

2度とこのような大惨事に見舞われないように、火災の延焼を食い止めるための火除け地が各地に設けられた。吉祥寺の周辺にも、火除け地が設けられることになった。そのため、吉祥寺は移転を余儀なくされた。それが本駒込3丁目にある現在の吉祥寺である。

しかし、本駒込へ移転したのはお寺だけで、焼き出された門前町の住民たちが移転するスペースはそこになかった。門前の人々に与えられた移住先は、お寺から遠く離れた武蔵野の原野だったのである。荒れ果てた原野を開墾する門前町の人々の苦労は、並たいていのことではなかった。それだけに、自分たちでこの地を開拓したのだという思い入れも強かったのだろう。

明治初期、北海道には本州方面から多くの人が移住したが、入植者たちはふるさとを懐かしみ、開拓地にふるさとの地名をつけた。広島、鳥取、岐阜、茨城、秋田、長野、岡山など、北海道には県名と同じ地名が各地にある。それと同じように、吉祥寺の門前の住民たちも、移住した武蔵野の地に吉祥寺という地名をつけた。それが今の吉祥寺駅周辺の一帯である。

広域化していく東京のブランド地名

●新宿は10倍以上に拡大した

各地域の大都市が、周辺の町村を編入して次第に行政区域を広げてきたように、各市区町村内の地名も広域化しつつある。特にブランド力の高い地名にその傾向が強い。

典型的な例が長野県の軽井沢だ。軽井沢は中山道の旧宿場町で、現在の旧軽井沢周辺の狭い地域を指す地名だった。しかし明治の中頃、宣教師のアレクサンダー・クロフト・ショーに軽井沢が広く紹介されてから、避暑地として脚光を浴びるようになり、今では日本でも有数の人気観光スポットになっている。その人気の高さとイメージのよさから、軽井沢でない隣接している地域が、「軽井沢」を名乗っている。

軽井沢町には、旧軽井沢を中心に中軽井沢、新軽井沢、南軽井沢があり、群馬県吾妻郡長野原町には「北軽井沢」という地名がある。また、同じ吾妻郡にある嬬恋村の鎌原地区を「奥軽井沢」、軽井沢町の西に隣接する北佐久郡御代田町の一部を「西軽井沢」と呼んでいる。このように、軽井沢はどんどん広がっていき、県境まで越えてしまったのである。

東京にも、ブランド力にあやかってつけた地名が少なくない。住居表示が実施されるのを機に、著名な地名に方角を表わす文字を冠して、「東○○」「西○○」などという地名が横行しているのだ。

たとえば、新宿区の「新宿」という地名は、住居表示が実施される前までは「新宿1丁目～4丁目」があっただけで、しかもその範囲は現在の1～4丁目より狭い地域だった（図－37）。

しかし、1970年代から実施された住居表示により、花園町は新宿1丁目に吸収され、新宿駅東口の角筈1丁目は新宿3丁目に統合された。さらに

図-37　広域化していく東京の地名

番衆町や三光町、東大久保あたりが「新宿5〜7丁目」になった。

また、角筈2・3丁目、十二社、淀橋、それに柏木1丁目あたりが「西新宿1〜8丁目」に、柏木2〜5丁目が「北新宿1〜4丁目」というように、「新宿」がつく地名は住居表示が実施される前の10倍以上の広さになったのである。

豊島区の池袋駅周辺も、同じように「池袋」「池袋本町」「上池袋」「東池袋」「西池袋」「南池袋」という味気ない地名に再編されている。

東京で最も古くから開けた浅草でも、住居表示により聖天町、猿若町、象潟、馬道、花川戸、菊屋橋などという多くの伝統地名が抹消され、代わって生まれたのが「浅草」「東浅草」

「西浅草」「本浅草」などといった地名である。複雑な町域を再編成し、町名をわかりやすくするという名目で実施された住居表示は、これまで長い歴史に培われてきた由緒ある多くの地名を葬ってしまったのである。

最近になって地名の大切さが認識されてきたのか、伝統地名を守ろうという機運が高まりつつあり、消滅した地名が復活したという例もある。

●1〜4丁目までしかなかった銀座

日本人で「銀座」を知らない人はまずいないだろう。日本を代表する繁華街として、銀座の名は世界中の人に知られ、ハイセンスな街並みは日本人の憧れの的になっている。銀座の繁栄にあやかって名づけられた「○○銀座」と呼ばれる商店街が全国各地にあり、その数は300を下らない。

これほど人気の高い銀座だが、地名の歴史としてはさほど古くはない。銀座は江戸時代に銀貨鋳造所、すなわち銀座役所が置かれたことに由来する地名である。各地でつくる銀貨の品質が異なっていたため、トラブルが絶えなかった。そこで、天下を統一した徳川家康は1601（慶長6）年、銀貨の品質を均一に保つため、京都の伏見に銀座役所を設け、1606（慶長11）年には、家康の隠居地である駿府（静岡）にも銀座役所を置いた。

伏見の銀座役所は1608（慶長13）年に京都の両替町に移転し、駿府の銀座役所も1612（慶長17）年に江戸の新両替町に移された。それが現在の東京銀座である。銀座役所が置かれた銀座2丁目あたりに、「銀座発祥の地」と刻んだ石標が建っている。

江戸の銀座役所は1800（寛政12）年、流通経済の中心であった日本橋蛎殻（かきがら）町に移転してしまったが、銀座は銀座役所がなくなった後も寂れることなく、商業の中心としてますます発展し、現在のような大繁華街を形成するまでになったのである（図－38）。

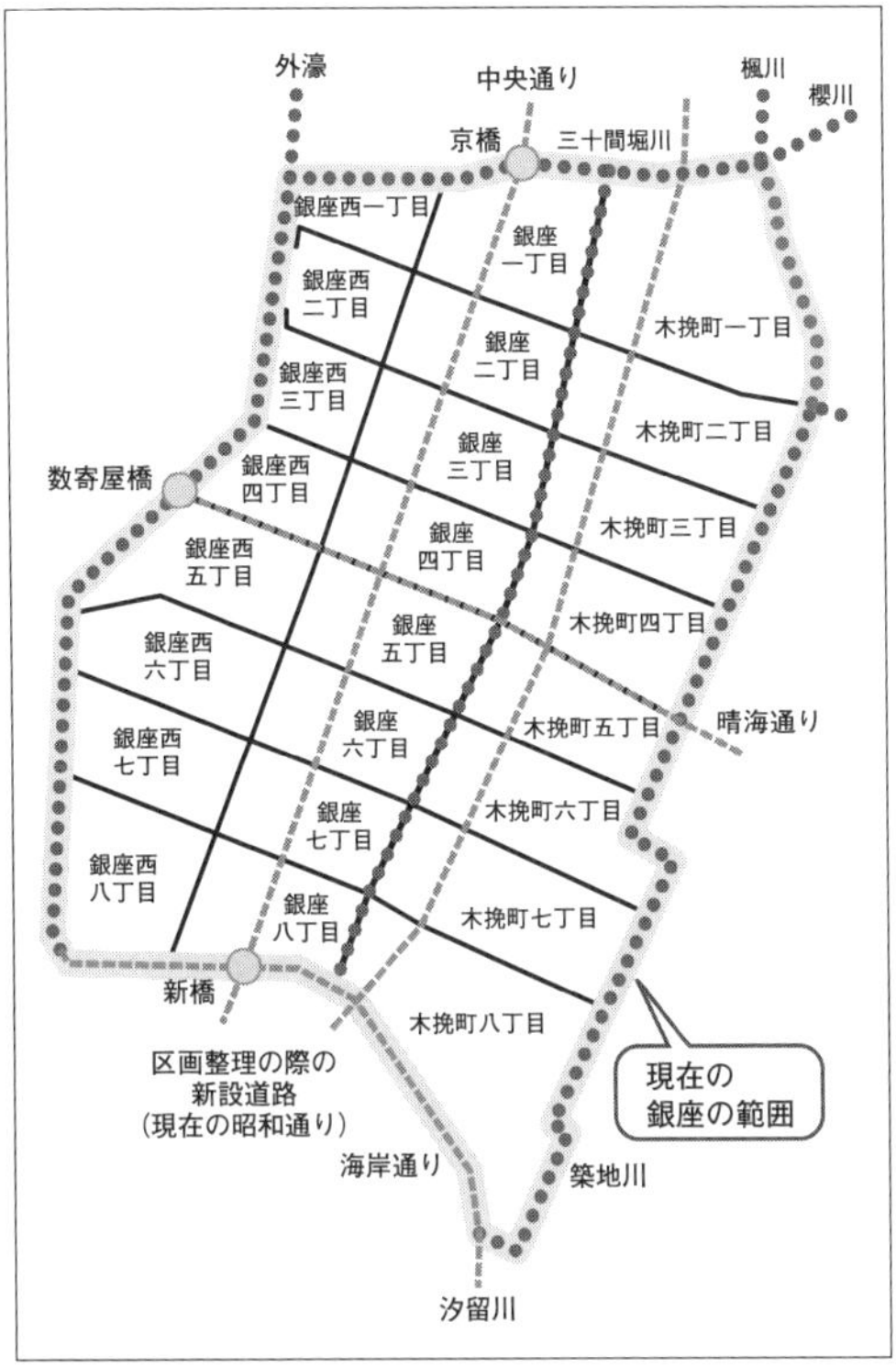

「銀座」はあくまでも通称名で、正式な地名は新両替町といった。銀座が正式な地名になったのは、江戸の町名が大々的に改正された1869(明治2)年のことで、当時から現在の広さであったわけではない。当初は銀座1丁目から4丁目までしかなかったし(図-39)、その区域も中央通を挟んだ1丁目から4丁目までの狭い地域に過ぎなかった。

それから幾度も区画整理を行ないながら、1930(昭和5)年には晴海通から海岸通までの区域が銀座に編入されて、銀座は1丁目から8丁目までに、銀座と外堀に囲まれた地域は「銀座西」という地名に改名された(図-40)。

第二次世界大戦後の復興で、三十間堀川(現在の昭和通)は瓦礫で埋め立てられ、木挽町が銀座と陸続きになった。それにともない1951(昭和26)年、木挽町1～8丁目は「銀座東1～8丁目」に改称された(図-41)。

また、1968(昭和43)年の住居表示の実施により、銀座西は銀座に統合され、さらに翌年4月

図-38　銀座(1930～1951年)

図-39　1869（明治2）年の銀座の範囲

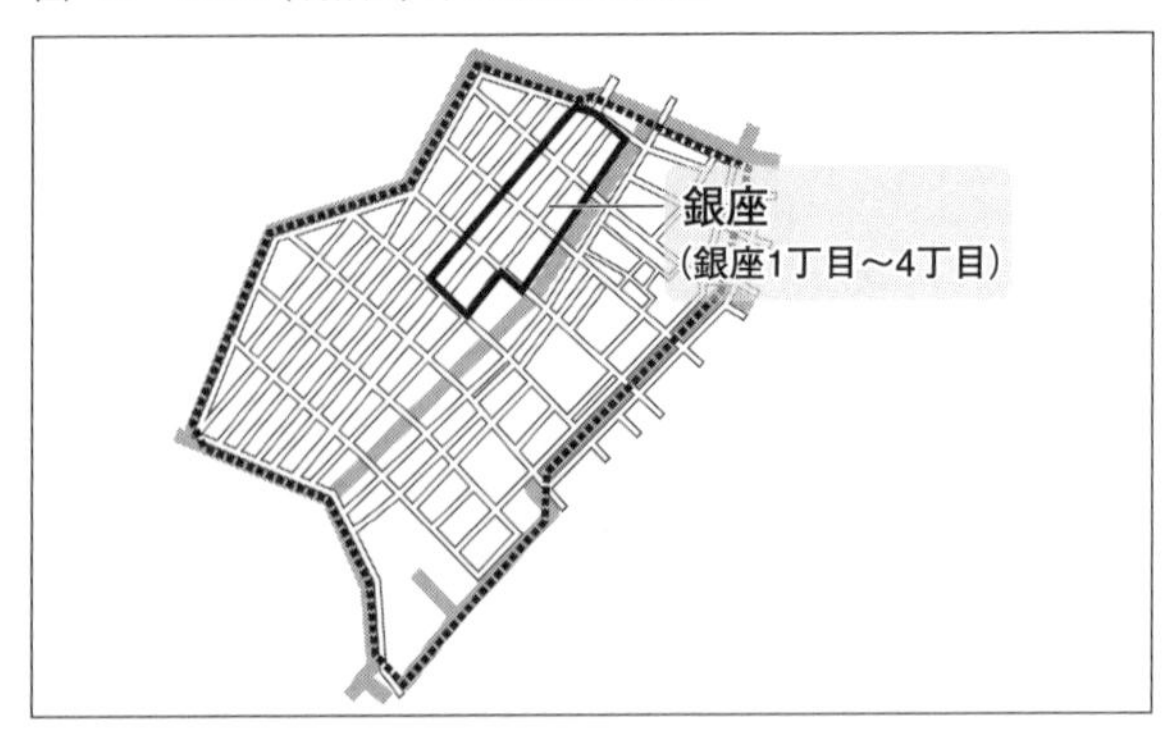

図-40　1930（昭和5）年の銀座の範囲

図-41　1951（昭和26）年の銀座の範囲

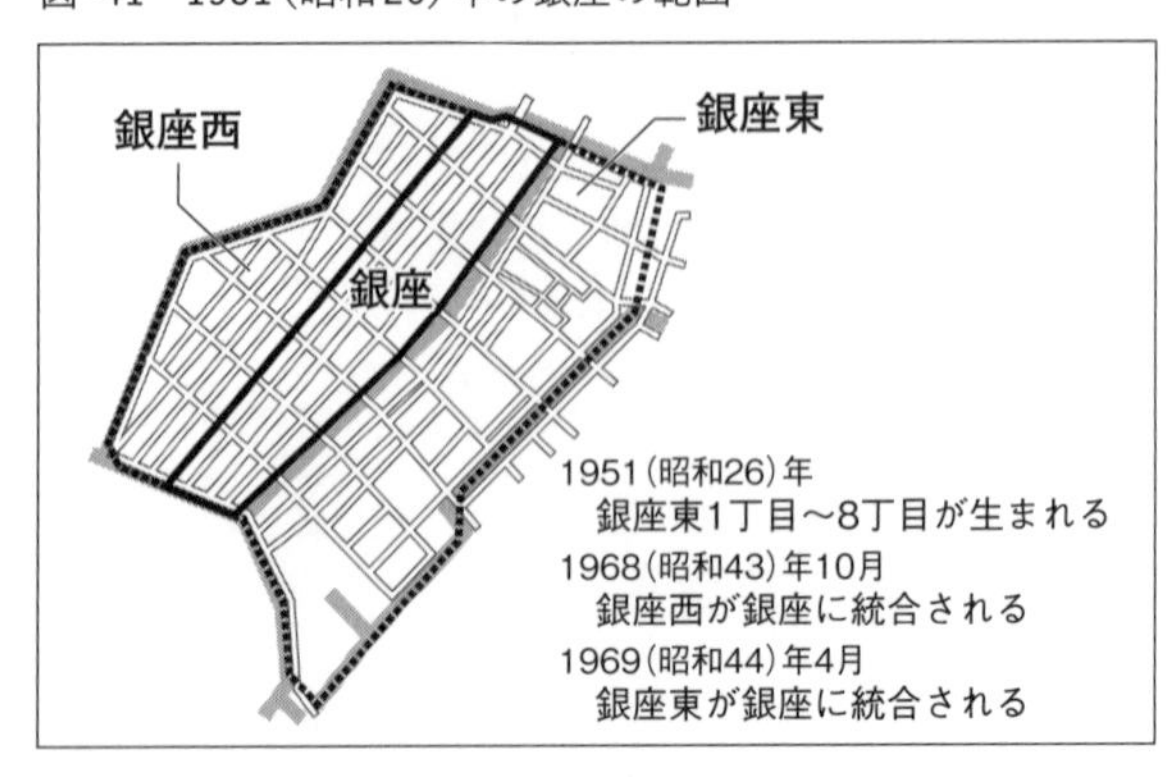

には銀座東も銀座に編入されて現在の行政区域になったのである。

銀座は周りを首都高速の都心環状線と、東京高速道路に囲まれており、銀座へ行くには必ず高速道路の高架をくぐらなければならない。高架下には長大な商店街が形成されている。

第4章

地図に隠された東京の歴史と文化を知る

東京は日本一の酪農地帯だった

●東京の都心は牧場の密集地

日本で酪農が盛んな地域といえば、ほとんどの人が北海道を思い浮かべるだろう。北海道は日本最大の酪農地帯であり、乳牛の頭数は全国の50％以上を占めているのだから当然のことだが、明治時代は東京が日本最大の酪農地帯だった。

しかも、全国の乳牛頭数の50％以上が東京の都心で飼養されていたというのだから驚きだ。まさかと思うだろうが、これは事実なのである。

わが国は江戸末期まで、牛馬は主に農耕や運搬の用に供していたが、明治になると政府は欧米の先進的な農業を積極的に取り入れるようになった。牛から、牛乳などの生産物を搾取するという発想に一大転換したのである。

外国から農学者や技術者を招いて農業技術を学び、酪農の実施を試みた。その最初の受け入れ地が、日本の首都東京だったというわけだ。

現在の東京の都心が酪農の最も盛んな地域になったのは、都心には荒廃した大名屋敷があったからである。そこで乳牛を飼養して酪農業を始めたのだが、初めは維新で職を失った旧藩士たちの失業対策だった。

だが、当時の日本人の食生活に、牛乳を日常的に飲用するという習慣はなく、当初はもっぱら在留外国人や上流階級の人々が飲用するにとどまっていた。そのため酪農業も経営は厳しく、決して楽な仕事ではなかったようだ。

そして、1875（明治8）年には東京牛乳搾取組合が結成され、乳牛の飼育と牛乳の飲用が次第に庶民の間にも普及していった。牛乳事業が次第に軌道に乗り始めると、やがて政府高官も酪農業に参入するようになった。

榎本武揚や松方正義、山県有朋、大久保利通らも、大名屋敷の跡地などで牛乳搾取業を始めた。明治中頃には、現在の東京の都心部を占める千代田、中央、港、新宿、文京、台東の6区内だけでも100ヵ所以上の牧場が開設され、乳牛は3000頭以上に上ったという。

なぜよりによって、日本の首都であった東京のど真ん中で酪農が発達したのか。これにはさまざまな要因がある。まず、牛乳は腐りやすい食品だということである。

当時の日本は輸送手段が未発達だったし、牛乳を保存する技術もなかった。搾乳したらすぐに飲まなければならない。そのためには、供給地に毎日配達する必要があった。一般の人にまで牛乳を飲用する習慣は根づいていなかったが、東京は人口が多い。他地域に比べれば圧倒的に需要が多かったのである。

しかし、東京に牧場が増えてくると悪臭や衛生面の問題で、周辺の住民との間でトラブルが発生するようになった。それにともない、牧場は都心から次第に三多摩地区など郊外へと移っていき、やがて全国へと伝播していったのである。

それにしても、東京の都心が日本最大の酪農地帯だったとは、現在の東京の姿からは想像がつかないことではないだろうか。

●水車は東京の風物詩だった

何千頭もの牛たちが、東京の都心で飼養されていたとは信じがたいことだが、田畑のなかを流れる用水のほとりで、水車がカタコトと音を立てながら回っているのどかな光景が、東京の各地で見られたというのも、これまた信じられないことではないだろうか。

農作物の栽培には水が不可欠である。農民たちは土地を耕し、川から水を導いて田畑を潤した。そこで大きな役割を果たしたのが水車である。

水車は水流の力を利用して羽根車を回し、水のエネルギーを機械エネルギーに変える回転装置で、明治時代、東京では水車が大活躍していた。武蔵野台地を流れる玉川上水と、その分水のほとりには、特に水車小屋が数多く設置されていた。

玉川上水は、神田上水と並ぶ江戸の二大上水の一つで、1653（承応2）年、江戸に住む人々の飲料水を確保するために、羽村から多摩川の水を引き込み、江戸市中への給水を行なうために築いたものである。

当初はもっぱら飲料水の供給が目的だったが、やがて灌漑用の農業用水としても利用されるようになった。玉川上水から三田用水や品川用水など、多くの分水が開削されていった。

江戸末期から明治にかけて、玉川上水とその分水には、水流の落差を利用した多くの水車が設けられ、流域の村々に広がる田畑の灌漑に利用された。水流に落差のないところでは、人が足で踏んで水車を回し、田畑に水を送りこんでいたようだ。だが、水車は田畑を潤すためばかりではなく、水力エネルギーを利用して穀物の脱穀や製粉なども行なった。

水車が設けられたのは、玉川上水ばかりではなかった。神田川や石神井川、目黒川など、東京を流れる川や用水などに、次々に水車が設けられていった。一面に広がる田畑、そのなかをゆっくりと流れ下っていく用水、そのほとりで水車が音を立てて回る風景は東京の風物詩だった。

やがて工業が発達してくると、水車は工場の動力源としても活用されるようになり、日本の近代化に大きな役割を果たした。しかし、大正時代に入ると電力の普及で水車はその役割を終え、次第にその数を減らしていった。

昭和初期には、東京から水車はほとんど姿を消した。だが、そこに水車が設置されていたことを示す石碑や、水車小屋跡の案内板などが玉川上水や目黒川、等々力渓谷などに設置されており、当時の面影をしのばせている。

2 東京のビジネス街誕生秘話

●「1丁ロンドン」と呼ばれた日本一のオフィス街

東京の官庁街もビジネス街も、皇居の周辺に集中している。江戸は江戸城を中心に発展してきた城下町だからである。江戸城の周囲には、守りを固めるために武家屋敷が集中的に配置されていた。

なかでも、江戸城の内堀と外堀に挟まれた現在の丸の内は「大名小路」と呼ばれ、諸藩の大名屋敷が整然と建ち並んでいた。だが徳川幕府が崩壊すると、これらの大名屋敷は明治新政府に没収され、その跡地は官庁街や首都防衛の軍隊の施設などに生まれ変わっていった。

皇居と東京駅に挟まれた丸の内一帯は、陸軍省の軍用地として使われた。武家屋敷の一部は兵舎に転用され、広大な空き地は陸軍の練兵場になった。しかし、明治中頃になると首都機能をより強化させるため、都心に置かれていた陸軍の施設を移転して、麻布に新兵舎を建設することになった。しかし、陸軍省に新兵舎を建設するだけの資金がない。そこで移転費用を捻出するため、陸軍の用地が民間に払い下げられることになったのである。だが土地の価格が高額すぎるため、なかなか買い手がつかない。かといって、首都のど真ん中にある広大な土地を、このまま放置しておくわけにもいかなかった。

いよいよ、政府もこの計画に本腰を入れることになった。そこで目をつけられたのが、日本郵船などの事業が好調な三菱財閥だった。財力ある三菱なら、この話に乗ってくれると踏んだのだろう。だが、三菱はこの話に乗り気でなかった。これだけの広い土地を購入しても使い道がないからだ。これに業を煮やし、ついに大蔵大臣の松方正義が動き出した。政府を助けると思って、丸の内一帯の土地を買ってくれないかと三菱財閥の岩崎弥之助に懇願したという逸話がある。それはさておき、この土地はついに三菱が購入することになり、世間をあっと驚かせた。雑草の茂る広大な原野は「**三菱ヶ原**」と呼ばれるようになった。

三菱はさっそく三菱ヶ原の開発に取り掛かった。そして、ロンドンの金融機関が集中するロンバード街をモデルに、ビジネス街の建設に着手したのである。現在の東京国際フォーラムがある地に東京都庁が落成した1894（明治27）年、イギリス人のジョサイア・コンドルの設計による煉瓦造り3階建ての三菱1号館が完成した。現在の三菱商事ビル本館が建っている場所である。

この1号館を皮切りに、三菱2号館（現・明治生命ビル）、三菱3号館（現・新東京ビル）と次々に建設していった。1899（明治32）年には東京商工会議所の三菱4号館（現・東商ビル）が完成し、「**1丁ロンドン**」と呼ばれるビジネス街が出現した。幅36mの道路には、15mの高さに統一された煉瓦造り3階建ての建物が整然と建ち並んだ。

1911（明治44）年には三菱13号館が、1914（大正3）年6月には三菱21号館が竣工。同年12月に東京駅が開業すると、丸の内は急速に活気づき、「三菱ヶ原」と呼ばれた広大な荒れ地は、日本最大のビジネス街に生まれ変わったのである。

だが、日本の経済が成長してくると、オフィスビルが3階建てでは機能的でなくなってきた。やがて中層のビルに建て替えられていき、赤煉瓦の建物はすべて姿を消してしまった。それでも1970年代までは、1923（大正13）年に完成した旧丸ビルの高さ（31m）に統一され、美しいビル街が形成されていた。

やがてビルの老朽化にともない、丸の内から成長企業のオフィスが転出していく現象が見られるようになり、ビジネス街としての地位が低下しつつあった。そのため、かつての栄光を挽回すべく、2000年代に入ると丸の内も超高層ビルの時代に突入。

2002（平成14）年には、丸ビルが37階の超高層ビルに生まれ変わり、新丸ビルも2007（平成19）年に地上38階の超高層ビルになった。このように、丸の内は再開発により、これまでの建物が次々と超高層ビルに建て替えられていき、多くの人が集まる活気あるビジネス街の姿を取り戻している。

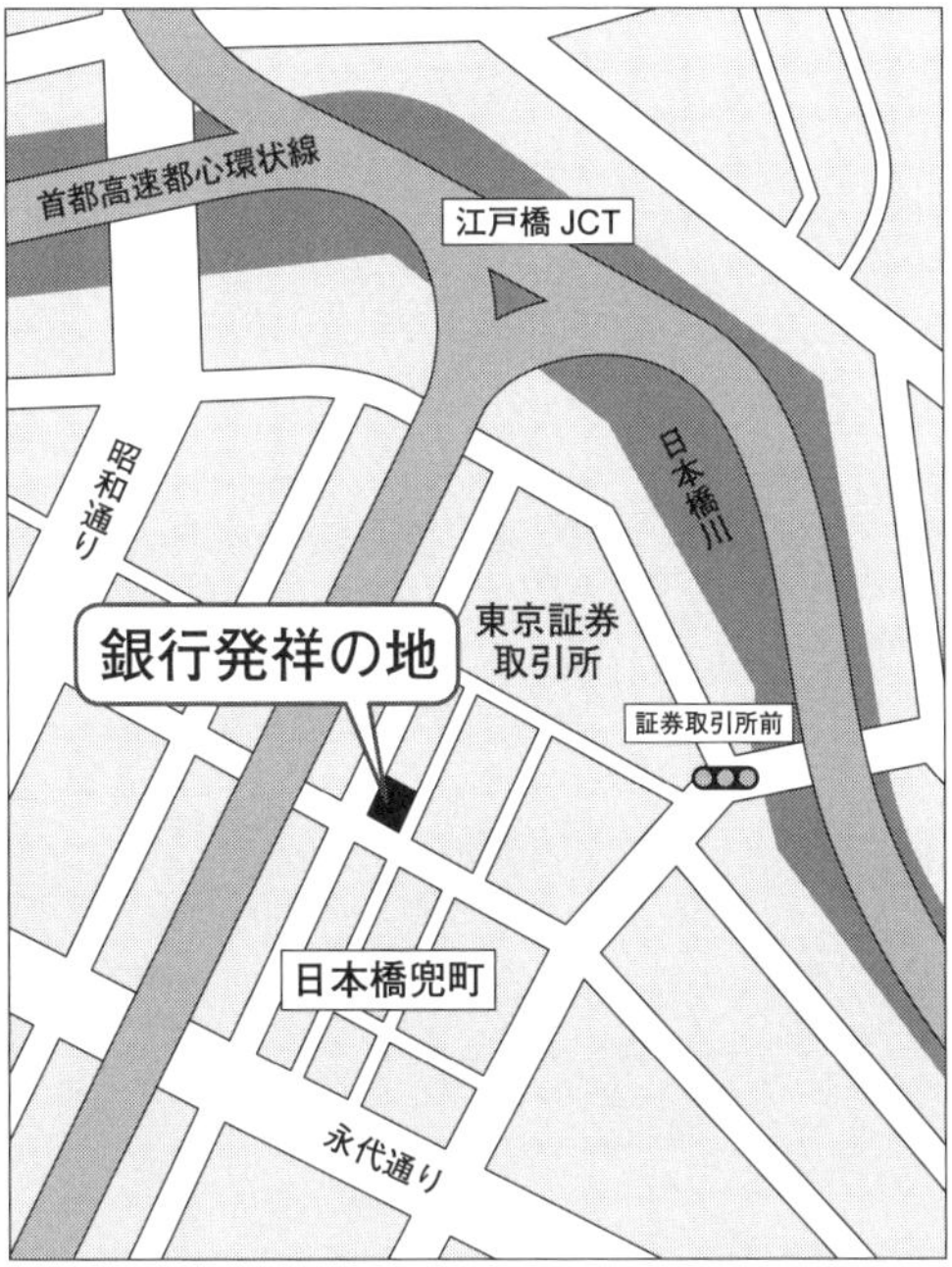

●日本最大の金融街は銀行の発祥地

丸の内は大手銀行や企業の本社、事務所などが集まる金融・経済の一大ビジネス街だが、日本最大の金融街といえば、何といっても東京証券取引所がある**日本橋兜町**だ。ここには東京証券取引所を中心に、大小100余りの証券会社が集中し、ニューヨークのウォール街、ロンドンのシティなどと並ぶ世界でも屈指の金融街を形成している。日本で最初の銀行が生まれたのも日本橋兜町だった。

1872（明治5）年、国立銀行条例が制定され、その法律に基づいて設立された国立銀行が日本で最初の銀行である。国立銀行は国が設立した銀行なのではなく、国立銀行条例に基づいて民間が設立した銀行である。1873（明治6）年、日本橋に

図-42　銀行発祥の地

設置された第一国立銀行を皮切りに、各地に国立銀行が設立されていき、1879（明治12）年までに、一つの欠番もなく153までの国立銀行が設立された。その一割以上の17行が東京で開設されている。国立銀行には設立順に番号がつけられたことから、「ナンバー銀行」とも呼ばれていた。

東京証券取引所の南側にある「みずほ銀行兜町支店」が日本で最初に銀行が設置された地で、このビルの壁面に**「銀行発祥の地」**と刻んだ記念プレートがはめ込まれている。

しかし、1882（明治15）年に日本銀行が設立されると、紙幣が発行できるのは唯一日本銀行のみとなり、国立銀行は普通銀行に転換されていった。そして1899（明治32）年までに、すべての国立銀行が姿を消した。国立第一銀行は「株式会社第一銀行」となり、第一勧業銀行を経て現在のみずほ銀行になっている。銀行名にナンバー銀行の名残をとどめている銀行もある。第四銀行（新潟）、十六銀行（岐阜）、十八銀行（長崎）、七十七銀行（宮城）、百五銀行（三重）、百十四銀行（香川）の6行は、国立銀行当時のナンバーをそのまま銀行名としている。

だが、三重県を地盤としている第三銀行は、三重無尽株式会社を前身とする地方銀行で、国立銀行とはまったく関係はない。また、長野市に本店を構える八十二銀行は、第六十三銀行と第十九銀行が合併した際に、両銀行名の数字を足して八十二銀行としたものである。

国立銀行が普通銀行に転換後、経営破綻や閉鎖、解散に追い込まれるなどして消滅した銀行が36行あり、残りの117行は現在も生き残っている。だが、いくども合併が繰り返されたため、ナンバー銀行は次第に姿を消していき、現在では約42％にあたる49行が東京に本社を置く三菱東京ＵＦＪ銀行、三井住友銀行、みずほ銀行の3行に統合されている。日本橋界隈には、都市銀行および地方銀行の本・支店が100行以上集中している。

大使館の98%が東京の山の手にある

●大使館より多い領事館

日本にある外国の大使館は、その国の特命全権大使が駐在して公務を執行する公館である。外交活動の拠点として、情報収集や広報文化活動、ビザの発給、パスポートの発行、経済活動など、自国のためのさまざまな業務を行なっている。国際法で外交特権および不可侵権が認められ、基本的に本国の領土とみなされている。日本国内にある小さい外国のようなものである。

長いあいだ鎖国政策を続けてきた徳川幕府は、欧米列強の圧力に屈して開国せざるを得なくなり、江戸末期、世界との国際交流の門戸を開いた。1858（安政5）年、東京に初めて置かれたアメリカ、イギリス、フランス、オランダの公使館が、わが国における大使館の始まりである。

アメリカの公使館は、1858年に締結された日米修好通商条約に基づき**善福寺**（元麻布1丁目）に置かれた。境内には、初代のアメリカ公使になったタウンゼント・ハリスの記念碑がある。イギリスは**東禅寺**（高輪3丁目）を公使館とした。イギリス公使館は、旧藩の浪士たちに襲撃された東禅寺事件で知られている。フランスの公使館は**済海寺**（三田4丁目）に、オランダの公使館は**西応寺**（芝2丁目）に置かれた。いずれも港区にある寺院だったが、それらの寺院は現存している。

日本に駐在している大使館は153ヵ国に上る（2016年末）。大使館のほか、領事館・総領事館という在外公館もある。総領事が館長を務める在外公館が総領事館で、総領事の下の領事が館長である場合が領事館である。全国には大使館の1・5倍以上にあたる240もの領事館（総領事館を含む）がある（表－13）。複数の領事館を有している国もある。

たとえば、アメリカは日本国内に5ヵ所（札幌、名古屋、大阪、福岡、那覇）、フランスは9ヵ所（北海道、宮城、新潟、愛知、京都、広島、福岡、長崎、沖縄）、ドイツは6ヵ所（北海道、宮城、愛知、大阪、福岡、沖縄）の領事館（総領事館を含む）を地方の都市に置いている。領事館には大使館の機能を分散することで、不測の事態に備えるという役目も担っている。

領事館が最も多いのは大阪府で47ヵ所、次いで愛知県30ヵ所、福岡県29ヵ所、北海道27ヵ所の順で、主に各地域の拠点都市に置いている。

全国に240もの領事館があるが、領事館が1ヵ所もない県が青森、岩手、山形、富山、石川、福井、山梨、三重、滋賀、奈良、和歌山、鳥取、島根、香川、愛媛、熊本、宮崎の17県ある。

表-13　都道府県別の領事館数

（総領事館を含む）

都道府県	領事館数	都道府県	領事館数
北海道	27	滋賀	0
青森	0	京都	11
岩手	0	大阪	47
宮城	7	兵庫	17
秋田	1	奈良	0
山形	0	和歌山	0
福島	1	鳥取	0
茨城	2	島根	0
栃木	1	岡山	1
群馬	1	広島	6
埼玉	1	山口	1
千葉	1	徳島	1
東京	13	香川	0
神奈川	9	愛媛	0
新潟	5	高知	1
富山	0	福岡	29
石川	0	佐賀	1
福井	0	長崎	5
山梨	0	熊本	0
長野	1	大分	1
岐阜	1	宮崎	0
静岡	3	鹿児島	4
愛知	30	沖縄	11
三重	0	全国	240

（外務省 在日外国公館リスト）

●大使館の半分以上が港区に置かれている

大使館は原則として駐在国の首都に置かれる。日本には153ヵ国の大使館があるが、そのすべてが東京23区内に置かれている。かといって、23区の全域に分布しているわけではなく、特定の地域に偏っている。大使館があるのは23区のうち9区だけで、残りの14区には大使館は一つもない（図－43）。

図－43　大使館の数

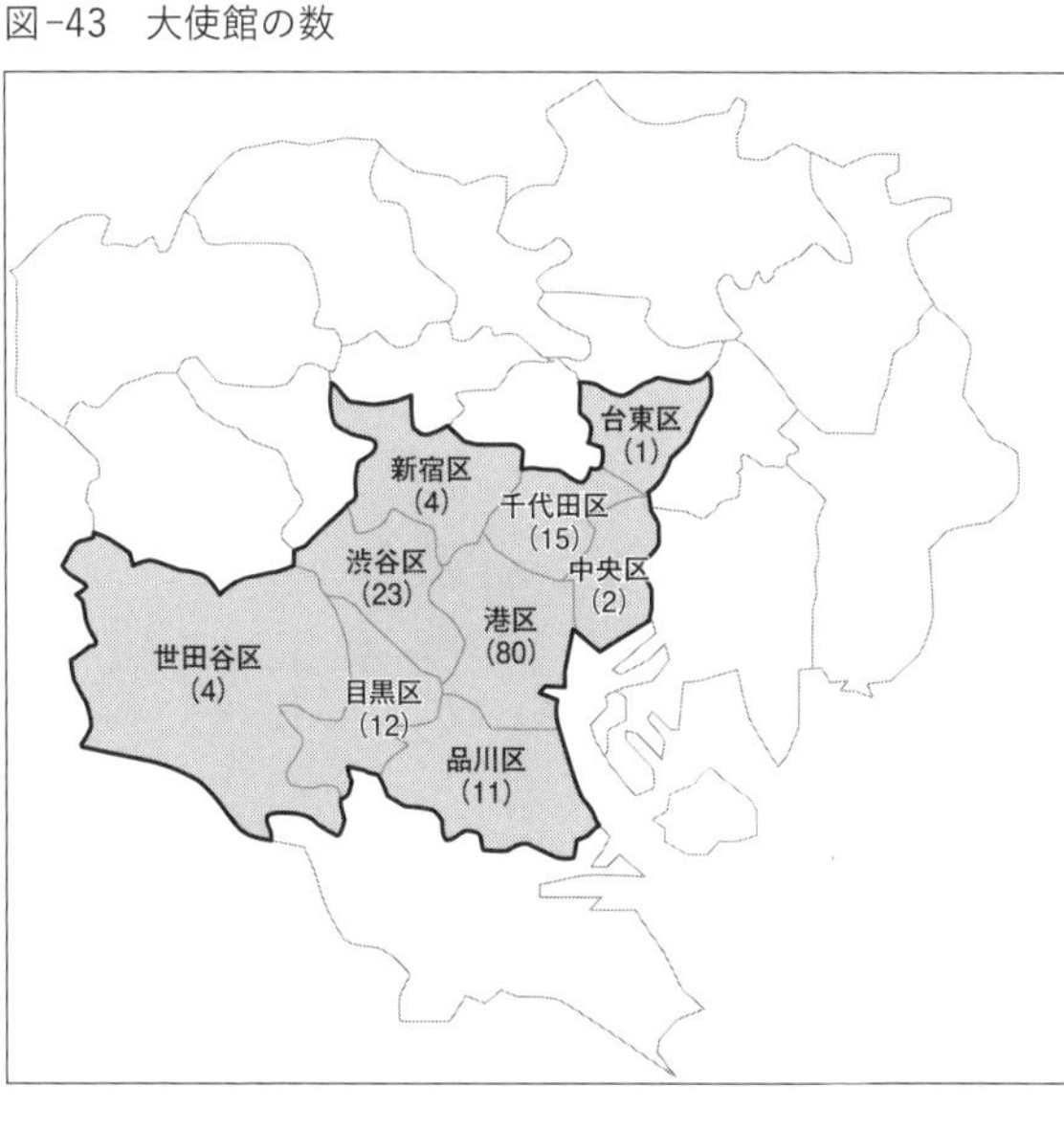

最も多いのは23区全体の3％ほどの面積しかない港区で、実に50％以上にあたる80ヵ国もの大使館がある。しかも、そのほとんどが元麻布、南麻布など、麻布界隈の限られた地域に集中している。

なぜ港区にこれほど多くの大使館が集まっているのか。これは単なる偶然ではない。理由は簡単。江戸時代、現在の港区には多くの大名屋敷があったからにほかならない。江戸幕府の崩壊により、大名屋敷は無用の長物になった。跡地は荒れ放題で、あちこちに広大な土地が空いていた。それらの土地に在外公館が置かれたのである。わが国にとっても、狭い地域に大使館が集まっていたほうが、警護がしやすく好都合だったため、政府は積極的に大使館を大名屋敷跡に誘致したというわけである。

大使館の位置を地図で確認してみると、ほとんどの大使館が山の手に置かれていることがわかる。23区のほぼ中央を南北に走り抜けているJR京浜東北線が、おおむね山の手と下町の境界になっている。京浜東北線より東側の面積は、東京23区のおよそ45%を占めているが、その45%の地域に、わずか3ヵ国の大使館しかないのである。

コンゴ民主共和国の大使館が台東区の浅草橋に、サモアの大使館が中央区入船に、アルバニアの大使館が中央区築地にある。京浜東北線の東側にある大使館はこの3ヵ国のみで、残りの150ヵ国、全体の98%は京浜東北線の西側、すなわち山の手側に置かれているのだ。

日本人は昔から水陸の交通の便がよい低地を好んで居住したのに対し、外国人は日当たりがよく、環境に優れた高台を好んだ。これも大使館が山の手に集まった要因になっている。日本でも近年は高台や丘陵地が住宅地として好まれるようになり、東京23区でも商業地域を別にすれば、下町より山の手のほうが人気も高くなっている。

港区は住環境に優れているばかりではなく、都心や港にも近い。すなわち交通の便もよかったというのが、大使館が港区に集まった原因にもなっている。

当然のことながら、日本と国交のない北朝鮮や台湾、パレスチナの大使館は存在しない。たとえ日本と国交があったとしても、財政的な理由から大使館を置いていない国もあるし、他国に置いた大使館が兼務している国もある。

東京の一等地の地価は高い。大国は一等地に大きな大使館を構えることができるが、新興国など小国にとっては、財政的に大きな負担になる。そのため、港区を敬遠して郊外に大使館を移すケースもある。アフリカのルワンダは、都心から離れた世田谷区深沢に大使館を置いているし、タンザニアは世田谷区上用賀に、カメルーンは世田谷区野沢に、アンゴラは世田谷区代沢に大使館がある。

4 東京は公園が多いか、少ないか

●1人あたりの公園面積が最も広いのは江戸川区、最下位は豊島区

東京には多くの公園（都市公園）がある。23区内だけでも上野恩賜公園や代々木公園、葛西臨海公園、駒沢オリンピック公園などのように、大きな公園がいくつもあるし、荒川や多摩川、江戸川などの河川敷には緑地公園が整備されている。

猫の額ほどしかない小さな公園なら、ちょっと街歩きをしただけでも、そこかしこで出会うことができる。多摩地区にも井の頭恩賜公園（武蔵野市・三鷹市）や小金井公園（小金井市）、昭和記念公園（立川市・昭島市）、野山北・六道山公園（武蔵村山市・瑞穂町）など数え上げればきりがない。

では、東京はほかの地域と比べて公園は多いのか、それとも少ないのか。

東京都にある都市公園の総面積は58・3㎢（表－14）。そのうち23区だけで、全体の47％にあたる27・6㎢の都市公園がある。これは台東区の2・7倍の広さになる。面積比率で見ると、23区の面積の4・4％が都市公園である。4・4％しかないというべきか。

全国には1228・9㎢の都市公園があるが（国土交通省都市局2015年）、日本の総面積に占める比率はわずか0・3％で、東京23区の面積比率の15分の1に過ぎないのだ。こうして見ると、東京はほかの地域に比べて都市公園には恵まれた都市だといえる。

だが、東京は人口密度が異常に高い。東京都の人口密度は全国平均のおよそ18・5倍、23区に限って見ると約45倍にもなる。したがって、1人あたりの公園面積は、全国平均を大きく下回ってしまうことになる。

国民1人あたりの公園面積は10・2㎡だが、東京都民1人あたりの公園面積は4・3㎡と、全国平均の半分以下しかない。23区に限って見ると、2・96㎡とさらに低い。

ニューヨークの1人あたりの公園面積は29・3㎢、ロンドンは26・9㎢、パリは11・8㎢というデータがある。東京の公園面積は増えつつあるというものの、欧米先進国の都市と比べるとまだまだ低い水準にある。

都市公園は都民の憩いの場であるとともに、祭りやイベントなどの会場としても活用できる。小さな公園は子どもたちの遊びの空間だし、災害時の避難場所にもなる。そのため、都市公園の整備は大都市にとっては切実な問題なのである。

23区で公園面積の比率が最も高いのは台東区で、区の面積の7・42%が都市公園である。1人あたりの公園面積は江戸川区が4・98㎡で最も広い。台東区には上野恩賜公園があり、江戸川区には葛西臨海公園や江戸川の河川敷に広大な緑地がある。

逆に都市公園に最も恵まれていないのが豊島区だ。公園面積の比率は1・4%、1人あたりの公園面積はわずか0・62㎡で、どちらも最下位である。

●新宿御苑は何公園か

東京には、大小いくつもの公園があるが、それらの公園は「自然公園」と「都市公園」のいずれかに分類される。自然公園は自然公園法により、自然の景観に優れた地域を保護するため公園に指定されたもので、国立公園、国定公園、都道府県立自然公園の3種類ある。

東京23区には、この3種類のいずれの自然公園も存在しない。だが、多摩地区には秩父多摩甲斐国立公園、明治の森高尾国定公園、都立狭山自然公園などのように、3種類すべての自然公園が揃っている。

23区内にある公園はすべて都市公園だといってよいだろう。都市公園は都市公園法により、地方公共団体が設置したもので、森林公園や運動公園、児童公園、風致公園、史跡公園、道路公園、交通公園、都市緑地などさまざまな公園や緑地がある。

2県にまたがる規模の大きな国営公園も、都市公園の一種である。自然の景勝に優れた地が自然公園なら、人工的につくられた公園が都市公園だと思えばよい。

23区にある公園はすべて都市公園であるとはいったが、実は都市公園にも自然公園にも属さないという不思議な公園がある。**新宿御苑**がその一つだ。

表-14　東京都にある都市公園の面積

市区町村	面積（km²）	公園面積の割合（%）	1人あたりの公園面積（m²）
千代田区	0.27	2.29	4.52
中央区	0.58	5.65	4.00
港区	0.50	2.45	2.03
新宿区	0.55	3.01	1.63
文京区	0.36	3.20	1.63
台東区	0.75	7.42	3.75
墨田区	0.77	5.61	2.98
江東区	2.21	5.50	4.41
品川区	0.73	3.19	1.86
目黒区	0.46	3.15	1.66
大田区	1.99	3.28	2.76
世田谷区	2.51	4.33	2.77
渋谷区	0.74	4.88	3.25
中野区	0.42	2.68	1.26
杉並区	1.11	3.25	1.95
豊島区	0.18	1.40	0.62
北区	0.96	4.63	2.78
荒川区	0.33	3.28	1.56
板橋区	1.89	5.87	3.35
練馬区	1.98	4.12	2.74
足立区	3.11	5.85	4.63
葛飾区	1.80	5.18	4.06
江戸川区	3.40	6.82	4.98
23区 計	27.64	4.41	2.96
市部 計	29.14	3.72	7.00
郡部 計	1.27	0.34	21.86
島嶼部 計	0.29	0.07	11.24
総合計	58.34	2.66	4.30

（東京都建設局『公園調書』2016年4月1日現在）

新宿御苑は人工的に造営された公園なのに、都市公園には含まれない。かといって自然公園でもない。それなのに、管理は自然公園と同じ環境省が行なっている。

新宿御苑は江戸時代、信州高遠藩内藤家の下屋敷があったところで面積は58・3ヘクタールと、代々木公園（54・1ヘクタール）や上野恩賜公園（53・5ヘクタール）よりも広大な公園である。江戸時代の大名屋敷が、いかに広い敷地を有していたかを思い知ることができる。

徳川幕府の崩壊で内藤家の下屋敷は明治新政府に没収され、農場として果樹や野菜などが栽培された。蚕も飼育され、製糸工場も設置されていたという。1879（明治12）年には、皇室の御料地の植物御苑となり、観桜会や観菊会、大正天皇の葬儀など、皇室の国家的な行事に利用された。

だが、第二次世界大戦で壊滅的な被害を受け、4年後の1949（昭和24）年、国民公園として一般に開放されたのである。国民公園は新宿御苑と皇居外苑、京都御苑の3ヵ所しかない非常に珍しい公園だといえる。

名称に「新宿」を冠しているものの、新宿御苑の敷地の40％ほどは渋谷区にある。苑内には日本庭園やフランス式の庭園、熱帯・亜熱帯の大温室などもあり、都心に広がる緑のオアシスとして、都民に親しまれている名園である。

●代々木公園は何の跡地？

新宿御苑が高遠藩内藤家の下屋敷跡に造営された公園なら、新宿御苑と目と鼻の先にある**代々木公園**は何の跡地に造営された公園なのだろうか。

代々木公園の面積は54・1ヘクタールと、上野恩賜公園をしのぐ大きな都市公園である。広大な緑の空間だけに、代々木公園が誕生する前まで、ここに何があったのか、どのような歴史をたどってきたのか気になるところだ。

表-15　東京都にある主な都市公園(20ha以上)

公園名	面積(ha)	所在地
野山北・六道山公園	140.8	武蔵村山市、瑞穂町
水元公園	93.4	葛飾区
葛西臨海公園	80.6	江戸川区
小金井公園	77.5	小金井市
光ヶ丘公園	60.7	練馬区、板橋区
代々木公園	54.1	渋谷区
上野恩賜公園	53.5	台東区
舎人公園	51.3	足立区
小山内裏公園	45.9	町田市、八王子市
小山田緑地	44.3	町田市
夢の島公園	43.3	江東区
駒沢オリンピック公園	41.3	世田谷区
野川公園	39.9	調布市、小金井市、三鷹市
砧公園	39.1	世田谷区
井の頭恩賜公園	38.3	武蔵野市、三鷹市
長沼公園	32.0	八王子市
八国山緑地	29.1	東村山市
篠崎公園	28.7	江戸川区
桜ヶ丘公園	27.8	多摩市
滝山公園	25.9	八王子市
小宮公園	25.1	八王子市
赤塚公園	25.0	板橋区
大島小松川公園	24.8	江東区
城北中央公園	24.2	板橋区、練馬区
木場公園	24.1	江東区
武蔵野公園	23.0	小金井市、府中市
大戸緑地	22.4	町田市
石神井公園	20.1	練馬区

＊1km² =100ha

徳川家康が江戸に入城した当時、このあたりは武蔵野の雑木林が茂る荒涼とした風景が広がっていたのだろう。江戸後期になると、そこに井伊直弼の下屋敷をはじめ、諸藩の大名屋敷が建ち並ぶようになった。

しかし明治維新後、大名屋敷は取り壊され、民有地になって茶や桑などが栽培されるのどかな風景に変貌した。

明治も末期になると、この周辺一帯は陸軍省の用地となり、陸軍の練兵場が置かれた。ここで歩兵連隊の訓練などが行なわれていたが、演習で砂埃が立ち込める殺伐とした風景から「代々木の原」とも呼ばれた。第二次世界大戦が終結するまで、代々木の原は陸軍の重要な基地として機能していたのである。

だが、敗戦により米軍に占領され、米軍の要求で駐留軍およびその家族の住宅が建設された。日本人の立ち入りは禁止されていたため、一般の人には住宅地のなかの様子はわからなかったが、当時の日本の住宅事情からは想像もつかないような、近代的な住宅が建ち並んでいた。学校や教会、映画館、商店なども備えたアメリカの街が再現され、「ワシントンハイツ」と呼ばれた。

ワシントンハイツは１９６１（昭和36）年、日本に全面返還され、１９６４（昭和39）年に開催される東京オリンピックの選手村に生まれ変わった。

選手村に隣接して、国立競技場や国際放送センター（現・ＮＨＫ放送センター）なども建設された。選手村の跡地につくられたのが現在の代々木公園である。

公園の計画図は一般公募で決定され、１９６７（昭和42）年に開園した。今では若者文化の発信地として人気がある公園だが、江戸末期から現在にいたるまでの百数十年の間に、これだけ目まぐるしい変遷をたどってきた公園なのである。

5 東京の商店街はなぜ元気？

●商店街は衰退していくのか

商店街とは、商店が建ち並んでいる通り、商店が集中している地域をいう。経済産業省経済産業政策局では、商店街を「小売店、飲食店およびサービス業を営む事業所が近接して30店舗以上あるもの」と定義している。全国には30数店舗しかないこじんまりした商店街から、何百店もが隙間なく連なっている大規模な商店街まで、さまざまな形態のものがある。中小企業庁の調査によると、全国には1万4655ヵ所の商店街がある（2016年11月）。

昭和30年代頃までは、どんなに小さな町にも商店街が存在していた。商店街を核に、町が大きく発展してきたのだ。しかし、日本が高度成長期に差し掛かった頃から、商店街の雲行きが怪しくなってきた。

モータリゼーションの到来で、一般家庭にマイカーが普及し始めたことにより、それまでは交通手段として鉄道やバスに依存してきた人たちが、どこへも容易に移動できる自動車を生活の足として利用するようになったのだ。

それにともない、大型のショッピングセンターが郊外に進出してきた。しゃれた店が多く、目新しい商品が溢れる大型の商業施設は、旧態依然とした地元の商店街に比べ、はるかに魅力的で求心力があった。町の人たちは、自動車の駐車もできない商店街に行くより、家族連れでゆっくり買い物が楽しめるショッピングセンターに出向くようになったのである。

そのため、地元の商店街から次第に客足は遠のいていった。歩く人がいなければ商店街はさびれていく。商売として魅力がなくなれば、後を継ぐ人もいなくなる。やがて空き店舗が目立つようになり、シャッター通りと化していった。商店街は全国的に減少しつつある。

モータリゼーションの影響を最も受けなかったのが東京だといえるだろう。東京は、地方とは比較にならないほど鉄道が発達している。東京は、JRのほか、私鉄や地下鉄などが網の目のように張り巡らされ、少し歩けばどこかの駅にたどり着ける。そのため、移動手段として自動車をさほど必要としていない人が多いのだ。

鉄道を利用する人が多ければ、駅の周辺に商店街が発達する。東京には駅の数だけ商店街があるといってもよい。いや、それ以上にあるだろう。一つの駅の周辺に、5つも6つも商店街が形成されているケースも少なくない。

東京は人口の密集地なので用地の確保が難しく、地価も高いので大駐車場を備えた郊外型のショッピングセンターが少ないというのも、東京の商店街が元気な理由の一つにもなっている。だが、東京には街歩きを楽しむ文化が根づいているということも見逃せないだろう。

東京都には2625ヵ所の商店街があり、そのうち1995ヵ所が23区内にある。全国比で見るとかなり高い数値だ。東京の商店街はどこも元気かというと、必ずしもそうではない。商店街の厳しさは東京も例外ではないのだ。ほかの地域に比べれば、商店街の減少率は低いし、人出の多い商店街が多いが、10年前と比べると東京都だけでも200以上の商店街が姿を消している。だが、イベントを開催したり、さまざまなアイディアをこらしたりするなど、商店主たちの経営努力で魅力的な商店街に生まれ変わり、賑わいを復活させたという例があることも忘れるわけにはいかない。商店主たちの創意と工夫で、商店街が蘇るチャンスは必ずあるはずだ。

●日本で最初の銀座商店街が品川で誕生

繁華街の代名詞になっている東京の「銀座」、その地名を名称に使っている商店街が、全国に

図-44　東京で一番長い商店街、戸越銀座商店街

300以上もある。「旭川銀座商店街」「千葉銀座商店街」「堺銀座商店街」などなど…。そのいずれの商店街も、東京銀座の繁栄にあやかって名づけられたものであることは今さらいうまでもないことだが、それにしても、よくもこれだけ多くの商店街が縁起を担いだものだ。だが、銀座商店街の約3分の1は、銀座のお膝元である東京にある。銀座が身近なところにあるだけに、東京の商店街は銀座の繁栄に少しでも近づきたい、賑やかな商店街になりたいという思いも強いのだろう。

銀座商店街の元祖ともいえるのが、品川区にある**戸越銀座商店街**だ。ただ、戸越銀座商店街は意味もなく商店街の名称に、銀座の地名を使ったわけではなかった。「煉瓦が取り持つ縁」とでもいえばいいのか、銀座から煉瓦を譲り受けたことが縁で、銀座への感謝の気持ちを込めて、「銀座」の文字を新しい商店街の名称に使用したのである。

1923（大正12）年の関東大震災で、戸越商店

街は大きな被害を受けた。戸越商店街は土地が低かったため、雨が降ると道路は冠水して泥んこ状態になった。買い物客の出足は鈍り、商店街にとっては大きな打撃になったばかりではなく、日常の生活にも支障をきたした。そんなとき、関東大震災で同じように大きな被害を受けていた銀座が、国の援助を受けて復旧工事を行ない、煉瓦敷きの道路がアスファルト化されるという情報が耳に入ってきた。

そこで戸越商店街では、銀座から不要になった煉瓦をもらい受けようということになり、それを道路に敷きつめて水はけをよくするとともに、排水や下水工事にも煉瓦を活用した。

当時の東京の道路は、ほとんどが非舗装だった。そのため、雨が降れば道路は泥んこになり、晴天が続けば道路は乾燥する。そこへ風が吹けば砂塵が舞い上がり、洗濯物も安心して干せない。真夏でも家の窓も開けられない、蒸し風呂状態だった。

戸越商店街がいち早く復旧できたのも、銀座から煉瓦をもらうことができたからだった。まさに銀座さまさまである。これが縁で1927（昭和2）年、戸越が商店会を設立した際、新しい名称に「銀座」の地名を譲り受けて「戸越銀座商店街」と命名した。銀座名を使った日本で最初の商店街が、銀座近くにある戸越銀座商店街だったのである。約400の商店が軒を連ね、商店街の長さは約1・3kmにもおよぶ。東京で一番長い商店街で活気もある。

東京には「銀座」の文字を使った鉄道の駅名が4駅ある。「銀座駅」「東銀座駅」「銀座1丁目駅」、そして戸越銀座商店街の玄関口にもなっている「戸越銀座駅」の4駅である。最初に開設されたのが本家の銀座ではなく、戸越銀座だったのだ。

東京メトロ銀座線の銀座駅が開設されたのは1934（昭和9）年、丸ノ内線の銀座駅は1957（昭和32）年、日比谷線の銀座駅は1964（昭和39）年、東京メトロ日比谷線と都営地下鉄の東銀座駅が開設されたのは1963（昭和38）年、東京メトロ

表-16　東京都にある銀座商店街

自治体名	銀座商店街の名称
港区	魚らん銀座
新宿区	高田馬場銀座、目白銀座
文京区	根津銀座
台東区	谷中銀座
墨田区	向島橘銀座、吾嬬銀座
江東区	砂町銀座、住吉銀座、大島銀座、大島中央銀座
品川区	戸越銀座、武蔵小山銀座、小山五丁目銀座、品川銀座、大井銀座、馬込銀座、山王銀座、三ツ木通り銀座、荏原銀座、
目黒区	目黒銀座、中目黒駅西銀座、自由が丘銀座、
大田区	大森銀座、日の出銀座、入三銀座、久が原銀座
世田谷区	三軒茶屋銀座、奥沢銀座、上町銀座会、野沢銀座
渋谷区	恵比寿銀座、上原銀座
中野区	東中野銀座、家政銀座、ふじみ銀座
杉並区	荻窪銀座、西荻窪銀座、西荻窪北銀座、西荻東銀座、西荻北銀座、西荻南銀座、久我山銀座、高円寺銀座、方南銀座、松ノ木銀座
豊島区	池袋西口銀座、トキワ銀座、大塚銀座、長崎銀座、駒込銀座、駒込東銀座、染井銀座、要町銀座
北区	十条銀座、十条富士見銀座、東十条銀座、滝野川銀座、西ヶ原銀座、霜降銀座、神谷銀座、志茂銀座、田端銀座、王子銀座、上中銀座、上中里銀座、梶原銀座、梶原仲銀座、駒込東銀座、浮間銀座
荒川区	荒川銀座、荒川銀座、町屋駅前銀座、町屋銀座、尾久銀座、小台本銀座、小台橋通り銀座、日暮里銀座、三の輪銀座
板橋区	赤塚銀座、大山銀座、上板南口銀座、常盤台銀座、志村銀座、蓮根銀座
練馬区	練馬銀座、仲町銀座、江古田銀座、旭丘銀座、東大泉仲町銀座
足立区	五反野駅前通銀座、関原銀座、大師銀座、興野銀座、綾瀬中央銀座、東和銀座、東和中央銀座、梅田銀座
葛飾区	亀有銀座、青戸銀座、金町銀座、新小岩銀座
江戸川区	葛西銀座、松江銀座
八王子市	八王子駅前銀座
立川市	立川銀座、立川栄町銀座
三鷹市	三鷹駅前銀座、三鷹西銀座、三鷹南銀座
府中市	府中銀座
調布市	調布銀座
東村山市	久米川中央銀座
福生市	福生銀座、福生銀座中央、福生東銀座
狛江市	狛江銀座
清瀬市	清瀬銀座

＊「商店街」「商店会」「通り」などの文字は省略

有楽町線の銀座1丁目駅は1974（昭和49）年の開設である。だが、東急池上線の戸越銀座駅は1927（昭和2）年と、いずれの駅よりも早く開設されている。

●東京にある東洋一長いアーケード商店街

商店街の最大の弱点は、天候に著しく左右されるということだろう。雨が降れば客足は遠のき、日差しが強い日は日焼けで商品価値が著しく低下する。その対策として生まれたのが「アーケード」だ。雪国で見られる「雁木（がんぎ）」が、アーケードのルーツだといわれている。雁木とは、町屋の軒下から道路に庇を張り出し、その下を通路としたもので、積雪で道路が閉ざされても通路が確保されるので、支障なく日常生活を営むことができる。雁木を発展させたのがアーケードである。

日本で最初のアーケードは、1921（大正10）年に別府温泉で生まれた「竹瓦小路アーケード」だといわれている。長さ70m、幅3mの小規模なアーケードだが、現在も存在しており、経済産業省の「近代化産業遺産」に認定されている。

アーケードの多くは、日本の高度成長期に誕生している。当時は近代的でおしゃれだと人気を博し、どの商店街も競うかのようにアーケードを設置した。東京にも多くのアーケード商店街がある。だがアーケード商店街は西高東低で、圧倒的に西日本のほうが多い。東京都にあるアーケードは50ヵ所ほどだが、大阪府にはその約4倍、大阪市だけでも150以上のアーケードがある。

なぜ大阪でこれほどアーケードが発達したのかというと、大阪の人は新しい物好きだという人もいれば、大阪は商人の町だから、売上を伸ばすためなら支出を惜しまないという土壌があるからだという人もいる。地下街との競争激化で、アーケードの設置に拍車がかかったのではないかともいわれている。

道路の上に屋根が設置されるので、屋根が落下して事故が起きないとも限らない。建設省（現・国土交通省）は1955（昭和30）年、事故を未然に防ぐためアーケードの設置基準を定めた。それによると、道路の全面を覆うアーケードの場合は、道路幅が4m以上8m未満に制限された。大阪市にアーケードが多いのは、建設省の設置基準に適合した道路幅の狭い商店街が多かったからだとも考えられる。

東京には、完成した当時は「東洋一長いアーケード」として話題になった商店街がある。戸越銀座商店街からほど近くにある**「武蔵小山商店街パルム」**である。武蔵小山商業組合が結成されたのは1947（昭和22）年、アーケードが設置されたのは1956（昭和31）年だというから、日本が高度成長期に差し掛かった頃である。全長800m、そこに250の店舗が連なっている。当時としては東洋一長いアーケードとして話題になり、視察団も訪れた。現在でも、東京で代表的な商店街としてマスコミでもしばしば取り上げられており、多くの買い物客で賑わう活気がある商店街である。

元気がある商店街がある一方で、相次いでアーケードが撤去されているという現実を見逃すわけにはいかない。設置してから30〜50年が経過し、老朽化しているアーケードが少なくないのだ。雪国の商店街に設置されているアーケードでは、豪雪に耐え切れず損壊するという事故も発生している。しかし、新たにアーケードをつくり替えるには多額の費用を要する。元気のある商店街なら、アーケードを新しくするということは商店街の個性や魅力を表現できる絶好のチャンスにもなるが、衰退しつつある商店街では費用を捻出することも容易なことではない。北海道では相次いでアーケードが撤去されている。

また、空き店舗が多い商店街では、昼間でもシャッターが閉まったままでは暗いイメージがあるので、青空を取り入れて開放的にしたほうがいいと、アーケードを撤去した例もある。東京の商店街では、アーケードが撤去されたというケースは少ない。

知っていそうで知らない東京の意外な事実①

●明治時代には存在しなかった明治神宮の森

東京タワーや東京スカイツリーなどの展望台から東京の街を見下ろすと、ビル群のなかに広大な緑に包まれた一角が目に飛び込んでくる。面積は約73ヘクタール、上野公園の1・3倍以上もある大きな森である。山手線の原宿駅の西側に広がっている**明治神宮の森**で、その中央に明治神宮が鎮座している。

大きな神社は、森や林の茂みのなかに鎮座していることが多い。伊勢神宮も日光東照宮も、社の周辺は森林地帯だ。森には神が降り、神が宿る地だと信じられているからである。樹木が鬱蒼と茂る明治神宮の参道を歩いていると、緑深い大自然のなかにいると錯覚してしまいそうだ。ここが大都会東京のど真ん中だとはとうてい思えない。

だが、明治神宮は緑濃い森のなかに造営されたわけではない。このあたりは古くからの森林地帯で、明治神宮の周辺だけが開発から逃れたのだと思っている人もいるが、明治時代には、このあたりに樹木はほとんど茂っていなかったのだ。明治神宮の森は天然林ではなく、人の手によってつくられた人工林なのである。

江戸時代、神宮の森には彦根藩井伊家の下屋敷が置かれていた。それが幕府の崩壊で井伊家の屋敷は政府に接収され、御料地(南豊島御料地)になった。御料地には草原や田畑などが広がり、沼地にはアシが茂るという荒れ地だった。そこが大きく生まれ変わったのは、大正時代になってからである。

1912(明治45)年、明治天皇が崩御し、京都の伏見桃山御陵に葬られた。だが、明治天皇を慕う人々から、天皇を祀る神社を創建したいという請願が相次ぎ、2年後の1914(大正3)年、皇后の昭憲皇太后が崩御したことにより、神社創建の機運

が一気に高まった。政府は神社奉祀調査会を組織し、翌年、明治天皇と昭憲皇太后を祀る神社を創建する

図-45　明治神宮彦根藩下屋敷（「外桜田永田町絵図」）

ことが正式に決定した。

どこに造営するか、当初は全国から候補地が挙がった。だが、最終的には明治天皇と昭憲皇太后にゆかりの深かった現在地に造営されることになった。

神社を創建するからには鎮守の森がなければならない。明治天皇を崇拝する全国の人々から献木が寄せられ、その数は10万本にも上った。自発的に勤労奉仕に参加する人も全国から集まった。なにはともあれ、明治神宮は造営工事に着手してから5年後の1920（大正9）年に完成した。

当時の総理大臣であった大隈重信は、神社の周辺を日光や伊勢などのような荘厳な杉林にすることを主張した。だが、武蔵野台地では照葉樹でなければ育たないという学者たちの意見が尊重され、東京のど真ん中に、まるで天然林のような樹木が鬱蒼と茂る広大な森が完成したのである。明治神宮は初詣の参拝者数が日本一多い神社として知られている。2020年には、明治神宮鎮座百年祭が催される。

●上野の西郷隆盛像は皇居前に設置されるはずだった

上野公園の南側入口の階段を上がった広場に、西郷隆盛の銅像が置かれている。上野公園のシンボルとして、また東京の観光名所の一つとして親しまれているが、どうしてこの場所に西郷隆盛の銅像が建立されているのだろうか。それには理由がある。西郷隆盛は大久保利通、木戸孝允とともに「維新の三傑」として知られる人物で、戊辰戦争では官軍の参謀として勝海舟と会談し、江戸城の無血開城を実現させた。

これにより江戸は戦火を免れ、江戸の住民100万人の財産と人命が救われたといわれている。このように、西郷隆盛は維新の功労者として高く評価されている。しかし、1873（明治6）年の征韓論を巡る政変に敗れて下野し、1877（明治10）年に発生した鹿児島士族による反政府反乱の西南戦争を主導して、悲運の死を遂げた。維新の英雄が、反逆者のレッテルを貼られてしまったのである。

明治天皇からの信頼が厚かった西郷隆盛を、反逆者のまま埋もれさせてしまうのはしのびないと、1889（明治22）年、反逆者という汚名を解いて正三位を追贈し、維新の功績を顕彰して銅像を建立することになった。それが上野公園にある西郷隆盛像である。

初めは、皇居前広場の楠木正成の銅像が立っているあたりに設置される予定だった。しかし、反逆者としての汚名が解かれたとはいえ、完全に拭い去ることはできなかった。皇居前広場に銅像を設置することに反対する者が多かったため、上野の山に設置されることになったのである。

なぜ上野の山だったのかというと、ここは彰義隊などの旧幕府軍と、薩摩・長州を中心とした官軍との間で激戦が繰り広げられた上野戦争の舞台になったところだ。この戦いでは、薩摩藩兵士らの奮戦で彰義隊を全滅させることができた。西郷隆盛には忘れがたい記念すべき地だったのである。

銅像が建立されたのは、西郷隆盛がこの世を去ってから21年後の1898（明治31）年のことだった。除幕式には総理大臣の山県有朋や、勝海舟ら800名が参列して盛大に催された。高さ370cm、彫刻家高村光雲（高村光太郎の父）の作である。軍服姿ではなく、愛犬を連れて野山で狩りをする着物姿の像にしたのは、西郷隆盛が多くの人から慕われていたからだといわれている。

西郷隆盛の銅像は、鹿児島市と鹿児島県霧島市にも建立されている。鹿児島市にある銅像は、1937（昭和12）年に建立された。直立の軍服姿で高さは8m。上野の西郷像の2倍以上である。

あと一つ、霧島市の銅像は鹿児島空港近くの霧島公園に立っている。西郷隆盛の没後100周年を記念して建立されたもので、高さが10・5mもある。3ヵ所の西郷像のなかでは最も大きな像である。

●晴海に官庁街が形成されていた可能性がある

1889（明治22）年4月1日、市制町村制が施行され、翌月の5月1日、15区からなる東京市が誕生した。市役所は麹町区有楽町に置かれた。現在の千代田区丸の内三丁目、東京国際フォーラムが建っている場所である。

1894（明治27）年には、この地にルネッサンス様式の東京市庁舎、いや東京府庁舎が完成した。煉瓦づくり2階建ての建物である。東京市庁舎として独立した建物は存在せず、東京府庁と東京市役所が同居する合同庁舎だった。

だが、東京市がこれから大きく発展していくためには、市役所が手狭になることが予想された。その備えとして、新たに市庁舎を建設するべきだという意見が浮上し、市役所の移転計画が具体化しつつあった。

1933（昭和8）年の東京市議会では、市役所の移転賛成派と反対派の意見が激しく対立して紛糾したが、賛成派の主張が反対派のそれを上回り、市役所の月島への移転計画案が決議された。移転候補地は現在の晴海（月島第4号埋立地）であった。晴海は2年前に完成したばかりの広大な埋立地である。将来性もある。

候補地は現在、オフィスビルやマンション、商業施設などが建ち並び、多くの人で賑わう「晴海アイランド・トリトンスクエア」になっているが、ここが市庁舎の移転予定地に決まったのである。

市庁舎の建設にあたって、建築設計競技コンペも行なわれた。応募作品が多数寄せられ、入選作品も決定していた。にもかかわらず、市庁舎の移転計画は白紙に戻った。

都心から遠く離れている月島に市庁舎を移すのは、市民が不便を強いられ東京市にとっても大きな損失になる。月島では立地条件があまりにも悪すぎる。市庁舎は都心に設置するべきだなどと主張する反対派が、次第に勢力を増してきた。特に富裕層が多く住む山手の住民に、反対する者が多かったという。反対勢力の激しい抵抗に市議会は紛糾し、それを回避するためにも、月島への移転計画は撤回せざるを得なくなった。

第二次世界大戦真っただ中の1943（昭和18）年7月、東京市と東京府が合体して東京都が成立した。ルネッサンス様式の合同庁舎が東京都庁として使われることになったが、戦災で焼失してしまった。戦後、同じ場所に新庁舎が完成したが、東京の巨大化にともなってやがて手狭になり、都庁の移転計画が再び浮上してきた。

そして丸の内に置かれていた東京都庁は1991（平成3）年、新宿の超高層ビル街に移転したのである。もし昭和の初め、市庁舎の月島への移転計画が実現していれば、都庁が新宿へ移転することはなかったかもしれないし、晴海に官庁街が形成されていた可能性は十分に考えられる。

7 知っていそうで知らない東京の意外な事実②

●東京の都心に8本の100m道路が建設されるはずだった

巨大都市東京には道路が縦横無尽に走っているが、複雑怪奇で実にわかりづらい。計画的に建設された道路網とはとうてい思えない。しかし、広幅員の幹線道路網を建設するという道路計画が、東京では明治時代からこれまで幾度も持ち上がっている。ただ、戦争や財政難などさまざまな理由で、その都度計画は見直され、挙句の果てに頓挫して実現には至らなかった。

最も大規模なものは、「**戦災復興幹線道路計画**」である。

第二次世界大戦で東京は焦土と化した。被災面積は約160㎢にもおよび、罹災戸数は70万戸、罹災者数300万人、死者10万人以上という空前の大被害である。政府は敗戦後、直ちに戦災復興院を設立し、「戦災地復興計画」を打ち出した。

東京がこれほど大きな被害に見舞われたのは、アメリカ軍による無差別な空爆が熾烈を極めたからなのだが、木造家屋が密集していたことも大きな原因になっている。それに、東京には被災者が避難できるような公園がほとんどなかったし、狭い道路が入り組んでいたため、延焼を食い止めることができなかった。

江戸時代には、1657（明暦3）年の「明暦の大火」で江戸の町はほとんどが焼失し、1923（大正12）年の関東大震災でも、東京の中心部がほぼ全焼した。これなども、道路が狭かったため延焼を食い止めることができなかったからである。

そこで東京では、帝都復興を早期に成し遂げるためにも道路整備を最重要課題とした。幾度も検討が重ねられ、将来の交通量の増加を想定して、市街地を縦横に走る幅員40m以上の幹線道路を整備し、100m道路を8路線建設するという壮大なスケールの計画が打ち出された。幅員100mのうち、40mを緑地帯とし、緑溢れる幹線道路の建設計画を描いていたのである。

名古屋市には、都心を東西と南北に走る2本の100m道路があるが、東京の100m道路計画はそれをはるかに上回る大規模なものだった。もしこの道路計画が実現していれば、東京の都心は現在とは大きく変わっていただろう。

幹線道路計画は都議会で正式に決まったものの、道路整備は一向に進展しなかった。

その原因は、資金や資材が不足していたということもあるが、マッカーサー司令部が東京の戦災復興都市計画は、まるで戦勝国であるがごとき計画であるとして反対し、計画の縮小を求めていたのである。敗戦国なのだから、復旧するにとどめよということなのだろう。

GHQの占領下に置かれている日本は、その指示に歯向かうこともできず、復興計画は再検討せざるを得なくなった。幹線道路の幅員は大幅に縮小することを余儀なくされ、幅員100mの幹線道路は幻と化した。これによって、道路面積は当初の計画より30%も減少することになった。

現在、東京への一極集中はますます激しくなっており、沿道には高層ビルが林立している。ここに100m道路を新たに建設することは至難の業で、再び東京で100m道路の建設計画が持ち上がることはあり得ないだろう。

●ゴミで造成された島がなぜ「夢の島」？

「夢の島」というと、ゴミの島というイメージが強い。東京都民から吐き出されたゴミで造成された島だからだ。

日本の高度成長期、江東区の東京湾岸では、溢れんばかりのゴミを積み込んだダンプカーが頻繁に行き来していた。行き先はすべて「夢の島」である。「夢の島」というネーミングと、「ゴミの処分場」という現実とがあまりにもかけ離れており、違和感を抱いた人は少なくない。なぜゴミで造成された島に、「夢の島」という名称がつけられたのだろうか。

「夢の島」は、初めからゴミの処分場として造成されたわけではない。当初はここにゴミを運ぶことなど想定していなかったのだ。

昭和初期、大陸との貿易が盛んになってくると、大型船舶が接岸できる港に整備する必要が出てきた。そこで打ち出されたのが東京港修築計画で、浚渫工事によって掘り出された土砂で埋立地を造成し、そこに世界でも最大規模の飛行場を建設するという壮大な計画が持ち上がったのである。

1939（昭和14）年から飛行場の建設工事が着手されたが、戦況の悪化で工事は滞り、財政難もあって工事は中止せざるを得なくなった。そして敗戦を迎え、日本はGHQの占領下に置かれた。GHQは羽田空港を拡張する方針を打ち出したため、新空港の建設計画は立ち消えになった。

そこで、飛行場に代わって浮上したのが、海水浴場を整備するという計画であった。1947（昭和22）年、当時はまだ「南砂町地先」という名称しかなかった「夢の島」に、ハワイのような夢のある海

表-17　戦災復興計画による
幅員100ｍの幹線道路８路線

起　　点	終　　点
麹町区麹町２丁目	四谷区四谷２丁目
牛込区市谷本村町	中野区本町１丁目
京橋区宝町１丁目	下谷区三之輪町
下谷区御徒町１丁目	浅草区蔵前１丁目
京橋区宝町１丁目	芝区田町４丁目
深川区東陽町３丁目	本所区向島押上町
京橋区槙町１丁目	京橋区八丁堀１丁目
芝区新橋４丁目	下谷区御徒町１丁目

※麹町区は現在の千代田区、京橋区は中央区、芝区は港区、四谷区および牛込区は新宿区、浅草区および下谷区は台東区、深川区は江東区、本所区は墨田区

のリゾートが誕生し、「夢の島海水浴場」と名づけられた。

しかし、台風の被害と財政難で経営が行き詰まり、オープンからわずか3年で閉鎖に追い込まれてしまった。残されたのは「夢の島」という名称だけだった。

長いあいだ、夢の島は放置され、荒れ放題になっていたが、1957（昭和32）年になって、ゴミ処分場として活用されることになった。江東区潮見にあったゴミ処分場が、パンク寸前の状態に陥っていたからである。

それからというもの、毎日何百台というゴミの運搬車が、数珠つなぎになって「夢の島」を目指して走っていく。沿線の住民はトラックの排気ガスと悪臭に悩まされたが、当初は特に大きなトラブルが発生することもなく、都民から吐き出されたゴミが「夢の島」に運び込まれていった。

しかし1965（昭和40）年、江東区の南部地域でハエが大量に発生するという事件が起き、大きな社会問題としてクローズアップされることになった。

東京中のゴミが江東区に運び込まれたのでは、江東区民もたまったものではない。マスコミは連日のようにゴミ問題を取り上げた。美濃部亮吉知事は、東京が今「ゴミ戦争」の真っただ中にあることを宣言し、東京都もその対策に乗り出した。

紆余曲折はあったものの、地域のゴミは地域で処分するという方針が打ち出されることになり、やがてゴミ戦争は沈静化していった。

今では「夢の島」も、そのような過去があったことを微塵も感じさせないほどの明るさで、公園やスポーツ施設などの整った緑溢れる「夢の島」に生まれ変わっている。

知っていそうで知らない東京の文化

●コマツナ、ソメイヨシノは東京の地名に由来する

　今さらいうまでもないことだが、東京都の耕地面積は全国で最も狭い。当然のことながら、農作物の生産量も全国で最も低く、東京都の食料自給率は１％（カロリーベース）しかない。日本の食料自給率が39％（２０１５年）だから、東京はその39分の１に過ぎないのだ。

　都道府県別で見ると、北海道の食料自給率は２０８％、秋田県は１９０％、山形県は１４１％というように、１００％を上回っている自治体もあるというのに、いかに東京都は、他県で生産している食料に依存しているかということがわかる。

　しかし、かつては東京にも全国で生産量日本一という農作物があった。コマツナ（小松菜）である。

　コマツナはアブラナ科の1～2年生の野菜で、正月の雑煮には欠かせない食材として親しまれている。寒さに強く成長が早い。年に4～8回も収穫できるので、土地が狭い大都市近郊の農業に適しており、古くから東京の近郊で栽培されてきた。

　今でこそ大阪や名古屋、福岡などという大都市の近郊でも盛んに栽培されているが、関東地方が主産地だった。だが、東京の近郊は都市化が激しいためコマツナの収穫量は減少し、現在では埼玉、茨城、福岡に次いで第4位に甘んじているが、１９９０年代頃までは東京が日本一の生産量を誇っていたのである。

　コマツナは中国原産の茎立菜（くきたちな）の一種で江戸初期に日本に伝わり、関東地方を中心に栽培されてきた。茎立菜を品種改良したものがコマツナで、古くは「葛西菜」と呼ばれていた。

　１７１９（享保4）年、8代将軍徳川吉宗が江戸

近郊の**小松村**に鷹狩りに行ったとき、村人から差し出された青菜の入った餅のすまし汁がたいそう気に入り、将軍吉宗がその青菜に「小松菜」と命名したといわれている。

江戸川区役所のすぐ北側にある香取神社の境内に、「小松菜産土神」と刻んだ石碑が立っている。小松菜の「小松」は東京の地名だったのである。現在は「小松川」「東小松川」「西小松川」という地名として残っている。

もう一つ、東京の地名に由来した植物がある。

わが国で咲いている桜の品種は、ほとんどがソメイヨシノだといってもよいほど、全国各地で見ることができる。そのため、桜の開花予想の指標にもなっている。このソメイヨシノという名前も、東京の地名に由来している。

江戸末期、**染井村**には多くの植木屋があり、樹木の栽培が盛んに行なわれていた。染井村は現在の豊島区駒込、JR山手線巣鴨駅の北側にある染井霊園の周辺である。

ソメイヨシノは、染井村の植木職人たちがエドヒガンザクラとオオシマザクラを交配させて育成したもので、生産地の名をとってソメイヨシノ（染井吉野）と命名された。「染井」は村名であることはわかるが、「吉野」はどこから生まれた地名なのだろう。

実は初めからソメイヨシノという名前がつけられていたわけではなく、当初は古くから桜の名所として名高かった吉野山（奈良）に因んで、「吉野桜」の名で売られていた。

だが、その後の研究でソメイヨシノはヤマザクラでないことが判明し、吉野山のヤマザクラとの混同を避けるため、村名を冠して「染井吉野」と命名したのだという。

一見、コマツナもソメイヨシノも地名に由来した名称だとは思えないが、どちらも東京に実在した地名から品名がつけられた植物だったのである。

●丹前は「丹後守の屋敷前」の意

湯上りなどに着る、綿の入った広袖の着物を「丹前（たんぜん）」という。主に防寒用の部屋着として浴衣の上から羽織って使うのが一般的だが、どこから丹前という名前が生まれたのか。

丹後から丹前が生まれたというべきかもしれない。京都府北部の旧国名を「丹後」というが、それに対する旧国名は丹前ではなく「丹波」である。「丹前」という旧国名は存在しない。したがって、風呂上りなどに着る丹前という着物は旧国名に由来した名称ではない。

江戸初期、神田に湯女（ゆな）という入浴客の接待をする女性を置いた風呂屋街があった。その風呂屋街は堀丹後守の屋敷前にあったことから「丹後殿前の湯女風呂」といい、いつしか**「丹前風呂」**と略して呼ばれるようになった。

丹前風呂では吉原の遊女だった勝山という湯女が一番の人気で、勝山を目当てに通う誘客で丹前風呂は大いに賑わった。

勝山は風流で派手な着物を好んで着ていた。丹前風呂に通う伊達男たちも勝山の風姿をまね、少しでも勝山に気に入られようと、風流な着物を着て丹前風呂に通うようになった。

伊達男たちは互いに着物を競い合うようになり、風呂屋街では独特な風俗が流行した。そこから、丹前風呂に通う伊達男たちの着る着物を「丹前風」とか、「丹前姿」などと呼ぶようになり、やがて丹前風の着物は江戸から上方へと伝わり、京都や大阪で大流行した。

上方ではこの着物を「丹前」と呼び、どういうわけか江戸では、「どてら」が一般的な呼び名になった。温泉宿などで愛用されている丹前は、遊女の勝山が着ていた着物が原型だといわれている。

意外と知られていない浅草の歴史

●平城京より歴史が古い浅草寺

東京は奈良や京都に比べると歴史が浅いと思われがちだが、決してそうとはいえない。確かに、東京は徳川家康が江戸に居城を構えてから発展してきた都市だが、東京の庶民的な盛り場として知られる浅草の歴史は、とてつもなく古いのである。

平城京が造営されたのは710（和銅3）年、平安遷都は794（延暦13）年だが、浅草はこれよりずっと以前から開けていた。湿地帯の多い東京湾岸にあって、浅草付近は微高地であったため洪水による被害も少なく、魚介類が豊富に捕れたので、早くから人々が住み着いたものとみられている。また、隅田川の河口付近は「浅草湊」と呼ばれ、早くから交易も行なわれていた。

「浅草寺縁起」によると、628（推古天皇36）年、漁師の檜前浜成・竹成兄弟が宮戸川（隅田川下流の旧称）で漁をしていると、投網に1寸8分（約5・5㎝）の黄金像が引っ掛かった。本尊の聖観音像である。檜前兄弟はこの像を持ち帰り、郷司の土師真中知とともに小堂を建ててそれを祀った。これが、浅草観音の名で親しまれている浅草寺の始まりだと伝えられている。

645（大化元）年、勝海上人が観音堂を建立してから、浅草寺は観音信仰の中心となり、寒村に過ぎなかった浅草は、浅草寺の門前町として次第に発展していった。江戸時代になって、浅草寺が幕府の祈願所に定められると、浅草寺の周辺には見世物や芝居小屋などが集まり、背後に吉原遊郭を控えていたこともあって、浅草は江戸随一の盛り場として大いに栄えた。

1873（明治6）年には、浅草寺の寺域が公園に指定され、浅草公園として6区画に分けられた。

1区は浅草寺観音堂、2区は仲見世、3区伝法院、4区木馬館、5区花屋敷、6区は興行街である。1890(明治23)年には、12階建ての商業施設である凌雲閣が完成。当時は日本一の高層ビルとして脚光を浴びた。

大正から昭和にかけては、浅草オペラや軽演劇が上演されるようになり、6区の興行街は活況を呈した。こうして浅草は東京最大の繁華街として不動の地位を築いたのである。

しかし、1923(大正12)年に発生した関東大震災で浅草は荒廃し、シンボル的な存在の凌雲閣も倒壊してしまった。第二次世界大戦でも浅草は大きな被害を受けたが、戦後いち早く復興。興行街には映画館や劇場などが軒を連ね、大いに賑わった。

やがて、銀座などの成長で浅草の盛り場としての地位は、次第に低下していくことになった。1950年代に入ると、テレビの普及で6区の映画館街は衰退していき、人の流れは新宿や渋谷、池袋などへ移っていった。かつて東京一の盛り場として賑わっていた浅草も、時代の流れに乗ることができず、すっかり活気を失ってしまったのである。

しかし、最近は浅草の下町的な雰囲気が漂う盛り場が見直されてきた。外国人にも、日本文化に触れることができる人気の観光スポットとして注目を集めるようになり、再び活気を取り戻している。2012(平成24)年には、隅田川の対岸に日本一高い電波塔の東京スカイツリーが開業し、観光客がますます増加しつつある。

●東京で唯一の「坂東三十三ヵ所」の札所とは?

武蔵国をはじめ、相模、上総、下総、安房、常陸、上野、下野の関東8ヵ国を**「坂東」**という。坂東は足柄山や箱根の「坂の東」の意で、坂東に点在する33の観音霊場を**「坂東三十三ヵ所」**という。近畿一円に点在する「西国三十三ヵ所」に倣って鎌倉時代に定められたもので、33ヵ所の札所は関東7都県全域に分布している。

鎌倉市にある杉本寺が1番札所で、8番の札所までが神奈川県内にある。そこから東京都を通り越して埼玉県に入り、再び神奈川県まで戻ってきて、今度は一気に群馬県まで飛び、栃木、茨城、千葉と巡りながら、房総半島南端の館山市にある那古寺を33番の結願所としている。

観音霊場が33ヵ所なのは、観音菩薩が33の姿に化身して苦しみから救ってくれるという観音信仰からきている（図－46）。

33ヵ所の札所のうち、東京都にはいくつの札所があるのかというと、わずか1ヵ所しかない。それが、浅草観音の名で親しまれている浅草寺で、坂東三十三ヵ所の第13番目の札所である。

東京に札所が1ヵ所しかないのは、浅草寺が広い地域の人々から信仰を集めていたからなのだろう。浅草寺は聖観音宗の総本山で、東京最古の寺でもある。江戸三十三ヵ所観音霊場の1番札所にもなっている。

歴史をさかのぼれば、645（大化元）年、勝海上人が本尊の聖観音像を秘仏として観音堂を建立したことから、浅草寺は勝海上人が開基した寺院とされている。平安初期に円仁（慈覚大師）により再興され、平安後期には七堂伽藍が整然と建ち並ぶ大寺であったと伝えられている。

その後も、源頼朝や足利尊氏の保護を受けてきた。江戸時代には徳川幕府の祈願所に定められ、寺領500石が与えられた。伽藍はたびたび焼失するが、その都度復興し、徳川将軍家の庇護のもと、浅草寺は江戸文化の象徴的な存在になった。

第二次世界大戦で、二天門や伝法院など一部の建物を残し、観音堂（本堂）や五重塔などほとんどが焼失。観音堂は1958（昭和33）年、雷門は1960（昭和35）年、宝蔵門は1964（昭和39）年、五重塔は1973（昭和48）年に再建されたものである。

図-46　坂東三十三ヵ所札所

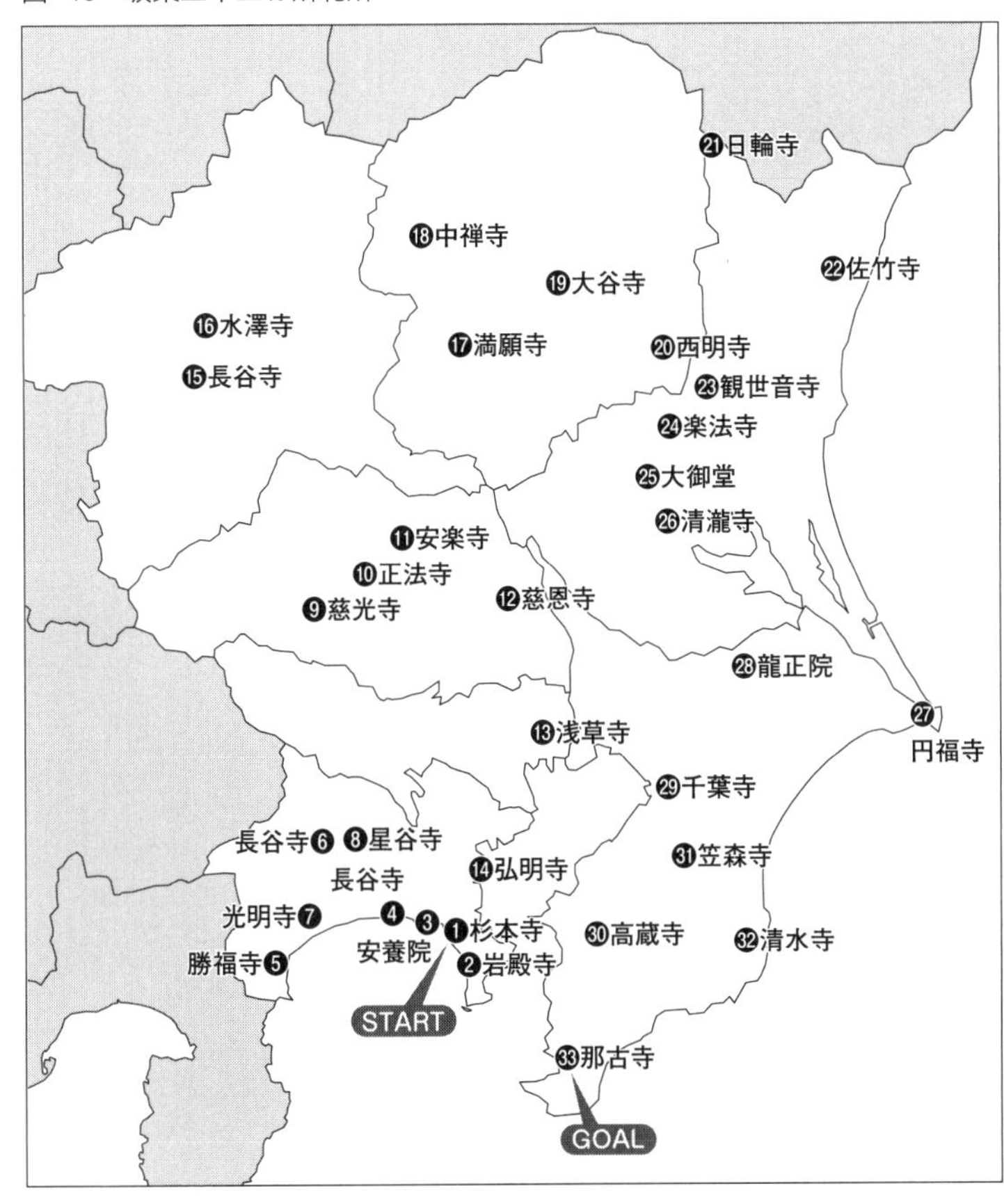

焼失から逃れた二天門は1618（元和4）年に建立されたもので、浅草寺で唯一、国の重要文化財に指定された建造物である。

浅草寺の境内では、「ほおずき市」や「羽子板市」など、季節ごとにさまざまな行事が行なわれており、年間3000万人にも上る参詣者が訪れる。今では東京でも屈指の観光スポットで、雷門に吊るされた大提灯の下で記念撮影する旅行者の姿が絶えない。

●江戸三大祭の一つ、三社祭の名の由来は？

浅草を訪れる観光客は、雷門をくぐったら仲見世をブラブラ歩き、本堂の観音様にお参りすると、再び仲見世に立ち寄って土産物を買い求め、そのまま帰ってしまう人が多いようだが、観音堂の北東すぐのところに鎮座している浅草神社を忘れるわけにはいかない。

浅草観音（浅草寺）があまりにも有名なため、その陰に隠れて存在感に乏しいが、文化財的にはむしろ浅草寺より価値が高いのである。

それというのも、浅草神社は関東大震災や第二次世界大戦など、度重なる災難から免れてきた。そのため、1649（慶安2）年に3代将軍徳川家光から寄進された本殿、幣殿、拝殿が当時のまま残り、それらの建造物が国の重要文化財に指定されている。戦後に再建された浅草寺の観音堂や雷門などとは、歴史の重みが違うのだ。

浅草寺は先に述べたように、漁をしていた檜前浜成・竹成兄弟が、投網に掛かった像を持ち帰り、郷司に相談して、その像を祀る小堂を建てたのが起源であるが、郷司の没後、その摘子が観音菩薩の夢のお告げにより、檜前兄弟と郷司の3人を祭神として祀ったのが、浅草神社の始まりだとされている。

浅草神社は三社権現、あるいは三社様とも呼ばれており、東照宮（徳川家康）と大国主命を合祀している。

明治維新の神仏分離令により浅草寺と分かれて三社明神社となり、1873（明治6）年、浅草神社に改称された。幣殿と拝殿が渡り廊下でつながる権現造りの建築様式は、日光東照宮を彷彿とさせる。

浅草寺の賑わいに比べると閑散としているが、江戸三大祭の一つとして有名な**三社祭**は、浅草神社の例祭である。三社祭の名称は、浅草神社が3柱の祭神を祀り、「三社明神社」あるいは「三社権現」と呼ばれていたことに起因している。

「三社（さんしゃ）」というと、ふつうは伊勢神宮、

図-47　浅草周辺

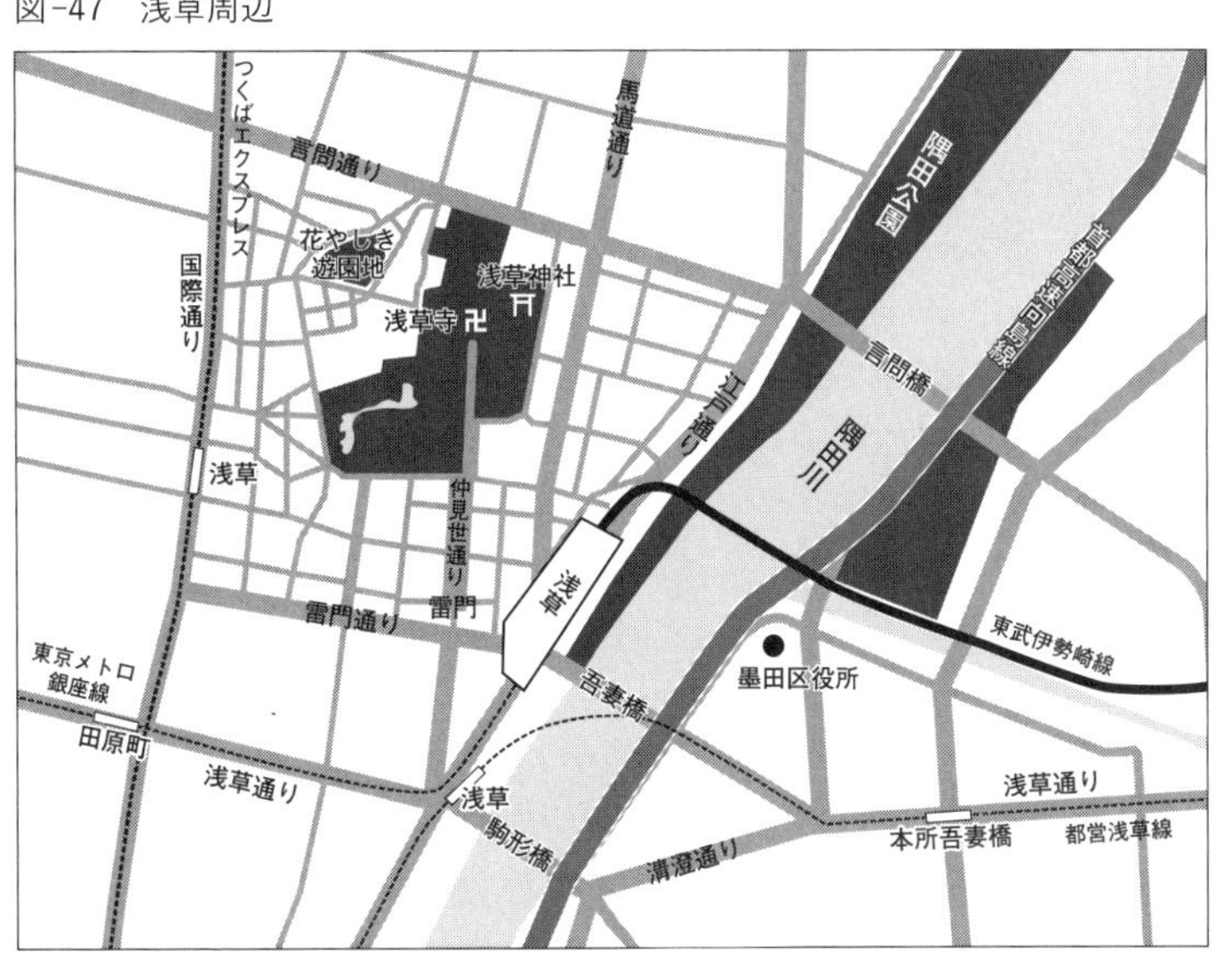

石清水八幡宮、加茂神社（または春日神社）の3ヵ所の神社を指すが、三社祭の三社は「さんしゃ」ではなく、「さんじゃ」と読む。檜兄弟と真中知の3人に由来しているので、「三社」より「三者」のほうが適切なのかもしれない。

それはともかく、浅草神社は徳川幕府から崇敬されていた神社なので信仰している人も多く、例祭の三社祭は毎年5月、盛大に催される。祭の起源は、鎌倉時代から行なわれた船祭だといわれる。

勇壮な神輿もさることながら、浅草神社で行なわれる無形文化財に指定の「びんざさら舞」の奉納が見ものになっている。1312（正和元）年に始まった神事である。

東京でも有数の観光スポットである浅草を舞台に繰り広げられる祭だけに、祭り好きな下町っ子ばかりではなく、遠方から訪れる観光客も多く、3日間の人出は150万人にも達する。最近は外国人観光客の姿が目立つようになった。

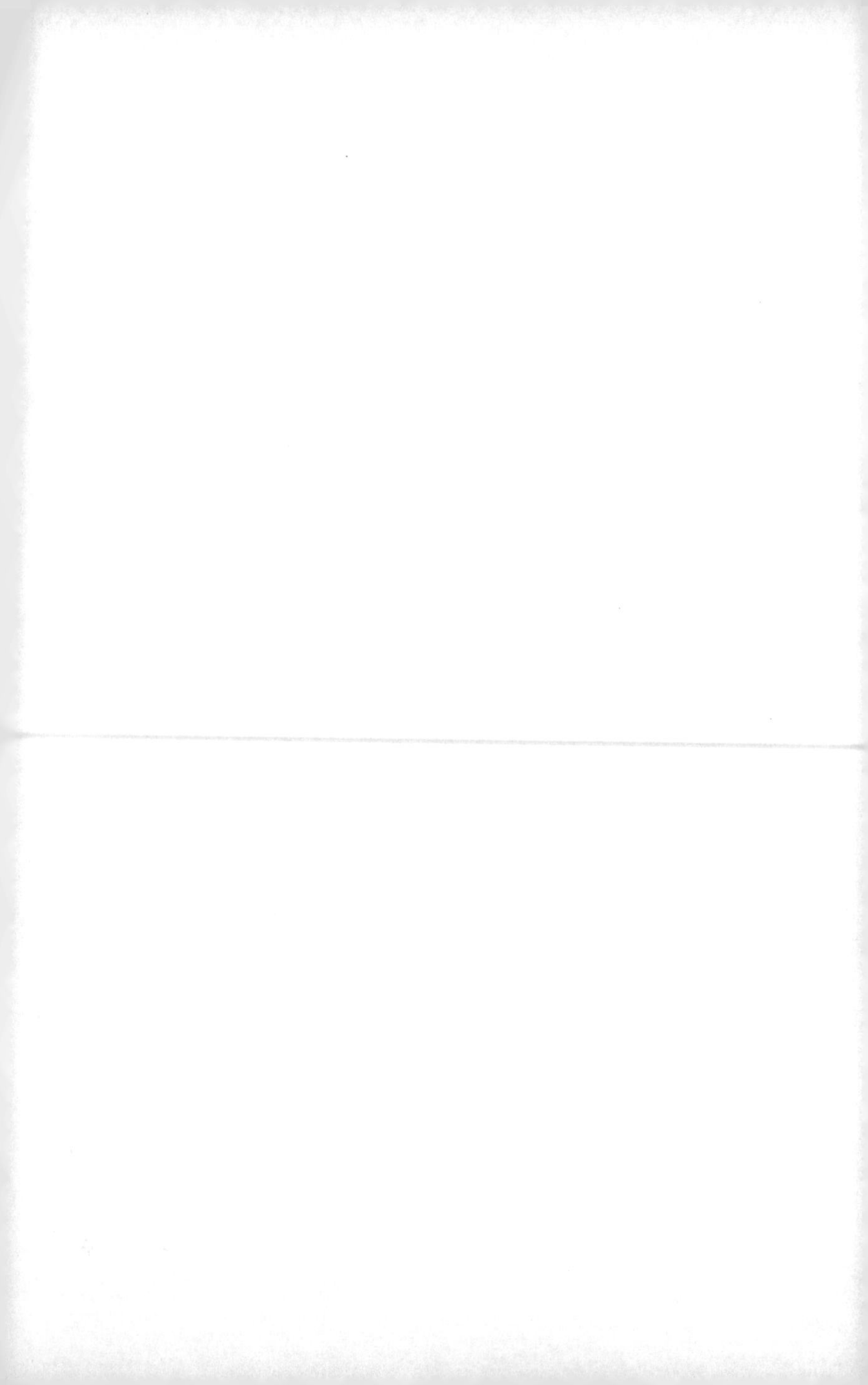

第5章

激変する東京の今を知る

高層ビルの建設ラッシュは止まらない

●日本一の高層ビルは国会議事堂だった

わが国の消防法では、高さ31m以上の建造物を高層ビル（高層建築物）としている。それによると、1888（明治21）年に大阪府西成村（現・大阪市浪速区）に建設された地上5階、高さ31mの眺望閣が日本で最初の高層ビルだといわれている。東寺の五重塔（54・8m）や、興福寺の五重塔（50・1m）などのように、木造建造物ではこれより高い建物は存在していたが、近代的なビルとしては眺望閣が日本一高いビルだったのである。翌年には大阪府北野村（現・大阪市北区）に地上9階、高さ39mの日本一高い凌雲閣が建設され、「キタの9階、ミナミの5階」といわれていたという。

だが、その翌年の1890（明治23）年には、東京市浅草区（現・台東区）で、キタの凌雲閣を凌ぐ地上12階、高さ52m（基礎部分も加えると66m）の**凌雲閣**が誕生し、日本一の座をあっさり明け渡した。高い建物が何もなかった時代、雲を凌ぐような高さに、人々は目を白黒させて驚いたに違いない。凌雲閣はたちまち東京の観光名所となり、完成した当初は遠方からも多くの人が訪れ、大変な賑わいであったようだ。だが、1923（大正12）年の関東大震災でもろくも倒壊し、多くの死傷者を出してしまった。このことが影響したのかもしれないが、これ以降しばらくの間は、凌雲閣をしのぐ高層ビルが建設されることはなかった。

戦前に建設されたビルで最も高かったのは、意外にも**国会議事堂**だった。最初の国会議事堂は1890（明治23）年、内幸町に建てられたが、翌年に焼失してしまい、現在の永田町に再建された。1920（大正9）年に着工されたが、関東大震災に見舞われたこともあって工事は長引き、16年後の

1936（昭和11）年、やっと竣工にこぎつけた。二院制を反映して、中央に方形の高塔を置いた左右対称の建物で、正面に向かって左側が衆議院、右側には参議院が置かれている。地上3階、高さ20・9mの決して高い建物ではないが、中央塔の最上部は地上9階、高さが65・4mもあり、当時としては日本一高い建造物だったのである。現在は国会議事堂も、周囲に林立する高層ビルに隠れてさっぱり目立たないが、誕生した頃はひときわ高くそびえていたことだろう。

●日本で最初に誕生した超高層ビルの高さは？

東京は林立する超高層ビルで、コンクリートジャングルといった様相を呈している。では、いつ頃から超高層ビルが建設されるようになったのだろうか。そもそも、超高層ビルとは何m以上のビルをいうのか。建築基準法では「高さ60mを超える建築物」を超高層ビルとしているが、100m以上とするのが一般的なようである。

1950（昭和25）年に制定された建築基準法では、建設するビルの高さ制限は31mに規制されていた。凌雲閣の倒壊からもわかるように、日本は地震災害の多い国なので、高層ビルは危険だという考えが根底にあったからだと思われる。だが、消火活動の限界が100尺（約31m）程度だったからとか、「1丁ロンドン」と呼ばれていた丸の内のビジネス街のビルの高さが、ほぼ31mに統一されていたからという説もある。

しかし、近年になって建築技術は著しく向上した。日本の経済発展も目覚ましい。1959（昭和34）年のIOC総会で東京オリンピックの開催が決定し、大幅に需要の増加が見込まれていたこともあって、都心を高層化する必要性に迫られていた。そこで1962（昭和37）年、建築基準法が改正され、高さ制限が撤廃されることになった。超高層ビルの建設が可能になったのである。

高さ制限がなくなってから最初に建設された高層ビルは、1964（昭和39）年8月、東京オリンピックが開幕する2か月前に誕生した地上17階、高さ73mの**ホテルニューオータニ本館**（千代田区紀尾井町）で、28年ぶりに国会議事堂を抜いて日本一高いビルが出現した。建築基準法によれば「超高層ビル」ということになるが、世間ではホテルニューオータニを超高層ビルとは呼んでいなかったようだ。

誰もが超高層ビルと認めた第1号のビルは、1968（昭和43）年4月、千代田区霞が関の官庁街に出現した地上36階、高さ147mの**霞が関ビルディング**である。それまで日本一の高さを誇っていたホテルニューオータニの、2倍以上の高さである。従来のビルとはケタ違いの大きさに、誰もが度肝を抜かれた。霞が関ビルはテレビなど、マスメディアで連日のように報道され、その巨大ビルを一目見ようと全国から多くの人が訪れた。単なるオフィスビルが、東京の新しい観光名所になったのである。東京の新名所として誕生した東京スカイツリーが完成したときのような騒ぎであった。この霞が関ビルこそが、日本で初めての超高層ビルであり、日本で初めて高さ100mを超えた建物だった。

●東京には超高層ビルが500棟以上ある

どんな分野においても、「日本一」はいずれ抜かれる運命にある。それにしても、霞が関ビルが日本一を誇っていた時代はあまりにも短かった。1970（昭和45）年3月、JR山手線の浜松町駅前に、霞が関ビルより5m高い地上40階、高さ152mの**世界貿易センタービル**が建設されたからである。そのため、霞が関ビルはわずか2年で日本一の称号を返上することになった。

ところが、世界貿易センタービルが日本一だった期間は、霞が関ビルよりも短かった。翌年の1971年6月、西新宿の淀橋浄水場跡地に地上47階、高さ179mの**京王プラザホテル**が竣工したのである。新宿副都心に出現した超高層ビル群の先駆けとなる超高層ビルの第1号で、日本で初めての超高層ホテルでもあった。

1974（昭和49）年3月には、日本で初めて200mを超える超高層ビルが同じ新宿副都心に出現した。地上52階、高さ210mの**新宿住友ビル**である。だが、それもつかの間、半年後の9月には地上55階、高さ225mの**新宿三井ビル**がすぐ隣に完成し、日本一の座は瞬く間に入れ替わった。

日本一高い超高層ビルは、ついに新宿の超高層ビル街を抜け出し、副都心の池袋で誕生した。1978（昭和53）年4月、巣鴨プリズンの跡地に建設された地上60階、高さ240mの**サンシャイン60**である。これまで2、3年ごとに入れ替わってきた日本一だったが、サンシャイン60は10年以上もの間、「日本一高い超高層ビル」という称号を手にしていた。

しかし、いつまでも「日本一」でいられるわけではない。1990（平成2）年12月には、再び新宿副都心の超高層ビル群に、サンシャイン60を凌ぐ高さのビルが出現した。**東京都庁第一本庁舎**である。地上48階、高さ243m。サンシャイン60とわずか3mの差だが、12年ぶりに日本一が更新された。

都庁第一本庁舎は、旧都庁舎の老朽化と東京の巨大化で手狭になったため、丸の内から新宿に移転したのだが、丸の内の旧庁舎は千代田区、都庁第一本庁舎は新宿区である。23区は特別区なので、千代田区と新宿区はそれぞれ独立した自治体だ。都庁が自治体の境界を越えて移転したということになる。横浜市に置かれている神奈川県庁が、川崎市に移転したようなものである。都道府県庁舎が市区町村境を越えて移転したのは、昭和になってからは初めてのことだった。

だが、東京都庁が日本一であったのもつかの間、3年後にあっさり更新された。しかも大差をつけられて日本一の座から陥落した。日本一高い超高層ビルは、霞が関ビルが出現して以来、決して東京以外の地域で建設されることはなかったが、初めて東京から脱出して横浜市に誕生することになったのだ。

1993（平成5）年7月、ウオーターフロント都市再開発によって生まれた「みなとみらい21」、その中核を担う施設として建設されたのが**横浜ランドマークタワー**だった。地上70階、高さ296mという圧倒的な高さを誇る日本一高い超高層ビルの出現であった。

都庁第一本庁舎は、横浜ランドマークタワーに抜かれて日本一の座は奪われたものの、2007（平成19）年、六本木に**ミッドタウン・タワー**（地上54階、高さ248m）が建設されるまでの17年間は、東京で一番高い超高層ビルであった。

その後、東京で横浜ランドマークタワーより高いビルは誕生しなかったものの、経済の低迷をよそに、超高層ビルは次々に建設されていった。現在、東京都内には高さ100m以上の超高層ビルが500棟以上、それこそ雨後の筍のごとく林立しているのである。超高層ビルはこれからもとどまることなく、次から次へと建設されていくことだろう。

●東京駅前に出現する日本一の超高層ビル

ひと昔前までは、「超高層ビルは大都会にしかないもの」と思い込んでいた人が少なくないのではないだろうか。だが、近年は地方都市でも超高層ビルが相次いで建設されている。とはいっても、それはごく一部の地域のことで、高さ100m以上のビルが1棟もない都道府県が、青森、岩手、秋田、栃木、福井、山梨、長野、奈良、和歌山、鳥取、島根、山口、徳島、佐賀、長崎、鹿児島の16県もある。高さが200m以上の超高層ビルとなると、東京（26棟）、大阪（6棟）、愛知（4棟）、神奈川（2棟）、静岡（1棟）の5都府県にあるだけである。

20年以上もの間、日本一の座を保ち続けてきた横浜ランドマークタワーだったが、2014（平成

表-18　東京駅周辺にある超高層ビル（高さ150m以上）

ビル名	高さ	竣工年度
グラントウキョウサウスタワー	205.0	2007
グラントウキョウノースタワー	204.9	2007
JPタワー	200.0	2012
読売新聞社東京本社ビル	200.0	2013
大手町タワー	199.7	2014
新丸の内ビルディング	197.6	2007
JAビル	180.0	2009
丸の内ビルディング	179.0	2002
丸の内トラストタワー本館	178.0	2008
大手町フィナンシャルシティサウスタワー	177.0	2012
丸の内パークビルディング	170.1	2009
大手町フィナンシャルシティグランキューブ	168.3	2016
サピアタワー	166.1	2007
東京ビルディング	164.1	2005
日本生命丸の内ビル	158.9	2004
日経ビル	155.0	2009
大手町フィナンシャルシティノースタワー	154.0	2012
三井銀行東館	150.0	2015
丸の内永楽ビルディング	150.0	2012

（2017年末現在）

26）年、大阪市阿倍野区に誕生した**あべのハルカス**に日本一を奪われた。地上60階、高さは300mで、横浜ランドマークとの差はわずか4m。「日本一」を意識して建設されたとしか思えない高さである。

あべのハルカスは近鉄南大阪線の大阪阿部野橋駅のターミナルビルで、百貨店、ホテル、会社事務所、美術館などが入居する複合商業施設でもある。

全国で300m以上の超高層ビルは、現在はあべのハルカスの1棟だけで、残念ながら東京に300m以上のビルは1棟も存在しない。しかし、東京にも300m以上の超高層ビルの建

図-48　日本一高いビルの変遷

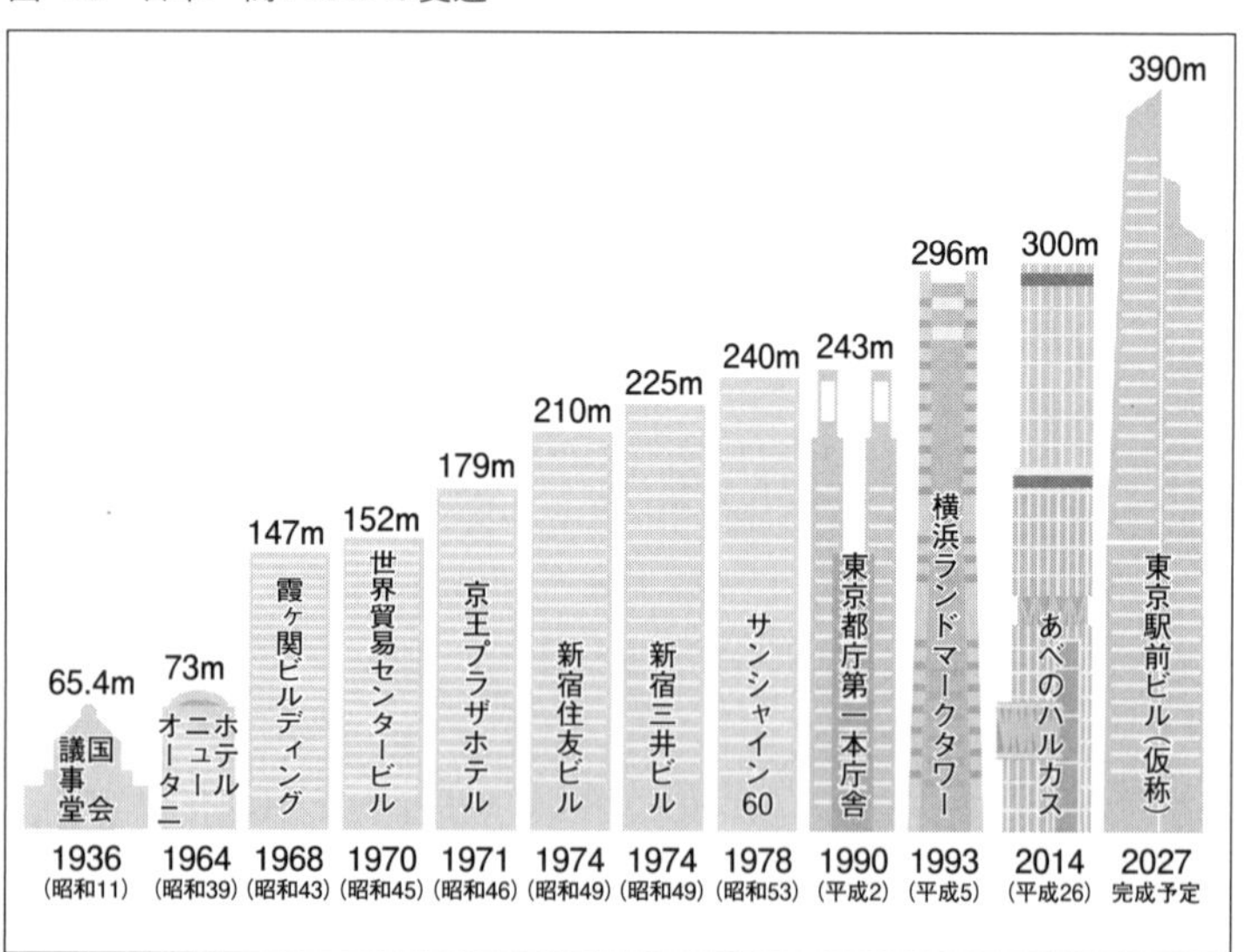

設計画がある。東京から奪われた「日本一高い超高層ビル」の称号が、再び東京に戻ってくる。しかも、あべのハルカスを一気に90m上回る、390mという日本一高い超高層ビルが誕生する見込みである。

東京の玄関である東京駅の日本橋口に位置する常盤橋地区、そこには日本ビル、朝日生命大手町ビル、JXビル、大和呉服橋ビルが建っているが、それを一体で再開発して4棟のビルを建設し、広場を整備するというものだ。4棟のうちの1棟が高さ390mの超高層ビルなのである。

2017年に着工し、2027年に完成する。実に10年を費やすという大プロジェクトだ。何しろ、あべのハルカスを90mも上回る超高層ビルなので、このビルが完成すればしばらくの間は、日本一の座に君臨することだろう。

高さが約31mに統一されていた丸の内の美しいビジネス街も、近年は高層化が著しく、東京駅周辺は新宿副都心を凌ぐ超高層ビル街に変貌しつつある。

2 激変する東京の鉄道

●山手線に新駅が開設される

東京の都心部を環状運転しているJR山手線は、初めから環状線で建設されたわけではなかった。品川駅から渋谷、新宿、池袋を通り、田端駅までの20・6㎞が正式な山手線の区間で、鉄道建設資材の運搬を主な目的に敷設された品川線（品川－赤羽間）をルーツとしている。山手線の品川－池袋間には13の駅があるが、品川線が開業した当時は、品川、渋谷、新宿の3駅だけしかなかった。2週間後には目黒駅と目白駅が開設されて5駅になったが、それでも現在の半分にも満たない。

1903（明治36）年、甲武鉄道（現・JR中央線）と日本鉄道磐城線（現・JR常磐線）を結ぶ貨物輸送の短絡線を建設するため池袋駅が開設され、そこから分岐して田端駅までの区間が完成した。これで上野駅から新橋駅までの4㎞ほどを鉄道で結べば、環状線が完成することになる。しかし、環状運転が実現するまでには長い年月を要した。上野－新橋間には下町の人口密集地が広がっていたため、土地の確保が困難を極めたからである。

1914（大正3）年12月に東京駅が開業し、東海道本線の始発駅が新橋駅から東京駅に移った。5年後の1919（大正8）年3月には、中央線が東京駅まで乗り入れ、「の」の字運転が開始された。中野－新宿－御茶ノ水－東京－品川－渋谷－新宿－池袋－田端－上野というように、「の」の字を描くルートで運行されたのである。それから6年後の1925（大正14）年11月、秋葉原－神田間が完成し、東京－上野間が高架で結ばれて現在のような環状運転が実現したのである。

ところで、環状線の山手線には29の駅がある。だが、環状運転が開始された当時は28駅だった。

１９７１（昭和46）年４月、日暮里駅と田端駅の間に西日暮里駅が設置されて29駅になったのだ。約半世紀ぶりの新駅の開設である。どうして新駅が建設されたのかというと、２年前の１９６９年12月に、営団地下鉄（東京メトロ）の千代田線が開通したことにより、地下鉄と山手線を接続する必要性から開設されたものである。

そして２０１４（平成26）年６月、ＪＲ東日本は品川駅と田町駅の中間に、山手線で30番目となる新駅の建設計画を発表した。東京の北部と南部の鉄道路線を相互直通運転する「上野東京ライン」が開通すると、広大な品川車両基地の機能を北区の尾久車両センターに移すことができるため、品川車両基地の広大な敷地が再利用できるのだ。そこに山手線および京浜東北線の新駅を建設するとともに、駅前の周辺を再開発して新たな街を建設するという壮大な構想である。マンション３棟と複合ビル５棟、合わせて８棟の超高層ビルが建設され、また東京に新しい街が出現することになる。

図-49　山手線路線図

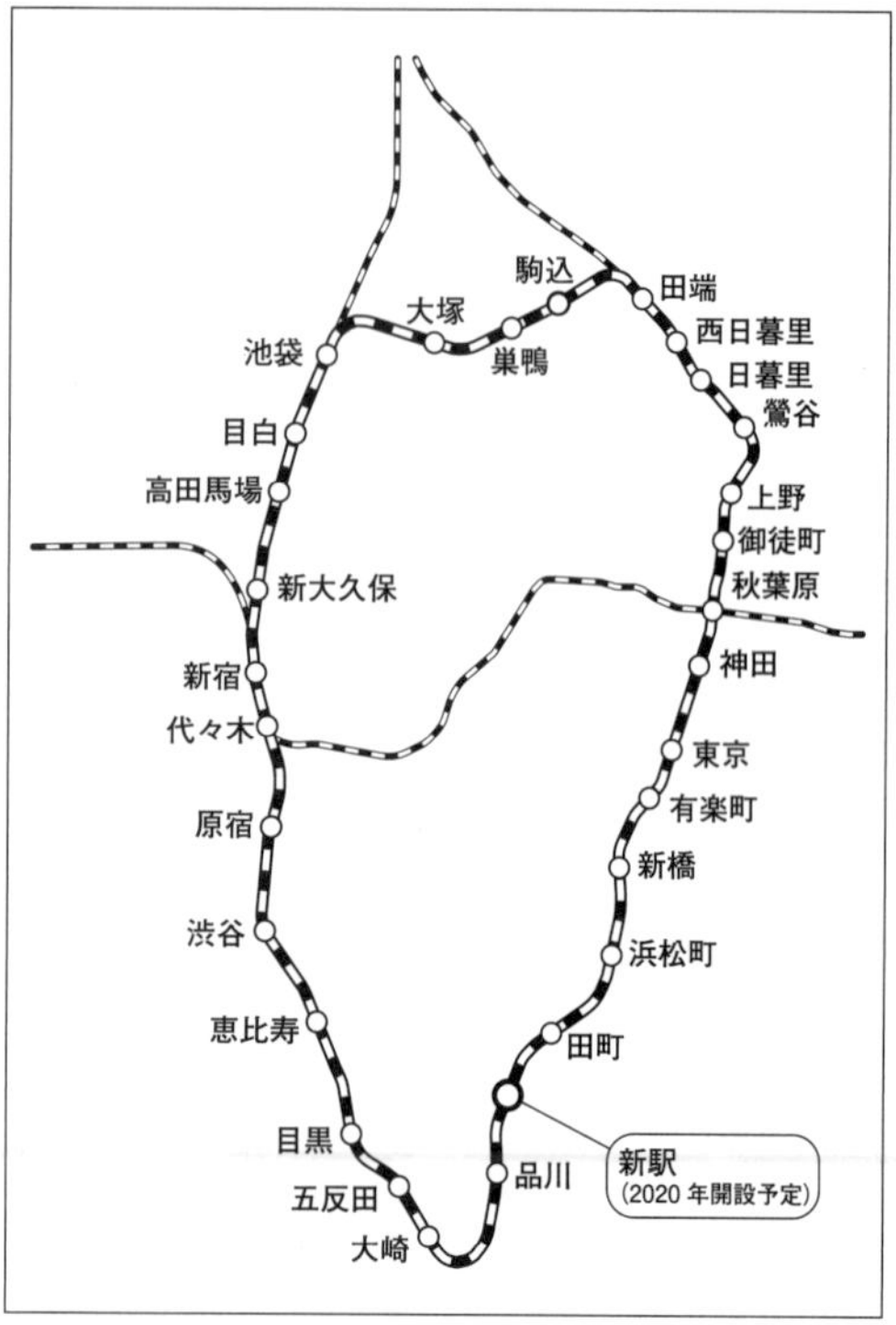

品川－田町間は、山手線で最も駅間距離が長い2・2㎞も離れている。山手線の平均駅間距離（1・2㎞）の2倍近くもあるので、新駅を設置してもおかしくない状況にはあった。JR東日本と都市再生機構は2017（平成29）年2月、新駅の起工式を行ない、東京オリンピックが開催される2020（平成32）年春の開業をめどに、着々と工事が進められている。

●品川駅が東京の玄関になる

日本は戦後の復興を経て、やがて高度成長期に入ったが、東京オリンピックが開幕する直前の

表-19　山手線29駅の開業年度

開業順位	駅名	開業年度
26	東京	1914(大正3)年12月20日
20	有楽町	1910(明治43)年6月25日
17	新橋	1909(明治42)年12月16日
17	浜松町	1909(明治42)年12月16日
17	田町	1909(明治42)年12月16日
1	品川	1872(明治5)年5月7日
9	大崎	1901(明治34)年2月25日
23	五反田	1911(明治44)年10月15日
5	目黒	1885(明治18)年3月16日
10	恵比寿	1901(明治34)年10月30日
3	渋谷	1885(明治18)年3月1日
16	原宿	1906(明治39)年10月30日
15	代々木	1906(明治39)年9月23日
3	新宿	1885(明治18)年3月1日
25	新大久保	1914(大正3)年11月15日
21	高田馬場	1910(明治43)年9月15日
5	目白	1885(明治18)年3月16日
11	池袋	1903(明治36)年4月1日
11	大塚	1903(明治36)年4月1日
11	巣鴨	1903(明治36)年4月1日
22	駒込	1910(明治43)年11月15日
8	田端	1896(明治29)年4月1日
29	西日暮里	1971(昭和46)年4月20日
14	日暮里	1905(明治38)年4月1日
24	鶯谷	1912(明治45)年7月11日
2	上野	1883(明治16)年7月28日
28	御徒町	1925(大正14)年11月1日
7	秋葉原	1890(明治23)年11月1日
27	神田	1919(大正8)年3月1日

＊初代の新橋駅は1872（明治5）年10月14日に開業

1964（昭和39）年10月1日、東京と大阪を結ぶ大動脈として東海道新幹線が開業した。輸送力が限界に近づきつつあった東海道本線の、バイパスを担う路線として建設されたものである。だが、その後の著しい経済発展により、東海道新幹線も近い将来、輸送力が逼迫するであろうことが予想される。そこで浮上してきたのが、時速500km以上の高速走行が可能な超電導磁気浮上式リニアモーターカーによる、東海道新幹線のバイパスを建設しようという計画である。東海道新幹線は老朽化しつつある。地震など突発的な災害で、新幹線が長期に渡って運行できなくなることもあり得る。そういった意味でも、代替路線は必要なのである。

1996（平成8）年に開設された山梨県都留市のリニア実験線では、実用化に向けて幾度となく走行実験が行なわれ、2003（平成15）年12月には時速581kmの世界最高速度を記録した。その後、耐久性などの実験が続けられ、実用化へのメドも立ってきた。そこで2011（平成23）年5月、中央新幹線（中央リニア新幹線）の整備計画が決定し、JR東海が建設することになった。2014（平成26）年12月、起工式が行なわれ、2027年の東京－名古屋間の先行開業を目指して工事が着手されたのである。

建設ルートとしては、東京－名古屋間をほぼ直線で建設し、最短40分で結ぶ。途中、相模原市、甲府市、飯田市、中津川市に駅を設置する計画である。終点の名古屋は現在の名古屋駅の地下に建設されるが、東京は東京駅の地下ではなく、品川駅の地下である。建設計画が具体化しつつあったときは、東京駅、品川駅、新横浜駅の3駅が候補に挙がっていたが、最終的に品川駅に落ち着いた。品川駅が中央リニア新幹線の起点になるわけだ。

2016（平成28）年1月27日、品川駅建設の起工式が行なわれた。2027年の開業に向け、これから本格的に中央リニア新幹線の建設工事が始ま

図-50　中央リニア新幹線ルート

る。駅のホームは地下40ｍに設置される。品川駅から名古屋に向かって線路が伸びていくので、ホームは東海道新幹線の品川駅のホームと直交して東西方向に設置されると錯覚しやすいが、中央リニア新幹線の品川駅のホームは、東海道新幹線の品川駅のホームの真下に、並行して南北に設置される。つまり、列車は品川駅から南に向かい、大きく右にカーブを描くようにして西へ走っていくのである。

中央リニア新幹線の名古屋駅も、名古屋駅の地下に建設されるが、東海道新幹線は名古屋駅の近くでは南北方向に線路が伸びているので、リニア新幹線の名古屋駅のホームとは直交する形で設置される。

リニア新幹線の品川駅の建設は、名古屋駅、南アルプストンネルとならび、三大難工事の一つだとされている。それというのも、東海道新幹線は東西を結ぶ日本の大動脈であり、毎日何百本もの列車が走っている。品川駅は東京南部の巨大ターミナルだ。1日たりとも列車を止めることは許されない。毎日の運行を妨げることなく工事を進めていかなければならないのだから、想像を絶するような難工事になる。工期は約6年。駅周辺の交通にも配慮しながら工事を進めていく必要がある。駅の建設工事と並行して、駅周辺の再開発は急ピッチで進んでいくことだろう。品川駅には、「空の玄関」である羽田空港に近いという大きなメリットもある。やがては品川駅が、東京駅に代わって東京の新しい玄関になる日が来るかもしれない。

●新宿駅に新幹線が乗り入れる？

東京には新幹線の駅が東京駅と上野駅、品川駅の3駅あるが、将来的には新宿に東京で4つ目となる新幹線の駅が開設される可能性がある。もっとも、当初は品川駅より新宿駅のほうが先に建設されるはずだった。1964（昭和39）年に開業した東海道新幹線は、予想を上回る業績であったことから、新幹線の路線を全国に広げていこうという機運が高まり、1970（昭和45）年5月には「全国新幹線鉄道整備法」が公布された。この法律に基づいて、東日本では東北、上越、成田の3つの新幹線が1976（昭和51）年の開業を目指して建設されることになった。そこで、どこをターミナル駅とするかが大きな焦点になった。紆余曲折はあったものの、最終的には東北新幹線と成田新幹線の起点は東京駅、上越新幹線は新宿駅とすることに決まった。

東京－大宮間は東北と上越の両新幹線で線路を共用し、大宮で東北新幹線と上越新幹線を分岐させる。東京駅のホームを先に建設し、当面は東北新幹線も上越新幹線も東京駅を起点とする。新宿駅が完成した折には、上越新幹線は山手貨物線のルートを通って新宿駅に乗り入れるというものである。その後、北陸新幹線の基本計画が決まると、北陸新幹線の起点も新宿駅とすることになった。

当初の建設計画から大幅に遅れて1982（昭和57）年6月、東北新幹線の大宮－盛岡間が開業し、同年11月には上越新幹線（大宮－新潟）も開業にこぎつけた。3年後の1985（昭和60）年3月には大宮－上野間が開通し、1991（平成3）年6月、ついに東京駅への乗り入れが実現した。日本の高度成長はすでに終息に向かっていた。

膨大な建設費などの問題もあり、いつのまにか上越新幹線と北陸新幹線の新宿駅への乗り入れは立ち消えになってしまった。成田新幹線も沿線住民の猛烈な反対運動で暗礁に乗り上げ、1986（昭和61）年、中止されることが決定した。

上越新幹線と北陸新幹線が新宿駅に乗り入れるという計画は、日本が高度成長期に打ち立てた夢物語に過ぎなかったのか。上越新幹線の新宿駅は、新宿駅の南口あたりに建設されることになっていたが、その痕跡は今も残っており、ホームを建設するだけのスペースが新宿駅の地下に確保されているという。もし、新幹線が新宿駅に乗り入れる可能性がゼロであれば、いつまでも地下空間を確保しておく必要はない。まだ望みは残っているのである。

現在、東京駅には東海道新幹線のほか、東北新幹線、上越新幹線、北陸新幹線が乗り入れている。2016（平成28）年3月には、北海道新幹線の新青森－新函館北斗間が開通した。2031年には札幌まで延伸される見込みである。また、2015（平成27）年3月、北陸新幹線の長野－金沢間が開通したが、2023年の春までには敦賀まで延伸される。そうなれば、東京駅発着の列車は大幅に増発され、東京駅が十分に機能しなくなる恐れもある。そうなる前に対策を講じなければならない。

そこでがぜんクローズアップされてくるのが、上越、北陸両新幹線の新宿駅への乗り入れではないだろうか。だが、新宿駅は乗降客数が世界一多い駅だ。そこに上越、信越両新幹線の利用客も加わるとなると、新宿駅の混雑度は想像を絶するものになる。だが、新幹線はいずれ新宿駅に乗り入れてくるに違いない。

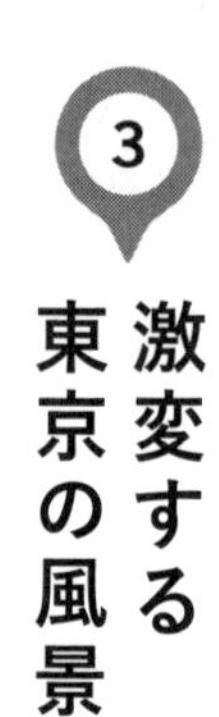

●山手線の地下化は実現するか

都心部を環状運転している山手線は、東京に張り巡らされている鉄道網の心臓部だといってもよい。その山手線を、地下に潜らせるという構想がある。果たしてそんな大それたことが可能なのだろうか。何のために地下に潜らせるのか、多額な費用を投じてまで山手線を地下化するメリットはあるのかなど意見の分かれるところだ。

鉄道を地下に走らせる主な理由は、大都市で建設される地下鉄のように、地上に鉄道を敷設するスペースがない場合、あるいは障害物を避けるためである。地下を走れば道路を遮断する踏切や信号などは必要ないので、陸上交通の妨げになることはない。そもそも、地下鉄は市街地の道路交通に支障をきたすことなく、定時運行を実現するために建設されるものである。山手線は地上に線路が敷かれているものの、高架を走っているため踏切は存在しないし、道路交通の妨げになっていない。それなのに、なぜ山手線を地下化する必要があるのか。

山手線の高架が都市景観を阻害しているという人がいる。確かに山手線の高架は、都市の美観を損ねているかもしれない。だが、高架は山手線ばかりではない。ほとんどの私鉄が高架だし、首都高速道路の高架もいたるところにある。銀座などは周囲がすべて高速道路の高架で囲まれているというありさまだ。したがって、山手線だけを地下化しても、都市景観に関してはほとんど意味がない。

それに、山手線の高架はすでに東京の風景の一部になっている感があり、巨大都市東京のシンボルだといってもよい。山手線の高架がないと殺風景になるとか、東京らしくなくなってしまうという人もいるほど、多くの人から親しまれている構築物である。

しかも、山手線は地上に駅があるからこそ、駅前に賑わいをつくり出しているということも忘れるわけにはいかない。地下鉄の駅を見てもわかるように、山手線の駅を地下化した場合、果たして現在の賑わいを保つことができるのかは、はなはだ疑問である。

東京には地下鉄が網の目のように張り巡らされているが、地下鉄が山手線と交差して走っている路線だけでも30ヵ所以上もある。しかも、近年になって建設された地下鉄は地表からかなり深いところを走っているので、もし山手線を地下化するとしたら、さらにその下を走らせなければならなくなる。当然のことながら巨額な資金が必要だし、難工事になることが予想される。そうまでして、山手線を地下化するメリットが果たしてあるのだろうか。

山手線を地下化すれば、高架が撤去されることによって地域の分断が解消されるというメリットはある。そればかりではなく、地上を有効に活用できる。

山手線の線路跡は都心の一等地なので、利用価値は高い。そこに超高層マンションなどを建設すれば、何十万人分もの住まいやオフィスを確保することができる。そうすれば徒歩通勤が可能になり、通勤ラッシュを緩和させることができる。これが山手線を地下化する最大のメリットだといえる。

都心に設定されている空中権を利用して、現在の山手線の上に高層住宅を建設することを唱えている人もいる。机上の空論に過ぎないかもしれないが、山手線は都心の一等地だけに利用価値は高い。夢は無限に広がっていく。

●日本橋に青空が戻ってくる?

日本の鉄道の起点が東京駅なら、道路の起点は日本橋だ。1604(慶長9)年、徳川幕府は江戸の日本橋を主要な幹線道である五街道(東海道、中山道、甲州街道、奥州街道、日光街道)の起点に定めた。

日本橋は前年の1603年に架橋されている。橋長50m足らずの木造の太鼓橋だが、大勢の人が往来する江戸で最も賑やかなところだった。日本橋が道路網の起点であるという伝統は明治になってからも受け継がれ、1873（明治6）年に実施された各街道の実測調査においても、東京のほぼ中心に位置する日本橋が諸街道の起点とされた。

1876（明治9）年、道路は国道、県道、里道の3種類に分類され、さらに1885（明治18）年には、1号から44号までの国道が定められたが、全国に通じるすべての国道の起点を日本橋としたのである。

1911（明治44）年、日本橋は石造りの二重アーチ橋に架け替えられた。それが現在の日本橋で、橋の中央には**「東京市道路元標」**が設置された。それから60年余り経過して日本橋は老朽化し、1972（昭和47）年に改修されたが、その際に東京市道路元標は日本橋の北側のたもとに移され、元の場所に**「日本国道路元標」**と名を改めた銘板が埋め込まれた。

石造りの日本橋は文化的な価値の高さが評価され、1999（平成11）年、国の重要文化財に指定された。東京にある橋では、中央区京橋にある八幡橋（旧・弾正橋）に次いで2番目の重要文化財指定の橋である。なお、2007（平成19）年には隅田川に架かる永代橋、勝鬨橋、清洲橋の3橋も重要文化財に指定されたので、現在では5つの橋が国の重要文化財になっている。

日本が近代国家として発展を遂げる原動力になったのは、物資輸送の交通路として大きな役割を果たしてきた道路であることは間違いない。その道路の原点が日本橋なのである。日本橋はどこにでもあるような橋とはわけが違うのだ。

その日本橋が、現在では世間から忘れ去られたかのように、日の当たらない場所にひっそりとしている。東京オリンピックが開催される前年の1963（昭和38）年、日本橋川の上に首都高速道路が建設されたからである。日本の高度成長期、都心の交通渋滞を緩和させるために建設された首都高速道路は、日本の経済発展に大きく貢献してきたが、日本の道路の象徴ともいえる日本橋が、果たしてこのままでいいのか。

近年になって、日本橋に青空を取り戻そうという機運が高まってきた。2006(平成18)年には、小泉純一郎総理(当時)の意向で、「日本橋川に空を取り戻す会」が設立されたし、日本橋地域の再生について真剣に討議されている。高架によって日本橋の景観が損なわれたばかりではなく、かつては一体化していた日本橋の界隈が分断されてしまった。首都高速道路は老朽化が進んでいる。これを契機に、竹橋JCT－江戸橋JCT間の高架を撤去し、地下化して東京の美しい風景と活気を取り戻そうという大胆な構想が持ち上がっている。地元の人たちや財界、文化人などが中心になって、高架の撤去を目指す活動が地道に続けられている。

東京のシンボルともいえる日本橋は、青空の下にあるべきだ。東京を訪れた人は、青空の見える日本橋で記念写真を撮りたい。それが実現すれば、日本橋は東京でも人気の観光スポットになるだろう。だが、高速道路の地下化には莫大な費用を要する。しかも地下には地下鉄などが走っており、想像以上の大工事になることが予想される。それが大きなネックになっている。都心の再開発は、今、着々と進みつつあり、その計画のなかに日本橋の再生も組み込むべきなのかもしれない。

一方では、首都高速道路の高架は、すでに高層ビルが建ち並ぶ巨大都市東京の風景に溶け込んでおり、今さら多額のお金を支出してまで地下化する必要はないと考えている人が多いことも事実である。

東京のシンボルは江戸城の天守閣か

どの都市にもシンボルがある。ニューヨークのシンボルは自由の女神、モスクワは赤の広場、パリはエッフェル塔、ロンドンはビッグベン、北京は天安門といったように、大都市であればあるほど、誰もが知っているようなインパクトのあるシンボルが存在するものだ。では、東京のシンボルはどこだろう。東京スカイツリーだという人もいれば、今でも東京タワーがシンボルだという人もいる。東京都庁だ、国会議事堂だ、東京駅だ、いや浅草の雷門こそ東京のシンボルだというように、さまざまな候補が飛び交う。意見が分かれること自体、東京には強烈なインパクトのあるシンボルがない証拠だともいえる。

そういうこともあるからなのか、最近になって江戸城の天守閣を再建し、それを東京のシンボルにしようという構想が持ち上がっている。

そもそも東京は、城下町の江戸を基盤として発展した都市である。江戸のシンボルは江戸城だったはずだし、そこには五層の天守閣がそびえていた。江戸城は大阪城や名古屋城、姫路城などよりも大きい日本で最大規模の城郭だった。その江戸城の天守閣こそ、東京のシンボルにふさわしいというのである。

江戸城は1457（康正3）年、太田道灌が築城した小規模な城郭に始まるが、1603（慶長8）年の江戸開府以来、家康、秀忠、家光の3代にわたって江戸城の大拡張工事が行なわれた。この間に3度、天守閣がつくられている。

まず家康が築いた慶長度天守、それを修築した2代将軍秀忠の元和度天守、3代将軍家光の時代には寛永度天守が築造された。1638（寛永15）年に完成した寛永度天守が最も規模が大きな天守閣で、天守台を含めて約59mもの高さがあった。しかし、天守閣は江戸市中を焼き尽くした「明暦の大火」（1657年）で焼失。以後、再建されることはなかった。

当時は財政難だったということもあるが、将軍後見役だった会津藩主の保科正之が、天守閣の再建より江戸庶民の救済と江戸の街の復興を優先すべきだと主張し、天守閣の再建を断念したからである。天下泰平の時代、もう天守閣は不必要なものだと考えられていたことも理由の一つになっている。

寛永度天守を復元しようという江戸城天守閣の再建は、意表を突いたような提案である。高層ビルに囲まれた緑の空間に、白亜の天守閣がそびえている風景は東京の観光スポットとして人気を呼びそうだ。

図-51　江戸城の範囲と天守閣の位置

国内ばかりではなく、おそらく世界中から多くの観光客が訪れるだろうから、経済効果は絶大である。

「尾張名古屋は城で持つ」という言葉があるように、日本では城がシンボルになっている都市が多い。長い歴史に培われてきた天守閣は、郷土の誇りだからなのだろう。

東京都民には、「名古屋城も大阪城も再建されたのに、なぜ江戸城は再建されないのか」という不満もある。城郭には日本の歴史や文化が凝縮されている。そういった意味でも、江戸城の天守閣は東京のシンボルにふさわしい建造物なのかもしれない。

江戸城の天守閣跡は皇居東御苑の北端、北桔橋門（きたはねばしもん）の南側にあり、加賀藩によって修築された台座が今も残っている。そこが再建の場所となるが、天守閣の再建には莫大な建設費が必要であり、再建する場所（皇居）が場所だけに前途は多難である。いずれにしても、世論の支持がなければ実現が難しい問題だが、興味深いテーマであることは間違いない。

東京に副都心はいくつあるのか？

●3副都心から7副都心へ

大都市の中心部、いわゆる業務集積地を「都心」という。「大**都**市の中**心**」を略した用語である。だが、都心は特に東京都の中心部を指す用語として使われるようになったもので、「東京**都**の中**心**」を簡略した言葉だといえる。大都市は巨大化していくと、その周辺地域に都心の副次的な役割を担う「**副都心**」が生まれる。東京にはそういう副都心がいくつもあるが、その多くは第二次世界大戦後、交通網が充実してきたことによって郊外の住宅地が発達し、鉄道の接続点などに繁華街が形成されたものである。

日本が高度成長期を迎え、東京の都心部に経済活動の拠点が集中すると、やがて通勤地獄や交通渋滞などで、都心が首都の中枢として機能しなくなる恐れが出てきた。そこで1958（昭和33）年、都心機能の分散化を図るため、首都圏整備計画に基づいて「新宿」、「渋谷」、「池袋」の3地域が副都心に指定された。これにより、新宿、渋谷、池袋の副都心は目覚ましい発展を遂げ、都心の副次的な役割を担うようになった。

しかし、これらの副都心はいずれも山の手側に位置している。もっと都心の機能を分散させ、東京をバランスのとれた都市に成長させる必要があるとの観点から、1982（昭和57）年には「上野・浅草」、「錦糸町・亀戸」、「大崎」の3地域が新たに副都心に追加された。これで東京23区は、都心と6ヵ所の副都心を軸に、世界に誇る日本の首都として発展させていくことになった。

だが、1995（平成7）年には7番目となる副都心が東京湾岸に誕生した。臨海副都心である。新宿、渋谷、池袋が副都心に指定された昭和30年代当時、よもや東京湾上に副都心が出現するなどということは、誰も想像していなかったに違いない。

1979（昭和54）年に開かれた「マイタウン構想懇談会」において、東京湾岸の埋立地に副都心を建設するという構想が持ち上がり、1982（昭和57）年の「東京都長期計画」、1985（昭和60）年の「東京テレポート構想」、その翌年の「第二次東京都長期計画」を経て、東京臨海副都心の建設計画はより具体化していった。1987（昭和62）年には開発の基本構想が決定し、1989（平成元）年から開発工事が開始されたのである。

1993（平成5）年には、都心と臨海副都心を結ぶレインボーブリッジが建設され、1995（平成7）年には新橋と臨海副都心の有明を結ぶ「ゆりかもめ」が開通。これで鉄道と道路で、臨海副都心が都心と結ばれた。交通網の整備と並行して各施設も着々と建設されていき、1997（平成9）年に、フジテレビの本社社屋がお台場に移転してから開発にも拍車がかかった。今では商業施設やオフィスビル、ホテルなどの高層ビルが建ち並び、大学のキャンパスや住宅、公園なども整備されて、さながら巨大な海上都市の様相を呈している。東京で7番目となる副都心が埋立地に誕生したのである。

新都心と新拠点

副都心の代名詞にもなっている新宿、そのなかでも特に西新宿の超高層ビル群を「新宿新都心」と呼ぶことがある。1991（平成3）年に、東京都庁舎が有楽町から西新宿の超高層ビル群の一角に移転してきたことにより、丸の内、有楽町、霞が関一帯の都心に代わる「新しい都心」、という意味から呼ばれるようになったものだ。淀橋浄水場跡地を再開発した新都心には、30数棟もの超高層ビル（高さ100m以上）が林立し、日本最大のオフィス街を形成している。「副都心のなかにある新都心」という妙な関係になっているが、西新宿の超高層ビル群が「新都心」の発祥地だといえる。

ところで、新宿新都心のほかにも「新都心」と呼ばれる地域が、東京都に隣接する県庁所在地にもある。横浜市の「横浜みなとみらい21」、さいたま市の「さいたま新都心」、千葉市の「幕張新都心」の3ヵ所の新都心である。これらの新都心は、東京への一極集中を抑制するため、首都機能を分散化させる目的で計画されたものである。

それはさておき、東京には**「新拠点」**という地域もある。大手町、丸の内、有楽町、内幸町、霞が関、永田町、日本橋、八重洲、京橋、銀座、新橋の、千代田、中央、港の3区にまたがる地域が東京の都心なら、副都心は新宿、渋谷、池袋、大崎、上野・浅草、錦糸町・亀戸、臨海副都心の7ヵ所。そして、交通の要衝として重要な役割を担う品川、羽田、秋葉原の3地域が、副都心に準じる地域という位置づけで新拠点に指定され、再開発が進められている。

品川は、中央リニア新幹線が2027年に開通し、品川駅がその起点駅になることから、将来的に非常に有望視されている一角である。1984（昭和59）年に興和不動産が旧国鉄貨物ヤード跡地を買い取ってから再開発が急ピッチで進み、品川駅東口一帯にはすでに何棟もの超高層ビルが林立している。だが、品川は交通の便がよい割には商業施設が少なく、そのため活気に欠けるきらいがある。それだけに、再開発によって品川駅の周辺がどう生まれ変わっていくのか注目されるところだ。

新拠点に指定された羽田は、国際都市東京の機能を強化する必要性から、広域交通ネットワークや物流ネットワークを充実させ、国際競争力を高めるために大きな役割を担うことになる。新拠点は羽田空港の沖合展開事業などによって発生する空港の跡地を再開発するというもので、これから本格的に動き出す。羽田空港の隣接地というメリットを最大限に生かした街づくりが展開されることが期待される。

秋葉原も新拠点に指定されたエリアである。山手線および京浜東北線と、総武本線が交わる交通の要地として早くから発達していたが、２００５（平成17）年につくばエクスプレスが乗り入れたことにより、新拠点としての地位は一段と高まった。今では世界有数の電気街として知られるようになり、東京の代表的な観光スポットとして、外国人観光客も多く訪れている。

だが、秋葉原には中小のビルが多い。そこで土地の高度利用を促進するため、秋葉原駅の周辺地域が都市再開発の対象になり、超高層マンションや高層の複合ビルなどの建設計画が進行しつつある。これまでの秋葉原は、偏った年齢層の人が遊びに来る街だったが、これからは幅広い年齢層に親しまれるような、バランスのとれた魅力的な街に生まれ変わろうとしている。

表-20　5ヵ所の核都市と7地区の生活拠点

核都市	八王子、立川、町田、多摩ニュータウン、青梅
生活拠点	• 小金井市・国分寺市（JR中央線 武蔵小金井駅・国分寺駅周辺地区） • 日野市（JR中央線 豊田駅周辺地区） • 昭島市・福生市（JR青梅線 拝島駅周辺地区） • 調布市（京王線 調布駅・布田駅・国領駅周辺地区） • 府中市（京王線 府中駅周辺地区） • 東村山市（西武新宿線 東村山駅周辺地区） • 西東京市（西武池袋線 ひばりヶ丘駅周辺地区）

●多摩地区にある核都市と生活拠点

東京というと23区のことしか頭にない人が多いようだが、東京には多摩地区という広大な地域があることを忘れるわけにはいかない。面積は東京23区の2倍近くあり、人口は４２７万人（２０１６年末）で、東京都全体の30％以上を占める。これを都道府県別の人口ランキングで見ると、静岡県（約３７０万人）を上回り、福岡県（約５１０万人）に次いで堂々の10位にランクされるのだ。東京の将来を考える上で、多摩地区を軽視することはできないのである。

かつて「三多摩格差」といわれていたように、23区と多摩地区とでは、交通や公共施設など都市基盤には大きな格差があった。最近はその差も縮小しつつあるとはいえ、依然として両者に開きがあることは否めない。

そこで東京都では、多摩地区と23区との溝を埋めるため、1998（平成10）年、八王子、立川、町田、多摩ニュータウン、青梅の5ヵ所の核都市を対象に、「多摩の〈心〉育成・整備計画」を策定。23区に集中しつつある業務集積地の分散化を図り、多摩地区の都市機能や交通基盤などの強化を進めてきた。

これにより、八王子駅前や立川駅前の再開発事業、中央自動車道と圏央道の接続など一定の成果を収めてきたが、さらにこの整備計画を強力に推し進めていくため、2009（平成21）年には「多摩の拠点整備基本計画」を打ち立て、これまでの5ヵ所の核都市に加え、都市化が進んでいる交通の要地など7地区を生活拠点として追加した。

JR中央線沿線の武蔵小金井駅と国分寺駅の周辺、日野市にある中央線の豊田駅周辺、JR3路線と西武拝島線が乗り入れる拝島駅の周辺、京王線沿線の調布・布田・国領の3駅周辺、京王線の府中駅周辺、西武新宿線の東村山駅周辺、西武池袋線のひばりヶ丘駅周辺の7ヵ所である。

2025年を目標に、これら多摩地区の核となる都市や、生活拠点になる地域の都市機能をさらに充実させ、周辺の住宅地と一体になった集約的な地域構造に再編する。業務、商業、行政、文化施設など、さまざまな機能を一ヵ所に集積させることによって、効率的な行政サービスが提供できるようになり、より快適な都市生活が営める環境づくりを構築できる。東京都心への人の流れを食い止めることができれば、交通渋滞や通勤ラッシュを緩和させ、自然環境も改善させることができる。この計画が順調に進んでいけば、都心への一極集を抑制し、バランスのとれた健全な発展が実現できるだろう。

5 最初の東京オリンピックで大きく変わった交通網

●東京で開催されるはずだった幻のオリンピック

若い人が「東京オリンピック」といえば、たぶん2020年に開催予定のオリンピックを指すだろうが、中高年の人は、1964（昭和39）年にアジアで初めて開催された東京オリンピックのことを思い浮かべるに違いない。だが、実は戦前にも東京でオリンピックが開催されるはずだった。

1929（昭和4）年、国際陸上競技連盟会長のエドストレームが来日して以来、日本でもオリンピックを開催しようではないかという機運が次第に高まってきた。1931（昭和6）年10月の東京市議会では、オリンピックに関する議案が採択され、本格的にオリンピック招致に動き出すことになった。

そして翌年、ロサンゼルスで開催された国際オリンピック委員会（IOC）総会において、日本は1940（昭和15）年の第12回オリンピックの開催地として正式に立候補を表明したのである。1940年は紀元2600年、神武天皇の即位2600年にあたる記念すべき年だ。招致活動にも一段と熱が入った。

東京が候補地として名乗りを上げたことで、フィンランドのヘルシンキ、イタリアのローマとの間で激しい招致合戦が展開されたが、1936（昭和11）年7月のベルリンのIOC総会で、1940（昭和15）年のオリンピック開催地が東京に決定したのである。

史上初めて、欧米諸国以外で開催されることとなった。それだけに国民の期待は大きく、世界中から注目を集めた。競技場や宿泊施設の建設など、準備は着々と進められていった。しかし、アジアで初めて開催されるはずだったオリンピックに、やがて暗雲が立ち込めることになる。

1937（昭和12）年7月、北京で発生した盧溝橋事件に端を発して、やがて日中戦争へと突入していったのである。戦闘は次第に拡大していき、長期化の様相を呈してきた。そのため、国内では戦争のさなかにオリンピックをやっている場合ではないと、東京オリンピックの開催に否定的な世論が高まってきた。

日中戦争は明らかに侵略戦争である。そのため国際的な非難を浴びることになり、日本でオリンピックをやるべきではないと、東京オリンピックの開催に反対を唱える国々が増えていった。

旧ソ連のアフガニスタンへの侵攻が影響して、1980（昭和55）年のモスクワオリンピックをボイコットする国が相次いだように、アメリカやイギリスなどの欧米諸国が、東京オリンピックへの参加を拒否するという強硬姿勢に転じたのである。

それに追い討ちをかけるように、長期化する戦争で建築用の鋼材などが不足し、競技場の建設が危ぶまれる事態に陥った。そのため、オリンピックを日本で開催することが困難になることが予想され、断念せざるを得なくなった。オリンピック開催の決定で喜びに沸いた日本だったが、それから2年後の1938（昭和13）年7月、オリンピックの開催を返上することが閣議で決定し、第12回東京オリンピック大会は「幻のオリンピック」になったのである。

●東京オリンピックの直前に開通した首都高速道路とモノレール

東京は第二次世界大戦で最も大きなダメージを受けた都市だが、敗戦の痛手からいち早く立ち直ったのも東京だった。戦後の復興を経て日本が高度成長期に差し掛かった頃、幻のオリンピックを現実のものにしようという機運が高まり、1964（昭和39）年に開催される第18回オリンピックの候補地に、東京は再び名乗りを上げた。

そして1959（昭和34）年5月、西ドイツのミュンヘンで開催されたIOC総会で、候補地のデトロイト（アメリカ）、ウィーン（オーストリア）、ブリュッセル（ベルギー）の3都市を破って、東京が開催地に選出されたのである。この朗報に日本中が沸いた。

東京オリンピックの開催が決まってからというもの、いたるところで重機の騒音が鳴り響き、東京の街の様子は激変した。それまでスポーツ施設の乏しかった東京に、オリンピックのメイン会場となる斬新なデザインの国立競技場をはじめ、陸上競技場、体育館、武道館など、各競技施設が次々に建設されていった。

これらの競技施設はひときわ目を引き、東京の新しい観光名所にもなった。だが、東京が一番大きく変わったのは、何といっても鉄道や道路などの交通網が整備されたことだろう。

まず東京と大阪を結ぶ東海道新幹線が、東京オリンピックが開会する9日前の10月1日に開通し、日本が近代国家として目覚ましい発展を遂げたことを世界に印象づけた。

首都高速道路も1962（昭和37）年12月、京橋－芝浦間の開通を皮切りに建設は急ピッチで進められ、オリンピックの開会前には都心環状線など32・6㎞の区間が開通。ビルの間を縫うように走る首都高速道路の高架は、東京のステイタスシンボルにもなった。だが、これによって日本橋は首都高速の高架下に隠れ、都心にあった水辺の多くが失われてしまった。

東京オリンピックが開会する1か月前の9月17日には、浜松町－羽田空港間（13・1㎞）に東京モノレールが開通した。旅客を輸送するモノレールとしては日本で初めてのもので、世界からも注目を集めた。開通した当時は浜松町－羽田空港間に途中駅はなく、全区間をわずか15分で走った。

開通当時は、物珍しさも手伝って利用客も多く盛況だったが、運賃が250円（当時の国鉄運賃の約

6倍）と高額であったため、オリンピック閉会後は利用客が激減。1日の乗降客数が約２０００人にまで落ち込み、たちまち経営不振に陥った。

だが、その後沿線の開発が進み、新しく駅が設置されたこともあって次第に利用客も増加していった。路線も延伸され、現在はモノレール浜松町－羽田空港第2ビル間（17・8㎞）に11の駅があり、所要時間は約25分、1日の乗降客数が約25万人に上る路線になった。

地下鉄も東京オリンピックに間に合わせるように、着々と路線を伸ばしていった。東京オリンピックの開催が決定してから開会式までの5年の間に、営団地下鉄（現・東京メトロ）の日比谷線、荻窪線（現・丸ノ内線新宿－荻窪間）、丸ノ内線、都営地下鉄浅草線が開通している（一部区間の開通も含む）。

それと引き換えに、かつては都市交通の担い手として活躍していた路面電車が、交通渋滞の元凶だといわんばかりに、東京オリンピックの開催と前後して次々と廃止されていった。

都電の全盛期には、東京23区に２１４・９㎞の路線網を張り巡らせていた都電だったが、１９６７（昭和42）年12月には銀座から姿を消し、１９７２（昭和47）年11月には、日本橋－錦糸町駅前間、王子駅前－赤羽間など6路線が廃止された。これによって、都電は早稲田－三ノ輪橋間（12・２㎞）の1路線以外はすべて姿を消しまったのである。

●今も残る「幻のオリンピック」の遺産

大きなイベントが開催されると、それに因んだ名称の公園や道路などが遺産として残る。世田谷区にある駒沢オリンピック公園や、札幌市の真駒内五輪記念公園、大阪府吹田市の万博記念公園、沖縄の海洋博公園などだ。国民体育大会の開催のために整備された道路には、「国体道路」という名がつけられ、福島、長野、兵庫、鳥取、福岡、沖縄など各地にある。岡山市には「国体町」という地名として残っているケースもある。これらは、一大イベントがここで開催されたことを後世に伝える遺産だといえる。

1940(昭和15)年に東京で開催される予定になっていた幻のオリンピックの遺産も、わずかながら残っている。開催が正式に決まってから返上するまで、わずか2年という短い期間だったため、大半の競技場は建設されなかったが、工事が着手された競技場でも未完成に終わっている。だが、なかには完成した競技場もあった。

その一つが、埼玉県戸田市の戸田公園内にある**戸田漕艇場**だ。この施設は1940年に開催予定だった東京オリンピックのボート競技会場として建設されたもので、荒川の治水対策も兼ねていた。完成する前に、日本がオリンピックの開催を返上してしまったため、オリンピックに使用されることはなかった。だが、それから24年後の第18回東京オリンピック大会のボート競技場として使われた。戸田漕艇場の近くには、「オリンピック通り」と呼ばれている道路もある。

世田谷区にある**馬事公苑**も、1964年の東京オリンピックで馬術競技の会場として使われたが、実は馬事公苑も1940年に開催予定だった第12回オリンピックの遺産だといえる。ただ、馬術競技の会場として計画されたものではなく、オリンピックの出場に向けて、馬術選手を育成する目的で開設されたものである。

オリンピックの遺産には橋もある。原宿駅の近くに、**五輪橋**という山手線の上をまたいでいる橋がある。これは1964年の東京オリンピックが開催される際に架橋されたもので、まさしくオリンピックの遺産である。橋柱の上には、「世界は一つ」というメッセージの記された地球儀が設置され、橋の壁面には五輪のレリーフが刻まれている。原宿の隠れた名所なのだ。

東京湾岸を走っている海岸通(都道316号日本橋芝浦大森線)には、**五色橋**という鋼橋がある。高浜運河に架かる長さ93m、幅14・3mの橋で、橋の上を首都高速羽田線が通っている。海岸3丁目と港南3丁目を結んでいる橋だ。橋の周辺には高層ビルが林立しており、ちょっとした夜景スポットになっている。

橋名はオリンピックの五輪の5色に因んで名づけられたもので、東京オリンピック開催前の1962（昭和37）年2月に完成している。しかし、この橋は1964年の東京オリンピックの遺産ではなく、実は幻となった1940年のオリンピックの遺産なのである。

現在の橋は2代目で、初代の橋は1940年のオリンピック開催に向けて建設された。オリンピック開催予定の2年前の1938（昭和13）年4月には、開通式が行なわれている。橋の南側には、自転車競技場が建設されていた。もしオリンピックが開催されていたら、この付近の風景も現在とはずいぶん変わっていたことだろう。

幻のオリンピックの遺産は数少ないが、1964年に開催されたオリンピックの遺産は、今も各地に残っている。メイン会場になった国立競技場や、重量挙げ競技の会場になった渋谷公会堂は解体されてしまったが、陸上競技場、体育館、ホッケー場などのスポーツ施設が集まる駒沢オリンピック公園や、水泳、バスケットボールなどさまざまな種目の競技が行なわれた国立代々木競技場は今も健在だし、柔道が行なわれた日本武道館は、現在もさまざまなイベントなどに活用されている。

代々木公園には選手村の宿舎が残っている。NHK放送センターは、東京オリンピックの放送センターとして使われたところだ。調布市には、マラソン折り返し地点の記念碑が立っている。

2020年には、東京で2回目となるオリンピックが開催されるが、その前に、半世紀以上前に開催されたオリンピック大会の遺産をたどってみるのも意義深い。

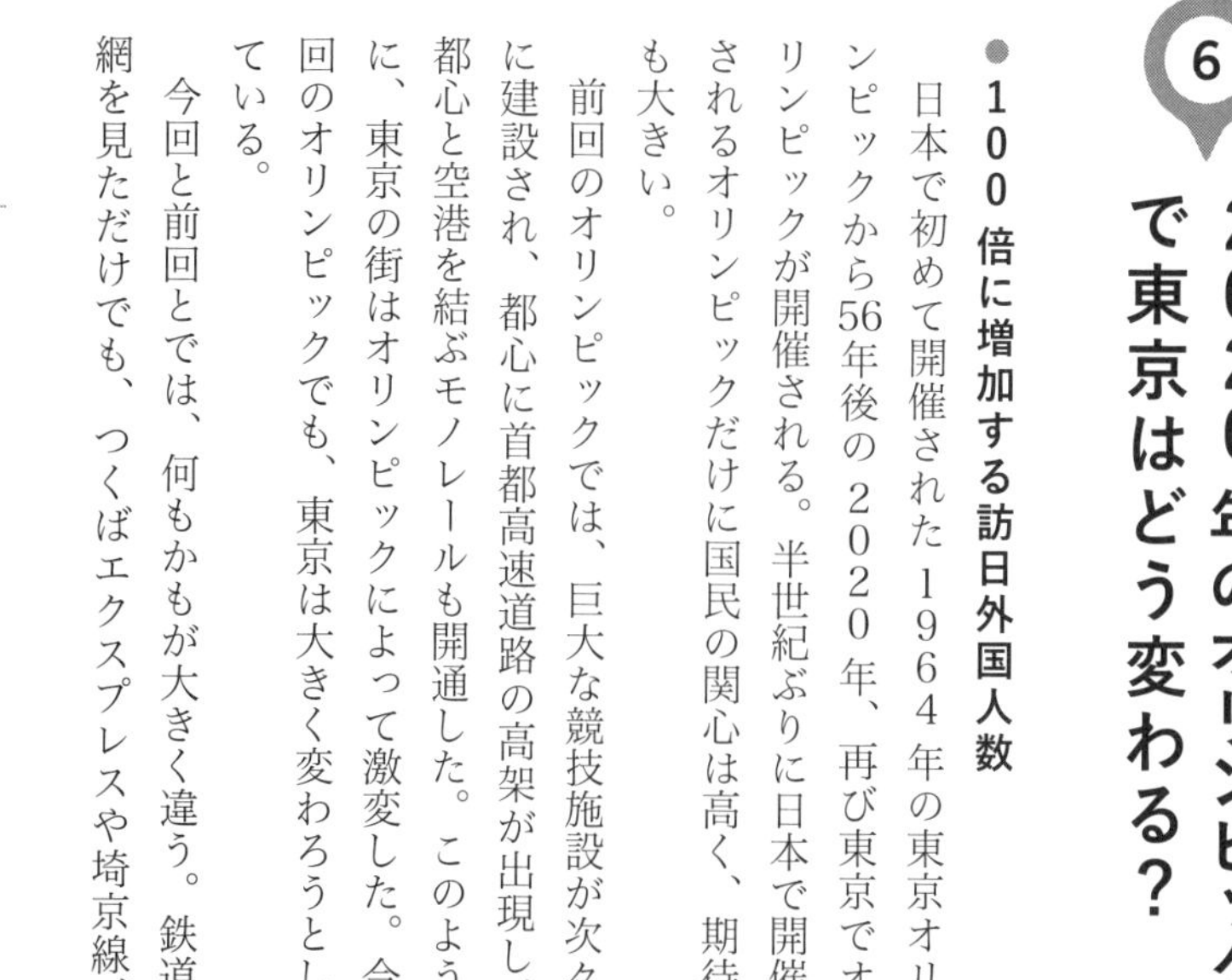

6

2020年のオリンピックで東京はどう変わる？

100倍に増加する訪日外国人数

日本で初めて開催された１９６４年の東京オリンピックから56年後の２０２０年、再び東京でオリンピックが開催される。半世紀ぶりに日本で開催されるオリンピックだけに国民の関心は高く、期待も大きい。

前回のオリンピックでは、巨大な競技施設が次々に建設され、都心に首都高速道路の高架が出現し、都心と空港を結ぶモノレールも開通した。このように、東京の街はオリンピックによって激変した。今回のオリンピックでも、東京は大きく変わろうとしている。

今回と前回とでは、何もかもが大きく違う。鉄道網を見ただけでも、つくばエクスプレスや埼京線、京葉線など、新しい鉄道路線がずいぶん増えているし、地下鉄網の充実ぶりには目を見張る。オリンピックが開催された当時は、30㎞余りしかなかった首都高速道路も、現在では東京区部とその周辺地域に３００㎞以上の路線網を張り巡らせている。

そのため、首都高速の高架がいたるところに横たわり、都市の美観を損ねているという人もいる。東京湾岸の埋立地も、当時と比べるとずいぶんと広大になった。そういえば、東京ディズニーランドも葛西臨海公園も、当時はまだ海だった。

また、現在は東京都に高さ１００ｍ以上の超高層ビルが５００棟以上も建っているが、オリンピックが開催された当時は1棟も存在しなかった。このように、当時と現在とでは東京の街の様子は、比較にならないほど大きく変わっている。

だが、何が一番大きく変わったかというと、訪日外国人観光客数ではないだろうか。前回のオリンピックでは、競技に出場する選手とその関係者以外、外国人の姿はほとんど見当たらず、オリンピックで初めて外国人を間近に見たという人も少なくなかった。当時は外国人が珍しい時代だったのである。オリンピックの開催以来、日本の国際化は急速に進んだ。東京オリンピックが開催された年の訪日外国人数は35・3万人だったが、現在はどうだろう。2013（平成25）年に1000万人の大台に乗ったかと思ったら、それからわずか3年後の2016年には、2403・9万人と2000万人の大台を突破した。「2020年に2000万人」という目標を4年も早く達成してしまったことから、政府は「2020年には4000万人」という新たな目標を打ち立てた。もしこれが達成されると、前回のオリンピックと比べて訪日外国人数は100倍以上（約113倍）という、驚異的な増加率を記録することになる。

訪日外国人数が急激に増加した背景には、円安が進行していることや、訪日ビザの発給要件が緩和されたこと、LCC（格安航空会社）の就航便数が増加したことなど、さまざまな要因があるが、日本が魅力的な国だということを外国人に認知されたというのが一番大きいのではないだろうか。

ネット社会の現在、日本の情報は瞬く間に世界中に伝わる。日本人が気づいていない日本の素晴らしさを、皮肉にも外国人に教えられるということも珍しくないのである。

しかし、これだけ急激に訪日外国人が増加してくると、さまざまな問題が発生する恐れもある。最大の課題は、外国人観光客の受け入れ態勢が整っているかだろう。正直いって万全とはいいがたい。ホテルなど宿泊施設が圧倒的に不足している。東京オリンピックを見据えてホテルの建設ラッシュが続いているが、それでも十分とはいえないだろう。

そこで今、注目されているのが「民泊」という新しいビジネスである。個人が所有する空き家や、投資用のマンションなどに旅行者を泊めて収入を得るというビジネスが世界中で広まっているが、日本でもインターネットの仲介サイトを通じて、外国人旅行者に個人が所有する空き家などを貸して収益を得る民泊が盛んに行なわれている。これは、宿泊施設不足の解消に大きく貢献しているが、一方では近隣住民との間でトラブルが頻発するなど、新たな問題も発生している。無許可の違法民泊が摘発されるケースもある。東京オリンピックに向けて、取り組まなければならない問題は山積しているのである。

表-21　訪日外国人数の推移

年度	訪日外国人数（万人）
1964	35.3
1970	85.4
1975	81.2
1980	131.7
1985	232.7
1990	323.6
1995	334.5
2000	478.7
2005	672.8
2010	861.1
2011	621.9
2012	835.8
2013	1036.4
2014	1341.3
2015	1973.7
2016	2403.9
2020	（目標）4000.0

（日本政府観光局資料）

●外国人にもわかりやすくなる道路標識

東京オリンピックが開催されると、生活習慣や文化の異なる国の人たちが、どっと日本にやってくる。訪日外国人はオリンピック競技の観戦だけではなく、日本の観光も楽しみにしていることだろう。そこで、訪日外国人旅行者がストレスを感じることなく、快適に過ごせる環境整備を進めていくことが、観光立国を目指している日本にとっては最も重要な課題だといえる。

生活習慣の異なる国で育った人たちなので、日本の生活に戸惑うこともあるだろうが、それは文化の違いからくることなので、ある程度はやむを得ない。だが、外国人が不満を抱くようなことは避けなければならない。訪日外国人は、競技を観戦するために競技場へ足を運んだり、観光地へ出かけたりと、絶えず移動することを想定しておく必要がある。訪日外国人が不安を感じることなく、スムーズに競技場や観光地などへ移動できるようにするためには、外国人にもわかりやすい道路標識の設置が必要である。

国土交通省は2020年の東京オリンピックに向けて、道路標識の改善を実施することを発表した。公共交通機関を使って移動する人もいれば、レンタカーを借りて旅行する人もいる。左ハンドルの自動車しか運転したことがない外国人が、慣れない日本の道路を右ハンドルの自動車で運転するのである。地理に不案内なので、道路上に設置されている道路標識が頼りになる。

そのため、まず道路標識の表記方法の改善が求められている。ローマ字表記と英語表記の使い分けも必要だ。基本的にはローマ字表記にすべきだろうが、「公園」を「koen」から「Park」に、「市役所」を「Shiyakusyo」から「City Hall」にするなど、英語表記にしたほうが望ましい場合もある。

ピクトグラム（絵文字）も導入する方向で進んでいる。「羽田空港 Airport」の標識に飛行機のピクトグラムを併記すれば、日本の道路に不慣れな訪日外国人も瞬時に理解できるので安心して運転でき、交通事故の防止にもつながる。鉄道駅の案内標識も、駅名だけではなく電車のピクトグラムも併記すればより親切だ。

また、道路には通称名だけではなく、路線番号も表記すれば日本語がわからない外国人にもわかりやすい。たとえば、「甲州街道」という道路標識に、路線番号の「20」をつけ加えるのである。とにかく、訪日外国人が不安を感じることなく、目的地にスムーズに到達できるように工夫すべきだ。特に競技場周辺の道路標識は、多くの外国人が利用するだけに改善が求められている。幹線道路や主要都市、観光地周辺の道路標識も整備しなければならない。道路標識を改善するということは、日本人の旅行者や地域住民にとっても利便性の向上につながることなので、ぜひ実行してもらいたい。

7 東京のインフラ整備は進んでいるか？

●オリンピックの大動脈、環状第2号線の全線開通はいつ？

東京オリンピックの開催を目前に控え、道路や鉄道、空港などのインフラの整備が急ピッチで進められている。特にオリンピックのメイン会場となる新国立競技場と、ベイエリアの中央区晴海5丁目地内に建設予定の選手村を結ぶ「オリンピック道路」、すなわち環状第2号線は、競技選手やその関係者、観客を運ぶ輸送路として不可欠なだけに、最も重要視されている道路である。しかし、その環状第2号線の建設に赤信号が灯っている。

環状第2号線は千代田区神田佐久間町から、飯田橋、四谷、虎ノ門、新橋を通り、江東区有明2丁目までの約14kmの区間をいい、移転問題で揺れた築地市場を通る。この築地市場が、環状第2号線全線開通の大きなネックになっているのだ。神田佐久間町から虎ノ門までは、早くから開通している「外堀通り」の名で知られる幹線道路だ。また、通称**「マッカーサー道路」**と呼ばれていた環状第2号線の港区虎ノ門－新橋間1・4kmの区間が、2014（平成26）年3月、都市計画でルートが決定してから実に68年ぶりに開通している。豊洲－有明間もすでに開通しており、築地市場を通る新橋－豊洲間（約3・4km）だけが未完成なのだ。全線が開通すれば、選手村と新橋および有明地区にある競技場を結ぶBRT（バス高速輸送システム）も運行される予定になっており、大いに活躍されることが期待されていた。

しかし、豊洲の土壌汚染が深刻な問題として提起されるようになり、小池百合子都知事によって築地市場の豊洲への移転に待ったがかかった。豊洲市場の安全性が確認されなければ移転できないというのだ。

紆余曲折はあったものの、正式に豊洲への移転が決まった。しかし、当初の計画より大幅に遅れたため工事への影響が懸念されている。それというのも、

図-52　環状第2号線

環状第2号線は築地市場の跡地に地下トンネルを建設することになっているため、移転が完了しなければ工事に着手できないという事情があったからだ。

この道路はオリンピックの大動脈としてフル稼働する予定になっているだけに、大会運営を円滑に行なう上でも極めて重要なのだ。環状第2号線の完成が、もしオリンピックに間に合わないようなら大変なことになる。早急に迂回路を考えなければならないだろう。そうなれば、輸送力が大幅に低下し、各地で交通渋滞が発生することが予想される。人の流れが道路から鉄道に移れば、地下鉄や「ゆりかもめ」が容量をオーバーし、東京の都市交通に支障が出てくる恐れもある。当然のことながら、オリンピックの競技にも影響が出てくるだろう。だが、東京都は新橋－豊洲間を2020年3月末をメドに暫定開通させる方針を決めたことで最悪の事態は回避することができた。

図-53　東京の複雑な地下鉄路線図

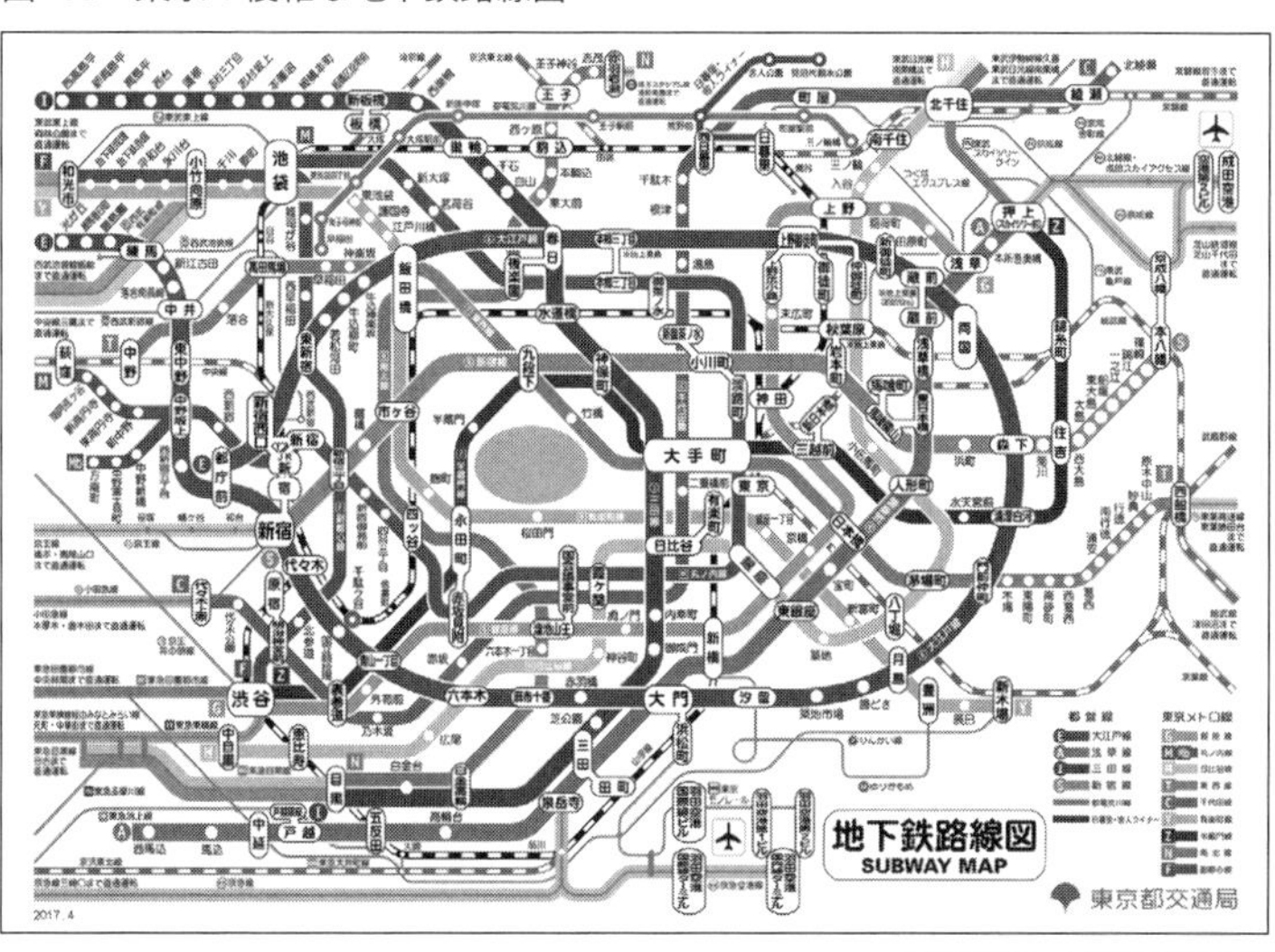

写真提供：東京都交通局

いつ実現するのか地下鉄の一元化

東京の地下鉄は都民の足として欠かせない交通機関だが、路線網が実に複雑なのだ。そのため、地下鉄の路線図を見ているだけでも目が回りそうだという人もいる。どの路線に乗って、どの駅で乗り換えればいいのかわからず、自動券売機の前で困り果てている旅行者をよく見かける。東京に何年も住んでいる人でも、地下鉄を自由に乗りこなせる人は少ない。東京の地下鉄はそれほど複雑なのである。

東京オリンピックが開催されると、多くの外国人も地下鉄を利用することだろう。右も左もわからない、地名も知らない外国人旅行者が、駅の構内で右往左往している姿が目に浮かびそうだ。そうならないためにも、オリンピックが開催されるまでに何とかしなければならない。

そもそも東京の地下鉄の路線が複雑なのは、異なる地下鉄事業者がしのぎを削って路線を伸ばしてきたことに原因がある。大阪にしても名古屋にしても、ほかの都市では地下鉄の事業者は一社（市営）だけで、他社との競合はない。したがって、地下鉄路線を計画的に建設していくことができた。東京はどうだろう。

路線図を見る限り、東京地下鉄（東京メトロ）と都営地下鉄が、それぞれの線路を無計画に伸ばしてきたという印象を受ける。東京メトロの路線距離は195・1㎞、都営地下鉄は109・0㎞、両社を合わせると300㎞を超える。延べ輸送人員は、毎日1000万人近くにも上る。東京の地下鉄は世界でも屈指の利用者数を誇る地下鉄である。

路線網がいかに複雑であるかは、東京メトロと都営地下鉄の乗換駅が30駅近くあることでもわかる。事業者が異なる路線のため、乗換駅でも駅名が異なっていることもある。

たとえば、都営大江戸線および三田線の春日駅と、東京メトロ丸ノ内線の後楽園駅は、駅名こそ違うが乗換駅なのである。都営地下鉄新宿線の小川町駅と、東京メトロ丸ノ内線の淡路町駅も、乗換駅なのに駅名が違う。このように、駅名が異なる乗換駅が何ヵ所もあるのだ。これは事業者が違うがために起こる現象で、東京の地下鉄に乗り慣れていない人にとっては非常にややこしいのである。

また、東京メトロと都営地下鉄の乗り換えは、乗車料金が割高になるばかりではなく、面倒でもある。たとえば、千代田区にある九段下駅は、東京メトロと都営地下鉄のホームがすぐ隣り合わせになっているのに、厚いコンクリートの壁で分断されていた。壁さえなければ数秒で乗り換えが可能なのだ。しかし、隣のホームへ行くには階段を駆け上り、2ヵ所の改札口を通り抜けて、今度は階段を駆け下りてやっと隣のホームにたどり着く。ラッシュ時は5分近くも要していた。壁さえなければ、どんなに便利なことかもしれない。これまで、どれだけ多くの人が不便を強いられてきたことだろう。

そこで、利用者の利便性を向上させるため、

2010年頃から「地下鉄の一元化」構想が持ち上がり、盛んに論議されるようになった。2013(平成25)年3月には、九段下駅の4番線と5番線の間に立ちはだかっていた壁が撤去された。この撤去工事は、東京メトロと都営地下鉄が一元化される象徴的なものだといわれた。近い将来には統合され、これまでの不便さが解消されるのではないかと期待された。ところが、東京でオリンピックの開催が決定すると、東京都もその喜びに浮足立ってしまったのか、地下鉄の一元化問題は棚上げになり、オリンピックに関心が向かってしまった。

本来なら、オリンピックが開催されるからこそ、地下鉄の一元化を急がねばならないのだが、オリンピックが終わってから協議を再開させるということになった。したがって、オリンピックまでに地下鉄の一元化が実現することは、ほぼなくなったといえる。早急に一元化させることが無理であれば、せめて乗り換えの不便さと割高運賃を解消できるような対策だけでも講じてほしいものである。オリンピックの開催まで、残された時間は少ない。

●東京オリンピックは成功するか

2020年の東京オリンピックは、「コンパクトでお金をかけない大会」を旗印に掲げたことが、招致に成功した一因になったといわれている。しかし、理想と現実とはあまりにもかけ離れていた。大会の運営費と会場の整備費が、当初の計画では3000億円余りだったが、それがいつのまにか当初予算の6倍以上にまで膨れ上がり、2兆円を超えるのではないかとさえいわれるようになった。

盗作疑惑で世間を騒がせた五輪エンブレムでケチがついてしまったのか、東京オリンピックは何もかも当初の計画から大幅に変更されることになった。オリンピックのメイン会場となる新国立競技場もその対象になった。応募総数46件のなかから、最終的にはイギリスのザハ・ハディド氏の作品が選ばれた

図-54　2020年東京オリンピック会場

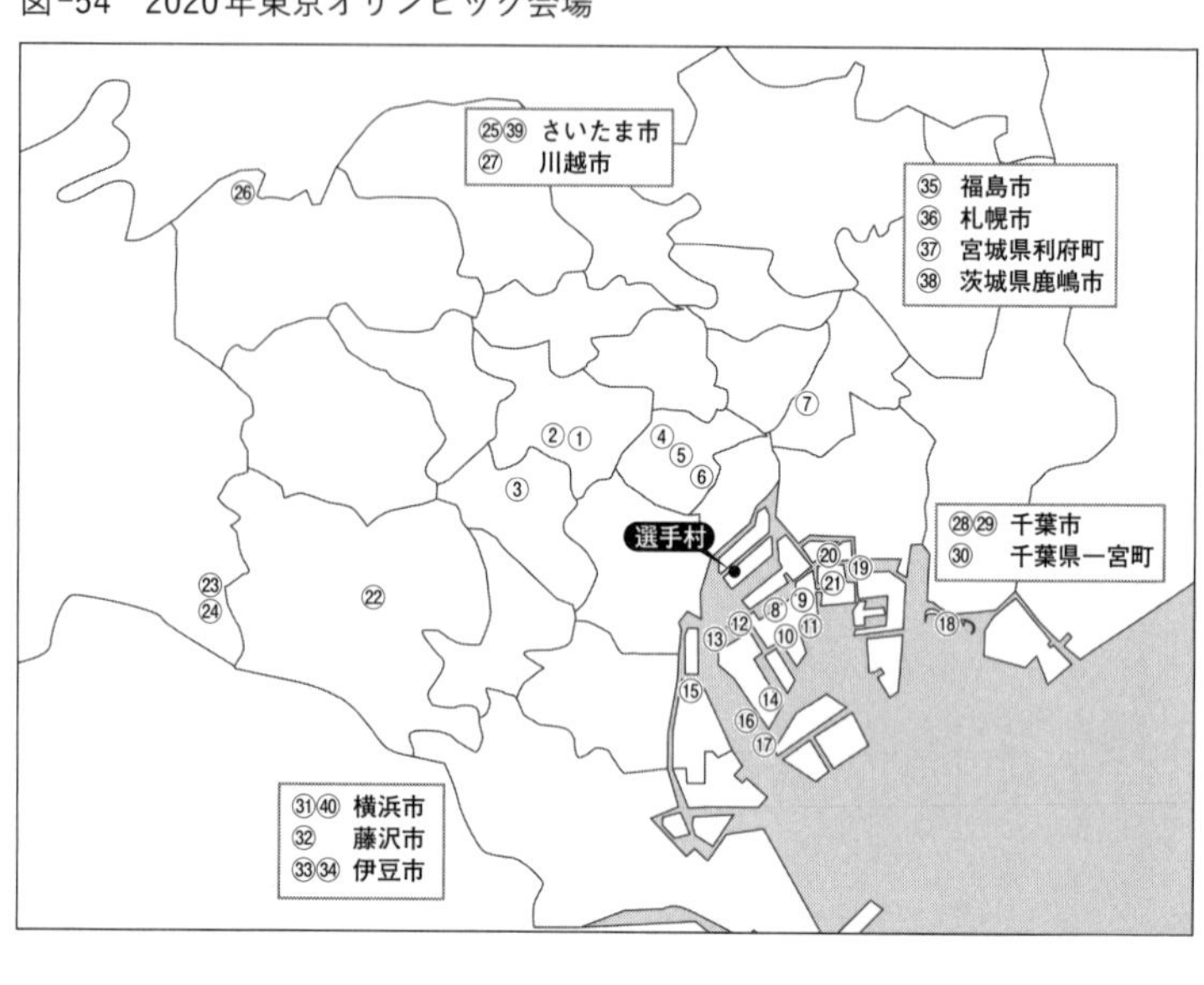

が、コストと工期の問題から建設計画が見直されることになり、新たに募集するという事態に陥った。

見直しは新国立競技場ばかりではなかった。2020年東京オリンピックは「コンパクトな大会」が一つの大きなテーマだったので、当初の予定では東京湾岸の晴海に建設される選手村を中心に、半径8km圏内に競技場を集中させるという計画だった。そして33会場のうち28会場が、この8km圏内に設置される予定になっていた。ところが、膨れ上がり過ぎた建設費を削減するため、会場の見直しや変更が相次いだため、結局は選手村から8km圏内に設置される会場は21会場にとどまることになった（図−54）。

既存の施設を活用するという視点から、埼玉や千葉、神奈川、静岡へと広がっていき、会場は39ヵ所に増加。遠くは東北や北海道で行なわれる競技もある。

オリンピックの経済効果は確かに大きい。世界中

表-22　2020年東京オリンピック会場一覧

	会場名	競技種目	所在地
①	新国立競技場（オリンピックスタジアム）	開会式/閉会式、陸上競技、サッカー	新宿区霞ヶ丘町
②	東京体育館	卓球	渋谷区千駄ヶ谷
③	国立代々木競技場	ハンドボール	渋谷区神南
④	日本武道館	柔道、空手	千代田区北の丸公園
⑤	皇居外苑	陸上競技（競歩）	千代田区皇居外苑
⑥	東京国際フォーラム	ウエイトリフティング	千代田区丸の内
⑦	国技館	ボクシング	墨田区横網
⑧	有明アリーナ	バレーボール	江東区有明
⑨	有明体操競技場	体操	江東区有明
⑩	有明BMXコース	自転車競技（BMX）、スケートボード	江東区有明
⑪	有明テニスの森	テニス	江東区有明
⑫	お台場海浜公園	トライアスロン、水泳	港区台場
⑬	潮風公園	バレーボール（ビーチバレーボール）	品川区東八潮
⑭	青海アーバンスポーツ会場	バスケットボール（3×3）、スポーツクライミング	江東区青海
⑮	大井ホッケー競技場	ホッケー	品川区八潮
⑯	海の森クロスカントリーコース	馬術（総合馬術［クロスカントリー］）	江東区青海
⑰	海の森水上競技場	カヌー（スプリント）、ボート	江東区青海
⑱	カヌー・スラローム会場	カヌー（スラローム）	江戸川区臨海町
⑲	アーチェリー会場（夢の島公園）	アーチェリー	江東区夢の島
⑳	オリンピックアクアティクスセンター	水泳（競泳、飛込、シンクロナイズドスイミング）	江東区辰巳
㉑	東京辰巳国際水泳場	水泳（水球）	江東区辰巳
㉒	馬事公苑	馬術（馬場馬術、総合馬術［クロスカントリーを除く］、障害馬術）	世田谷区上用賀

㉓	武蔵野の森 総合スポーツプラザ	バドミントン、近代五種(フェンシング)	調布市西町
㉔	東京スタジアム	サッカー、ラグビー、近代五種(水泳、フェンシング、馬術、レーザーラン)	調布市西町
㉕	さいたまスーパーアリーナ	バスケットボール	さいたま市中央区
㉖	陸上自衛隊朝霞訓練場	射撃	練馬区大泉学園町
㉗	霞ヶ関カンツリー倶楽部	ゴルフ	埼玉県川越市
㉘	幕張メッセAホール	テコンドー、レスリング	千葉市美浜区
㉙	幕張メッセBホール	フェンシング	千葉市美浜区
㉚	釣ヶ崎海岸サーフィン会場	サーフィン	千葉県長生郡一宮町
㉛	横浜スタジアム	野球、ソフトボール	横浜市中区
㉜	江の島ヨットハーバー	セーリング	神奈川県藤沢市
㉝	伊豆ベロドローム	自転車競技(トラック)	静岡県伊豆市
㉞	伊豆マウンテン バイクコース	自転車競技(マウンテンバイク)	静岡県伊豆市
㉟	福島あづま球場	野球、ソフトボール	福島県福島市
㊱	札幌ドーム	サッカー	札幌市豊平区
㊲	宮城スタジアム	サッカー	宮城県宮城郡利府町
㊳	茨城カシマスタジアム	サッカー	茨城県鹿嶋市
㊴	埼玉スタジアム2002	サッカー	さいたま市緑区
㊵	横浜国際総合競技場	サッカー	横浜市港北区

東京2020オリンピック・パラリンピック競技大会組織委員会発表資料より

から人と金が集まり、日本の経済は活性化するだろう。しかし莫大な税金を投じただけの見返りがあるのかはなはだ疑問だし、オリンピックのために東北の復興がなおざりにされているという声もある。

建設された競技場などの施設を、オリンピックが終わった後、どう活用していくかも大きな課題である。果たして東京オリンピックは成功するのか。問題は山積しているが、日本で開催されるオリンピックである以上、世界中の国から素晴らしい大会だったといわれるオリンピックになってほしいものである。

参考文献・資料

・『日本大百科全書』（小学館）
・『日本地名大百科─ランドジャポニカ』（小学館）
・『世界大百科事典』（平凡社）
・『東京の歴史散歩』（山川出版社）
・『近代日本都市近郊農業史』（論創社）
・『東京百年史』（東京都）
・『東京府志料』（東京都総務局文書課）
・『新日本ガイド東京』（日本交通公社出版事業局）
・『新日本ガイド武蔵野／秩父／多摩』（日本交通公社出版事業局）
・『広辞苑』（岩波書店）
・『全国市町村要覧』（第一法規）
・『理科年表』（丸善出版）

・『日本史年表』（河出書房新社）
・『街ごとまっぷ東京都』（昭文社）
・江戸朱引図（東京都公文書館所蔵）
・国立公文書館資料
・国立国会図書館資料
・国土交通省国土地理院、総務省、環境省、経済産業省、農林水産省、厚生労働省、文化庁、
気象庁の資料およびホームページ
・東京都・市区町村の資料およびホームページ

浅井建爾（あさい　けんじ）
地理、地図研究家。日本地図学会会員。著書に『日本全国合成地名の事典』『駅名・地名不一致の事典』（以上、東京堂出版）、『ほんとうは怖い 京都の地名散歩』（ＰＨＰ研究所）、『日本の道路がわかる事典』『日本地理がわかる事典』『日本の地名がわかる事典』『大人のための日本地理』（以上、日本実業出版社）、『知らなかった！　驚いた！ 日本全国「県境」の謎』『地理・地図・地名からよくわかるニッポンの謎87』『あっぱれ！ なんでも日本一100』（以上、実業之日本社）、『日本全国地図の謎』『くらべる地図帳』（以上、東京書籍）など多数。

知れば知るほどおもしろい
東京の地理と地名がわかる事典

2018年４月20日　初版発行

著　者　浅井建爾
©K. Asai 2018
発行者　吉田啓二

発行所　株式会社日本実業出版社　東京都新宿区市谷本村町3－29 〒162-0845
大阪市北区西天満６－８－１ 〒530-0047

編集部　☎03-3268-5651
営業部　☎03-3268-5161　振　替　00170－1－25349
http://www.njg.co.jp/

印刷／理想社　　製本／共栄社

この本の内容についてのお問合せは、書面かFAX（03－3268－0832）にてお願い致します。
落丁・乱丁本は、送料小社負担にて、お取り替え致します。

ISBN 978-4-534-05582-8 Printed in JAPAN

日本実業出版社の本

知れば知るほどおもしろい

日本の古都がわかる事典

八幡和郎
定価本体1400円（税別）

京都、奈良はもちろん、鎌倉、平泉、太宰府など、日本にあるさまざまな「古都」の成り立ちやかつての栄華を伝える寺社、城郭、特徴的な地形など、古都にまつわる多彩な情報が満載！

知れば知るほどおもしろい

古代の日本がわかる事典

北川隆三郎
定価本体1500円（税別）

遺跡発掘調査の進展により、謎が多かった縄文〜古墳時代についても明らかになってきました。縄文土器の模様から見えてくる「古代人の世界観」など、精神的な側面も探っていきます。

知れば知るほどおもしろい

日本の道路がわかる事典

浅井建爾
定価本体1400円（税別）

古来、人を運び、物資を運び、文化を運んできた「道路」。その歴史的背景や文化との関わりを紹介しつつ、国道や橋、交通の最新技術までを網羅します。道路を切り口に日本を旅する書！

定価変更の場合はご了承ください。